Elisabeth Achtnich

Frauen, die sich trauen

Ein Vorlesebuch

Verlag Ernst Kaufmann

Die Deutsche Bibliothek – CIP-Einheitsaufnahme

Frauen, die sich trauen: ein Vorlesebuch/Elisabeth Achtnich.
– 3. Aufl. – Lahr: Kaufmann 1999
  ISBN 3-7806-2268-8
NE: Achtnich, Elisabeth [Hrsg.]

3. Auflage 1999
© 1991 Verlag Ernst Kaufmann, Lahr
Printed in Germany
Umschlaggestaltung: JAC
Hergestellt bei PRISMA Verlagsdruckerei GmbH, Frankfurt/M.
ISBN 3-7806-2268-8

Inhalt

Liebe Leserinnen und Leser!

Wir saßen um den Tisch, fünf Frauen aus verschiedenen Generationen. Alle haben wir als junge Mädchen gelernt, was Männer in der Welt gewagt und erreicht haben. Später haben wir fasziniert entdeckt, was unsere Vorfahrinnen für uns gewagt und erreicht haben. Wir planten ein Buch für Mädchen und junge Frauen von heute, die ganz selbstverständlich mit dem Erreichten aufgewachsen sind, die aber oft erst allmählich entdecken, welche Gestaltungsmöglichkeiten ihnen daraus erwachsen.
Es sollte ein Buch mit Geschichten werden. Beispielgeschichten von Frauen, die vor uns Spuren gelegt haben, in denen wir heute gehen können.
Ein Mut-mach-buch und ein Mit-mach-buch zum Vorlesen, Nacherzählen, Diskutieren und Weiterdenken in der Gruppe.
Gemeinsames Entdecken soll ermutigen, mit anderen etwas zu machen.

Von wem erzählt wird

Unsere erste Namensliste war kurz, Inhaltsverzeichnisse von Geschichts- und Kirchengeschichtsbüchern nennen nicht viele Frauen, und die Genannten sind überwiegend Märtyrerinnen oder dienend Tätige, eine begrenzte Auswahl. Wir wissen von ihnen meistens so viel und so wenig, wie männlichen Chronisten wesentlich erschien. Die Durchsicht der vollen Regale mit neuerer Frauenliteratur ließ die Liste dann auf Überlänge anwachsen: eine überwältigende Reihe von Frauen, die sich getraut haben, die jeweiligen Schranken ihrer Zeit aufzubrechen, zu widersprechen und zu widerstehen, Gegebenes nicht fraglos hinzunehmen, radikal zu sein, wo sie etwas erreichen wollten.
Aus der langen Liste erzählen wir nun von kaum mehr als zwanzig Frauen. Sie trauten sich alle, etwas in ihrer Zeit Ungewöhnliches zu tun – aber längst nicht alle, die sich solches und oft Spektakuläreres getraut haben, sind in unserem Buch zu finden. Wir wählten Beispiele – zweiundzwanzig aus zwanzig Jahrhunderten – von Frauen, die selbst über sich berichtet haben, auch in frühester Zeit, und deren

Antrieb ihr christlicher Glaube war und eine oft unpopuläre Art, diesen Glauben zu leben.

Alle, von denen erzählt wird, haben in ihrer Zeit gegen die Norm gelebt. Fast alle haben dafür irgendwann zu hören und zu spüren bekommen, sie seien nicht »normal«. Viele wurden ausgelacht, behindert, verfolgt, bezwungen. Aber alle haben die Welt auf ihre Weise ein wenig verändert.

Wie sie es getan haben, ist sehr unterschiedlich, so unterschiedlich wie die Eingrenzungen, die sie versuchten auszuweiten und an einzelnen Stellen zu überschreiten.

Für wen erzählt wird

Die Autorinnen haben beim Erzählen zunächst an *Mädchengruppen* gedacht, an Zuhörerinnen, die als erwachsene Frauen menschliches Leben im 3. Jahrtausend mitgestalten wollen.

Die Frauen, die sie in diesem Buch kennenlernen, sollen ihnen zeigen, wie dort, wo viele resignieren, das Zusammengehen mit anderen den eigenen Mut, die eigene Hoffnung stärken; wie dieser Mut und diese Hoffnung weiterwirken, etwas be-wirken; wie wir leben von der Tapferkeit und Phantasie unserer Vorfahrinnen, die uns Türen aufgestoßen, Wege zugänglich gemacht und uns angestoßen haben, weiterzugehen.

Die Geschichten können sie stolz machen, Mädchen zu sein, können ihnen Lust machen, selbst Frauen zu werden, die sich trauen, mit ihrem Leben das Kontingent an Liebe auf der Erde zu vermehren, Hoffnung zu verbreiten und Gleichgültigkeit, Haß und Gewalt abzubauen.

Vielleicht haben es die Mädchen zur Zeit dabei leichter als die Jungen, die für sich nach entsprechenden Beispielen einer neuen Männlichkeit suchen. Es kann sein, daß auch *Jungen* sich angesprochen fühlen von der Suche dieser Frauen nach ihrer Lebensspur, nach ihrer Rolle in der Gesellschaft und der christlichen Gemeinde ihrer Zeit – und von ihrem Kampf um diese Rolle trotz Verständnislosigkeit und Spott ihrer Umgebung.

Und ebenso können *Frauen und Männer aller Generationen* die Geschichten hören und – wie die Jugendlichen – nach den Schnittpunkten dieser Lebensgeschichten und ihrer eigenen Lebensgeschichte suchen.

Der Aufbau des Buches

Die Geschichten sind chronologisch geordnet. Jeder Zeitabschnitt beginnt mit einem Bildteil, der einen Einblick gibt in die Alltagswelt von Frauen des jeweiligen Zeitraums und der einige ihrer Lebensbedingungen anschaubar und verständlich macht.

Die Bilder stellen gleichsam die Kulisse dar, vor der die nachfolgenden Geschichten spielen. Manchmal macht die Alltagskulisse erst verständlich, wie ungewöhnlich das Leben der Frauen war, von denen erzählt wird.

Die Beispiele enden in der Mitte des 20. Jahrhunderts. Nur eine, die letzte Frau im Buch, lebt noch zur Zeit des Erscheinens. In anderen Büchern, Medien und durch eigene Erfahrungen begegnen wir, wenn wir zu suchen angefangen haben, ungezählten Frauen – in allen Ländern der Erde –, die mit ihrem Leben weiterführen, was die Frauen dieses Buches angefangen haben.

Die Themen der Lebensgeschichten

Wie der starke, rote Faden, der sich durch ein Hanfseil zieht und es hält, zieht sich *ein* Thema durch alle Lebensgeschichten: *Gott* trauen und von daher *sich* trauen, sich als Frau etwas zutrauen, einander vertrauen, auf die Wirksamkeit gemeinsamen Betens und Handelns vertrauen.

Um diesen »roten Faden« winden sich andere Fäden, die ebenfalls nie abreißen, nämlich die Folgen dieses Gottvertrauens und Selbstvertrauens: der Einsatz für Freiheit und Ehrlichkeit im Glauben, für mehr Gerechtigkeit zwischen den Menschen, für Gleichbehandlung von Mädchen und Jungen, Frauen und Männern, für Bildungschancen, Mitbestimmungsmöglichkeiten im privaten und öffentlichen Leben, für Befreiung aus sinnlos gewordenen Strukturen. Und der Widerspruch gegen ungerechte Machtverteilung, gegen jede Unterdrückung Schwacher durch Stärkere, gegen das Festhalten an Privilegien, die andere in ihrer Benachteiligung gefangenhalten.

Zu bestimmten Zeiten zeigen sich die einen, zu anderen Zeiten andere dieser durchgehenden »Fäden« an der Oberfläche.

So veranschaulichen die Frauen im *ersten Teil* vor allem den Mut, konsequent für ihre Überzeugung einzutreten, und die radikale Bereitschaft, gegen alle Erwartungen ihrer Zeit zu leben.

Im *zweiten Teil* wird das Leiden an einer unmenschlich erscheinenden, verweltlichten Kirche besonders deutlich und der Mut der Frauen zur Auseinandersetzung mit denen, die nach ihrer Überzeugung den Glauben verraten.

Im *dritten Teil* steht der Wille der Frauen im Vordergrund, neben ihrer herkömmlichen Bereitschaft zu dienen und Leiden zu lindern, mitzuwirken an der Veränderung der Ursachen. Dazu müssen sie, gemeinsam mit männlichen Partnern und Freunden, häufig mit Hilfe ihrer Väter, die notwendigen Voraussetzungen durchsetzen: das Recht auf Bildung, Berufsausbildung, politische Mitverantwortung.

Bei den Frauen im *vierten Teil* werden alle Lebensthemen der vergangenen Epochen erneut sichtbar: Unter veränderten Bedingungen geht es noch immer um die Untrennbarkeit von Glauben und Handeln wie im ersten Teil, um den phantasievollen Widerstand gegen gottlose Unmenschlichkeit wie im zweiten Teil, um die Durchsetzung von Chancen für Frauen und den Einsatz für Geschundene wie im dritten Teil. Diese Frauen zu Beginn und in der Mitte des 20. Jahrhunderts zeigen besonders überzeugend, wie sie durch ihr Widersprechen und Widerstehen die Hoffnungen ihrer Vorfahrinnen weitertragen.

Kleine Hinweise zum Gebrauch der Geschichten

Nachdenken und Diskutieren: Die Fragen und Gesprächsanstöße am Ende der Geschichten sollen nach dem ersten Durchlesen eines Textes eigene Gedanken in Bewegung setzen. Sie sind *Beispiele* dafür, wie ich selbst dieser Lebensgeschichte nach-denken und nach den Kreuzungspunkten mit meiner eigenen Lebensgeschichte suchen kann, noch bevor ich an die Gruppe denke.

Das kann zunächst bei der Auswahl der Geschichte helfen und danach bei der endgültigen Formulierung der Fragen und Gesprächsanstöße für eine bestimmte Gruppe oder Klasse.

Die Anstöße können *vor* dem Vorlesen genannt werden: als Fragestellung, unter der ich die Geschichte gelesen habe und unter der die Gruppe sie hören kann.

Oder sie werden *nach* dem Vorlesen ausgesprochen als Denkanstöße für einzelne (mit Papier und Schreibzeug), für je zwei oder für kleine Gruppen und schließlich fürs Plenum.

In manchen Gruppen ist es auch spannend, gemeinsam die Fragen zu formulieren, die die Frau von damals für uns heute anstößt.

Vorlesen: Zur Vorbereitung ist es gut, den Text, mit einem Bleistift in der Hand, halblaut zu lesen und ein paar technische Überlegungen anzustellen:
- An welchen Stellen holpere ich beim Lesen? Ist der holprige Satz ein absichtlicher Denkanstoß? Oder möchte ich ihn lieber meinem Sprachstil entsprechend umformulieren?
- Wie kann ich mit meiner Stimme direkte Rede, Dialoge, innere Denkvorgänge verständlich machen?
- Wie gehe ich mit dem Rhythmus des Textes um? Wo legen Inhalt, vielleicht lange Sätze ein rascheres, drängendes Tempo nahe, wo ist langsames, zum Nach-denken anregendes Lesen ratsam?
- Welche Abschnitte werde ich lieber erzählen als vorlesen?
- Wo möchte ich Informationen aus der Kurzbiographie (im Kasten am Ende jeder Geschichte) einfügen?
- An welchen Stellen werde ich eventuell unterbrechen und Zeit lassen für eine Gesprächsphase? Wie könnte ich einen Gesprächsimpuls formulieren?

Weitere Tips rings um die Geschichten:
- Assoziationen zum Buchtitel – als Einstimmung für eine Geschichte sammeln und mit farbigen Stiften auf Tapetenrolle oder Fensterscheibe notieren, zum Beispiel: *trauen* – vertrauen, anvertrauen, Zutrauen, mir zutrauen, dir trauen, mich trauen, Mißtrauen, Trauung, Selbstvertrauen, Vertrauensmißbrauch, Vertrauensvorschuß, Argwohn, Resignation, Hoffnung; *Frau* – Mann, meine Frau, deine Frau, das Mädchen, die Dame, das Weib, das Fräulein, Ehefrau, Weibchen, Hausfrau, Karrierefrau, Tochter, Jungfrau, Jungfer, alte Jungfer, Schwester, Schwesterlichkeit, Geschwister, Erfolgsfrau, Quotenfrau, Emanze, feminin, Feminismus, Sexismus, Weiblichkeit, Mütterlichkeit, Hexe, Nonne, Partnerschaft usw.
- Rollengespräche: ein Interview mit der Frau dieser Geschichte. Oder Gespräche unter Zeitgenossinnen und Zeitgenossen wie Freundinnen, Brüdern, Müttern, Vätern, jeweiligen Gegnern usw.
- Lieder: Suchen nach zeitgenössischen Liedern im Gesangbuch. Wo unterstreichen sie die Erfahrungen unserer Frau, wo widersprechen sie ihnen? Welche Lieder mag sie gesungen haben? Was hat sie dabei wohl empfunden? Wo und wie hätte sie vielleicht umformuliert?
- Umfeld kennenlernen: Zur Ergänzung der Bildteile können Lexi-

ka, sogenannte Kulturfahrpläne, Kunstbände, Gedichtsammlun-
gen, Liederbücher herangezogen, eventuell sogar ein Ausstellungs-
oder Museumsbesuch geplant werden. Die Kulisse hinter dem
Einzelschicksal wird so breiter. Stichworte: Weltereignisse, Kirchengeschichte, Erfindungen, Technik, Literatur, Malerei, Theater, Musik, Mode, Familienbräuche, Heiratsalter, Kinderzahl, berühmte Zeitgenossen und Zeitgenossinnen. Wie stellt sich in allen
diesen Bereichen das Bild der Frau dar, und wovon war ihr Leben
besonders betroffen?
– Quiz-Spiele: Freiwillige Kleingruppen stellen Fragen zusammen.
  Als Hilfsmittel bekommen sie Gesangbuch, Nachschlagewerke
  (s. o.) und den passenden Bildteil dieses Buches. Überschrift eines
  Quiz in der Gruppe oder mit Gästen: Wir testen, was wir über die
  Zeit der Soundso wissen... (Welche zeitgenössische Musik konnte
  sie hören? Welche modernen Bilder hingen an der Wand? Wie war
  sie angezogen? Welche Berufe standen ihr offen? Wer regierte ihr
  Land? Usw. – (Jeweils drei Auswahlantworten zum Ankreuzen.)
– Gespräch zwischen den Generationen: Töchter von heute laden
  Mütter und Großmütter, vielleicht den Frauenkreis der Gemeinde,
  ein. Zu einer Lebensgeschichte, die sie vorlesen wollen, formulieren sie Fragen an die älteren Frauen. (Zum Beispiel: Wir haben
  nach dieser Geschichte festgestellt, daß bei uns... Wie war das
  bei euch?) Oder umgekehrt: Der Frauenkreis lädt die Konfirman-
  dinnen ein. – Nebenbei kann es Spaß machen auszurechnen, die
  wievielte Ur-Ahnin eine Zeitgenossin dieser Frau war.

Zum Schluß ein Dank

Allen, die an dem Buch mitgearbeitet haben: Rosemarie Deßecker-
Kaufmann, die es sich als Lebenshilfe für junge Mädchen gewünscht
hat und starb, bevor die Idee Gestalt angenommen hatte; Elisabeth
Beyersdörfer, Angelika Schmidt-Biesalski, Renate Schupp und Ute
Wild, die bald danach mit mir zusammensaßen, um den Buchplan
zu erarbeiten; den neunzehn Autorinnen und einem Autor der Erzählungen und der Bildteile; den Mitarbeiterinnen und Mitarbeitern im
Verlag. Dankbar sind und bleiben wir alle den Frauen, die lange vor
uns die Voraussetzungen geschaffen haben, die wir nutzen können,
um heute als Frauen unsere Welt mitzugestalten.

März 1991   *Elisabeth Achtnich*

Frauen zwischen 100 und 800 n.Chr.

In vier Erzählungen werden Frauen aus dem Zeitraum zwischen 100 und 800 n.Chr. vorgestellt (siehe nächste Seite). Den Erzählungen geht ein Bildteil voraus, der einen Einblick gibt in die Alltagswelt von Frauen dieser Zeit (S. 14–23). Für diesen Teil haben *Griet Petersen-Szemerédy* und *Birgit Schlegel* Bilder gesammelt von reichen, unabhängigen und von unfreien, abhängigen Frauen – die aber alle unter der Vormundschaft von Männern standen. Die Bilder lüften ein wenig den Vorhang, hinter dem der Alltag von Frauen abläuft: als Töchter, Ehefrauen, Mütter; als arbeitende Frauen; als Priesterinnen oder christliche Pilgerinnen und Klosterfrauen. Die Abbildungen stellen gleichsam die Kulisse dar, vor dem das ungewöhnliche Leben einzelner Frauen sich abspielt.

Perpetua   S. 24
um 180/181 – 202/203 n. Chr.

Von dieser Frau, die etwa 150 Jahre nach
Jesu Tod geboren wurde und die nur 22
Jahre gelebt hat, sind eigene Tagebuch-
aufzeichnungen bis heute erhalten. *Birgit
Schlegel* erzählt von Perpetuas Leben und
Sterben zur Zeit der Christenverfolgun-
gen.
Perpetua hat sich getraut, gegen alle
Normen ihrer Zeit zu leben und als Frau
eine Führungsrolle zu übernehmen.

*Die Abbildungen zeigen links Perpetua und daneben
die Wüstenmütter Amma Synkletike und Amma
Theodora.*
*Von Melania gibt es nur ein Bildnis in einer
griechischen Handschrift des Vatikans aus dem
10./11. Jh., das hier nicht wiedergegeben werden
konnte. Ein Bildnis von Bathildis gibt es nicht*

H OCIA 'AMAC ΘΕΟΔ ΩΡΑ

Melania die Jüngere S. 36
um 385–439 n. Chr.

Eine Tochter der römischen Oberschicht kämpft mit allen Mitteln für ein asketisches Leben, weil sie darin die beste Möglichkeit sieht, im Sinne und Geist Jesu zu leben. *Griet Petersen-Szemerédy* erzählt anhand der ausführlichen Lebensbeschreibung, die Melanias Schüler Gerontius kurz nach ihrem Tod verfaßte, wie Melania sich zunächst den Normen fügt und schließlich Ehemann und Mutter für ihre Überzeugung und Lebensform gewinnt.

Melania hat sich getraut, mit vierzehn gegen das Idealbild der gepflegten Ehefrau und Mutter zu protestieren und ein Leben lang konsequent ihr Ziel zu verfolgen.

Die Wüstenmütter S. 30
4. und 5. Jahrhundert n. Chr.

Das Christentum ist Staatsreligion, die Kirche kann reich und mächtig werden. Da ziehen Frauen und Männer, gewissermaßen als erste christliche Alternativbewegung, in die Wüste. *Ruth Albrecht* erzählt von drei solchen Wüstenmüttern und gibt überlieferte Geschichten und Sprüche dieser Frauen wieder.

Die Wüstenmütter haben sich getraut, »unweiblich« zu leben, Einsamkeit und härteste Lebensbedingungen auszuhalten, Männern Konkurrenz zu machen.

Bathildis S. 42
um 635–673 n. Chr.

Sklavenkind und Königin der Franken — eine rühmliche Ausnahme unter den Merowingern. *Irmgard von der Lühe* diktiert dieser Frau gleichsam in die Feder, wie sie auf ihr erstaunliches Leben zurückblickt.

Bathildis hat sich getraut, der stärksten ihr bekannten Macht, dem Majordomus, ihrem Besitzer, sich zu widersetzen: durch Verweigern, Flucht, Beharren auf ihrem Recht. Sie hat den mächtigen Mann zum Verbündeten gewonnen. Sie hat sich getraut, mit produktiver Phantasie in einer von korrupten Männern beherrschten Umgebung sich durchzusetzen und neue Maßstäbe aufzustellen.

Ein Blick in den Alltag

Die meisten Darstellungen aus der Zeit von 100–800 n. Chr. zeigen Frauen aus der Oberschicht, die Einfluß besaßen, wie die mächtige Theodora. Oder Frauen, deren Familien reich genug waren, ihnen ein Denkmal zu setzen. Von der Mehrheit der Frauen, die den unteren Schichten angehörten, von Handwerkerinnen und Arbeiterinnen, von Sklavinnen und Freigelassenen, wissen wir nur wenig.

Alle Frauen, auch die adligen und reichen, unterstanden nach römischem Recht der Vormundschaft eines Mannes (Vater, Ehemann, Bruder) – theoretisch zumindest, denn in der Praxis waren sie zum Teil sehr selbständig: Sie führten Geschäfte, mischten sich in die Politik ein, obwohl sie offiziell keine politischen Ämter innehaben durften, wurden Ärztinnen oder studierten Philosophie.

Das große Mosaik zeigt die byzantinische Kaiserin Theodora mit ihrem Gefolge. Sie lebte etwa 500–548 n. Chr. Jede der Frauen trägt ein anderes, prächtiges Kleid und verschiedenen Schmuck

Das Ideal der Ehefrau und Mutter

Römische Mädchen wurden in der Regel mit fünfzehn oder sechzehn Jahren verheiratet; heiratsfähig waren sie mit zwölf, Jungen mit vierzehn. Als Ziel der Ehe galt die Erzeugung von Nachwuchs, der den Weiterbestand der Familie garantieren sollte. Doch viele Frauen starben im Kindbett oder bei Fehlgeburten; auch die Kindersterblichkeit war hoch.

Neben der Ehe — oder der Entscheidung für ein der Religion geweihtes Leben — gab es für Frauen keine mögliche Lebensform. Erst als geschiedene Frau oder als Witwe konnte sie, falls ihr Vermögen das zuließ, ihr Leben einigermaßen selbständig gestalten.

In den Boden einer Glasschale aus dem 4. Jh. ist das Bild einer christlichen Eheschließung eingraviert

Ein gerade geborenes Kind wird gebadet. Die Szene ist auf einem steinernen Sarkophag aus dem 2. Jh. n. Chr. abgebildet

In einer römischen Villa aus dem 4. Jahrhundert sind diese jungen Mädchen im »Bikini« zu sehen. Sie spielen, musizieren und treiben Gymnastik

Aus dem 1. Jh. n. Chr. stammt dieses Porträt einer alten Römerin

*Eine Händlerin aus dem 2. Jh. n. Chr. – In Ostia,
dem Vorort von Rom, verkauft sie ihre Waren*

Kleider und Schmuck

Über ihrem Untergewand, der Tunica, trug die römische Frau ein weites, langes Übergewand, die Stola, sowie die Palla, eine Art großer Schal, der über den Kopf gezogen werden konnte. Als Stoffe fanden Leinwand, Baumwolle oder Seide Verwendung. Die Farben wechselten je nach Mode. Dazu trug die Römerin Schmuck aus Gold und Edelsteinen, Halsketten, Ohrringe, Fingerringe. Mit Mitteln für Schminke und Körperpflege waren die römischen Frauen gut versorgt. Es gab schon damals Gesichtspuder, Rouge, schwarze Farbe für Lidschatten und Lidstrich, Gesichtsmasken, Hautcremes und Zahnpasta, auch verschiedene Parfüms. Die Frisurenmode richtete sich im wesentlichen danach, was die Frauen am kaiserlichen Hof gerade trugen. Im übrigen galt blondes oder blondgefärbtes Haar als besonders schön.

Aus dem 3. Jh. n. Chr. stammt diese kostbare Halskette aus Gold und Smaragden

Das Parfümfläschchen aus purem Gold trug die Besitzerin im 5. oder 6. Jh. n. Chr. an der goldenen Kette

So wie hier die Priesterin Eumachia aus Pompeji war die römische Frau im 1. Jh. n. Chr. gekleidet

Das Sarkophagbild aus dem 3. Jh. n. Chr. zeigt
rechts und links ein Ehepaar, das in ein gelehrtes
Gespräch vertieft ist; beide halten Leserollen in
der Hand, er aufgerollt, sie geschlossen in der Linken.
Dazwischen ein Hirte, eine betende Frau und
drei andere, vielleicht Dienerinnen und Diener

Das Wandbild aus Pompeji zeigt eine junge Frau
im 1. Jh. n. Chr., die nachdenklich mit Griffel
und Schreibtafel umgeht. Was sie wohl aufschreiben
mag?

Mädchenbildung

Inschriften und Graffiti zeigen, daß auch Frauen der Unterschicht (Plebejer) lesen und schreiben konnten.

Plebejertöchter hatten die Möglichkeit, eine Elementarschule zu besuchen, »höhere Töchter« wurden von Privatlehrern erzogen. Wir hören von Frauen, die mehrere Sprachen fließend sprechen konnten und sich in der Literatur auskannten. Auch Schriftstellerinnen, Dichterinnen und Philosophinnen gab es. Über Hypatia, die um 400 n. Chr. lebte, schrieb ein Zeitgenosse, sie steche an Bildung so sehr hervor, daß sie sämtlichen Philosophen ihrer Zeit den Rang ablaufe.

Heidnische Priesterinnen... S. 22

Für Bürgerinnen des römischen Reiches war es eine Selbstverständlichkeit, wie Männer an verschiedenen heidnischen Kulten teilnehmen zu können. Diese Kulte waren nicht nur Göttern gewidmet, sondern ebenso Göttinnen wie Isis, Magna Mater oder Vesta. Frauen übernahmen dabei auch Ämter: So gab es etwa im Kult der Isis neben Priestern auch Priesterinnen. Als Vestalinnen kamen sogar ausschließlich Frauen in Frage: sechs- bis zehnjährige Mädchen wurden symbolisch verheiratet und für dreißig Jahre als Vestalinnen verpflichtet. (Siehe Abbildung nächste Seite)

...und Christinnen

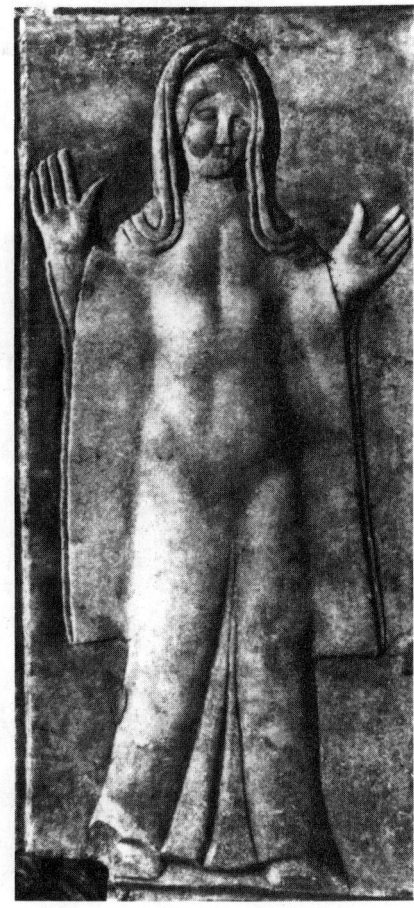

Dieses Amulett ist aus einem Hämatit geschnitzt, dem magische Heilkräfte, besonders bei Frauenleiden, zugeschrieben wurden. Es zeigt die Heilung der blutflüssigen Frau und stammt aus dem 6. oder 7. Jh. n. Chr. Trotz scharfer Verurteilung durch die Kirchenväter übernahmen auch Christen den heidnischen Brauch, Amulette zu tragen

Auch die Gebetshaltung hatten die Christen von den Heiden der Antike übernommen. Das Bild stammt aus dem 5. Jh. n. Chr.

Um 140–150 n. Chr. entstand dieses Weihebild der Göttin Vesta. Ihre Kleidung ähnelt derjenigen der Vestalinnen, der alten Brauttracht

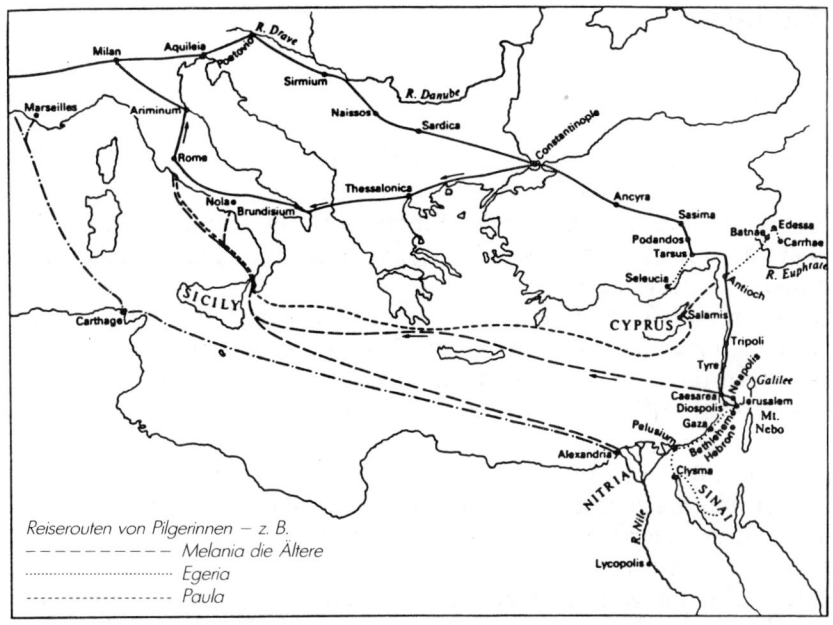

Reiserouten von Pilgerinnen — z. B.
– – – – – – – – – Melania die Ältere
·················· Egeria
------------------ Paula

Frauen auf Pilgerreise

Im 4. Jahrhundert n. Chr. begannen Christinnen und Christen Pilgerreisen zu unternehmen. Sie wollten die Stätten der Bibel mit eigenen Augen betrachten und berühmte Bischöfe und Einsiedler besuchen. Auch Frauen — die Karte zeigt die Reiserouten von Egeria, Paula und Melania der Älteren — nahmen die Strapazen einer so weiten Reise auf sich, selbst wenn sie, wie die vornehmen Witwen Paula und Melania, ihre Verwandten damit vor den Kopf stießen und ihre Kinder verlassen mußten. So reiste etwa Melania ohne ihren Sohn, Paula mit nur einer ihrer Töchter; eine weitere Tochter und ihr kleiner Sohn blieben in Rom zurück. Ganz von dem Wunsch erfüllt, ihr Christsein auf entschiedene, eindeutige Weise zu leben, gründeten und leiteten die beiden Frauen schließlich im Heiligen Land Klöster und verbrachten dort in der Gemeinschaft von anderen Frauen ihr restliches Leben.

Griet Petersen-Szemerédy und Birgit Schlegel

Perpetua

Das Volksfest

Am 7. März im Jahr 203 nach Christus findet in Karthago ein großes
Fest zur Belustigung des Volkes statt.
Es ist der fünfte Jahrestag der Ernennung Getas zum »Cäsar«. Als
Sohn des römischen Kaisers Septimius Severus soll Geta Nachfolger
seines Vaters werden.
Um den Anlaß gebührend zu feiern, hat der Prokurator Hilarianus
Weizen unter die Bevölkerung verteilen und Zirkusspiele für den Tag
ansetzen lassen. Gladiatoren, Ringkämpfer und Fechter werden für
die geplanten Schaukämpfe in der Zirkusarena angestellt. Das ist
eine kostspielige Sache: Selbst ein »fünftklassiger« Gladiator kostet
die ansehnliche Summe von sechzig Goldmünzen. Eine beliebte, weil
billige Alternative ist deshalb die öffentliche Hinrichtung von Verbre-
chern in der Arena: Sie werden wilden Tieren ausgeliefert oder Gladiatoren, die sie töten.
Auch Christen gelten als Verbrecher. Wenn sie vom Staat aufgespürt
werden und sich weigern, ihren Glauben zu verleugnen und heidnischen Göttern zu opfern, droht ihnen der Tod in der Zirkusarena.

Im Gefängnis

Kurze Zeit vor dem Fest werden einige christliche Männer und Frauen
verhaftet. Sie sollen am 7. März den wilden Tieren vorgeworfen werden. Es sind der Sklave Revokatus und die Sklavin Felicitas, die im
achten Monat schwanger ist, außerdem Saturninus, Sekundulus und
Saturus, der Lehrer der anderen, der sich freiwillig stellt, um seine
»Schützlinge« nicht allein zu lassen, und als sechste Vibia Perpetua,
die kurz zuvor ihren ersten Sohn geboren hat.
Aber hören wir doch Perpetuas eigenen Bericht: »Nach einigen Tagen
wurden wir in den Kerker gesteckt. Ich war entsetzt, denn ich hatte
noch nie eine solche Finsternis erlebt. Welch schrecklicher Tag!
Durch das Gedränge der von den Soldaten Hineingeworfenen entstand eine große Hitze! Schließlich wurde ich durch die Besorgnis
um das Kind dort gequält.«
Es gelingt Perpetua, zu erreichen, daß ihr kleiner Sohn, den sie noch
stillt, bei ihr im Gefängnis bleiben darf. Die Pflege des Kleinen lenkt

sie zunächst ab. Die durch Geld bestochenen Gefängnisaufseher lassen auch Besucher zu den Gefangenen vor.

Perpetuas Familie, ihre Mutter, ihr Bruder und ihr Vater, kommen zu ihr. Sie sind alle niedergeschlagen, doch Mutter und Bruder, selbst Christen, können die Haltung Perpetuas verstehen. Der Vater aber, sehr wahrscheinlich kein Christ, macht Perpetua harte Vorwürfe und bedrängt sie, ihr Christsein zu verleugnen. Es kommt zu einer lauten Auseinandersetzung, in der der Vater schließlich auf die Knie fällt und die Tochter beschwört, Rücksicht auf ihre Familie zu nehmen; sie könnten alle in Gefahr geraten, besonders die Mutter und der Bruder könnten ebenfalls als Christen angezeigt werden. Und das Kind, vielleicht muß es nach ihrem Tod verhungern!

Perpetua steht vor einer schrecklichen Entscheidung. Kann sie dem Vater den Gehorsam verweigern? Kann sie die ganze Familie in Lebensgefahr bringen? Und vor allem: Darf sie ihr Kind im Stich lassen? Perpetua sagt: »Man kann etwas nicht anders nennen als was es ist.« Sie kann nicht anders, als sich Christin zu nennen.

So tut sie etwas für ihre Zeit Unerhörtes: Sie setzt sich über ihre Verpflichtungen als Tochter und als Mutter hinweg. Sie tut, was sie für richtig hält – trotz aller Gewissenskonflikte. Dem Frauenideal einer zurückgezogen lebenden Hausfrau und Mutter, die nicht öffentlich auftritt, die keine Forderungen stellt, diesem Bild entspricht Perpetua wahrlich nicht. Sie, die junge Frau, wird die Wortführerin der Inhaftierten, setzt bessere Haftbedingungen durch. Auch in der Gerichtsverhandlung, die unmittelbar bevorsteht, will sie standhaft bleiben.

Die Gerichtsverhandlung

Es ist Morgen. Die verhafteten Christen sitzen gerade beim Essen, da kommen Soldaten in das Gefängnis, um Perpetua und ihre Freunde zum Gerichtshof zu bringen.

Wie ein Lauffeuer verbreitet sich die Nachricht von ihrem Verhör in der Stadt, und viele Menschen strömen zusammen, um die öffentliche Gerichtsverhandlung mitzuerleben.

Die Freunde werden der Reihe nach gefragt, ob sie sich zum Christsein bekennen. Zuletzt kommt Perpetua an die Reihe.

Bevor sie aber etwas antworten kann, stürzt ihr Vater aus der Menge hervor. Er hat Perpetuas Kind geholt, hält es hoch und schreit: »Bitte

um Gnade, erbarme dich deines Kindes!« Auch der Prokurator Hilarianus, der die Gerichtsverhandlung führt, redet nun auf Perpetua
ein. Sie soll Rücksicht auf das Alter ihres Vaters und die Jugend ihres
Kindes nehmen und für das Wohl des Kaisers den heidnischen Göttern
opfern.

»Das tue ich nicht«, entgegnet Perpetua fest, »ich bin eine Christin!«
Verzweifelt versucht ihr Vater, Perpetua wegzuzerren, aber er wird
von Soldaten gepackt und unter Schlägen zurückgetrieben. Das gibt
Perpetua einen Stich; es ist, als ob sie selbst geschlagen wird. Doch
weiß sie nicht, wie sie ihm helfen kann. Denn das, was er von ihr
verlangt, den Göttern zu opfern, um sich zu retten, das kann sie nicht.
Alle Angeklagten werden verurteilt. Sie sollen den wilden Tieren
vorgeworfen werden. Erleichtert darüber, standhaft geblieben zu sein,
kehren sie in das Gefängnis zurück.

Nach der Gerichtsverhandlung schickt Perpetua einen Boten zu ihrem Vater; er soll das Kind zum Stillen zu ihr bringen. Doch der
Vater weigert sich, ihr den Jungen zu geben.

Perpetua erfährt später, daß das Kind nicht mehr nach der Brust
verlangt. Sie kann es nun beruhigt in der Obhut ihrer Familie zurück-
lassen.

Alle Brücken zur Außenwelt sind abgebrochen. Die Sorgen, von denen
Perpetua gequält wird, gelten alle ihrer Familie – hat sie selbst keine
Angst vor dem Tod? Leben nicht auch Märtyrerinnen gerne?

Der Traum

Am Abend des 6. März, einen Tag vor der Hinrichtung, hat Perpetua
einen Traum: Ein Freund führt sie auf einem holprigen und windungs-
reichen Weg zum Amphitheater. Keuchend vor Anstrengung kommen beide auf dem Kampfplatz an. Das Theater ist bis auf den letzten
Platz gefüllt. Perpetua erwartet die wilden Tiere, die auf sie losgelas-
sen werden sollen. Statt dessen aber betritt ein sehr häßlicher Ägypter
die Arena! Und ein riesiger Kampfrichter, der die ganze Arena über-
ragt, tritt mit einem grünen Zweig, an dem goldene Äpfel hängen,
hinzu und verkündet: »Wenn der Ägypter dich im Faustkampf be-
siegt, wird er dich töten. Besiegst du ihn, bekommst du diesen Zweig.«
Perpetua sieht sich entkleidet und in einen Mann verwandelt.

»Wir traten uns gegenüber und begannen den Kampf«, erzählt sie
den anderen am Morgen. »Er wollte meine Füße packen, aber ich

stieß ihm die Fersen ins Gesicht. Ich wurde in die Luft gehoben und fing an, ihn so zu schlagen, als wenn ich nicht mehr auf der Erde stände. Als ich aber etwas Zeit fand, nahm ich die Hände zusammen, Finger an Finger, und faßte seinen Kopf. Da fiel er auf das Gesicht. Und ich trat ihm auf den Kopf. Das Volk begann zu rasen…«
Am Ende des Traums kommt der Kampfrichter auf Perpetua zu, gibt ihr den Zweig, küßt sie und sagt: »Tochter, der Friede sei mit dir!«

Perpetua spricht mit den anderen Gefangenen über den Traum und begreift: nicht gegen Tiere, sondern gegen den »Teufel« wird sie kämpfen. Aber sie ist sich ihres Sieges gewiß. – Der »Teufel«, das ist für die Christen der »Geist des Heidentums«, den sie vor allem in Ägypten, dem geheimnisvollen Land der heidnischen Magier und Dämonen verkörpert sehen. In der entscheidenden Auseinandersetzung sieht Perpetua sich als Siegerin hervorgehen: Sie wird sich nicht den heidnischen Göttern beugen, sondern standhaft bleiben. Der Weg aber bis zum entscheidenden Kampf ist »holprig und windungsreich« – voller innerer Konflikte und Zweifel an der Richtigkeit ihrer Entscheidung. Ihr Lohn ist der Zweig mit den goldenen Äpfeln; sie erinnern an den antiken Mythos der Äpfel der Hesperiden, die ewige Jugend verheißen. Ihr Lohn, heißt das, ist das ewige Leben. Das Martyrium bedeutet für die Christen den Übergang zum besseren Leben nach dem Tod, in dem sie um den Thron Gottes versammelt sind.

Der letzte Tag

Der Morgen des 7. März ist angebrochen. Die Märtyrerinnen und Märtyrer werden aus ihrer Zelle geholt und zum Tor gebracht, das in die Zirkusarena führt.
Dort sollen sie, um den Reiz des Schauspiels für das wartende Publikum zu erhöhen, die Kleidung von Priestern und Priesterinnen römischer Gottheiten anlegen. Es ist keineswegs ungewöhnlich, zum Tode Verurteilte als mythologische Figuren zu verkleiden und sie in der Zirkusarena bekannte Dramen nachstellen zu lassen – wobei die Hauptdarsteller zu Tode kommen.
Eine solche Vorstellung ist auch für diesen Tag geplant. Perpetua und die Sklavin Felicitas, die kurz vorher im Gefängnis ihr Kind, ein Mädchen, zur Welt gebracht und ihrer Schwester hinterlassen hat, sollen die Kleidung der Geweihten der Ceres, der Fruchtbarkeits- und

Todesgöttin, anlegen. Die Männer sollen als Priester des Saturn verkleidet gehen.

Aber zu diesem Schauspiel kommt es nicht. Die Märtyrerinnen und Märtyrer weigern sich, die Kleidung anzulegen, und wieder einmal ergreift Perpetua das Wort für sie: »Wir sind freiwillig hierhergekommen, damit uns unsere Freiheit nicht genommen wird. Wir haben unser Leben preisgegeben, um nichts Heidnisches tun zu müssen!« Dieser Argumentation beugt sich auch der zuständige Tribun. In ihrer eigenen Kleidung gehen die Verurteilten in die Arena und werden – nach dem Kampf mit den wilden Tieren – vor der Zuschauermenge von Gladiatoren mit dem Schwert getötet.

Auch Märtyrerinnen und Märtyrer lebten gerne. Aber wichtiger als alles andere war für sie ihr christlicher Glaube und die Gemeinschaft untereinander. Sie gaben ihrem Leben einen neuen Sinn in einer Welt, die von Kriegen, Putschversuchen und Seuchen geschüttelt wurde und in der nichts Beständigkeit zu haben schien. Trotzdem entzogen sich viele Christen durch Flucht der Verfolgung oder sagten ihrem Glauben unter Druck und Folter ab; aber sehr mutige Frauen und Männer blieben auch dann standhaft. Ihr Glaube half ihnen zu leben und zu sterben.

Birgit Schlegel

Zum Nachdenken und Diskutieren

- Der Gewissenskonflikt: Zwischen welchen Werten und Normen muß Perpetua sich entscheiden?
- Welche Folgen muß sie einkalkulieren, wenn sie ihre Überzeugung höher stellt als ihre menschlichen Beziehungen?
- Kenne ich – wenn auch ohne Lebensgefahr – entsprechende Gewissenskonflikte? Was ist mir dabei das Wichtigste?

Lesevorschlag

Die Akten der heiligen Perpetua und Felizitas – Echte alte Märtyrerakten, dt. von G. Rauschen, in: Bibliothek der Kirchenväter, Bd. II Kempten, München 1913 (in Bibliotheken)

Perpetua

um 180/181 – 202/203 nach Christus

Vibia Perpetua wurde um 180/181 in Nordafrika geboren – in Karthago oder im nahegelegenen Thurburbo.
Nordafrika war zu dieser Zeit eine römische Provinz und wurde von einem Statthalter verwaltet.

Perpetuas Familie gehörte der römischen Oberschicht an. Perpetua war das Lieblingskind ihres Vaters, der sie ihren beiden Brüdern, von denen einer früh verstarb, vorzog. So genoß sie eine gute, sehr liberale Erziehung. Sie war in heidnischer und später auch in christlicher Literatur bewandert, sprach fließend Latein und Griechisch, die Sprache der Gebildeten.

Als junges Mädchen wurde sie verheiratet. Den genauen Zeitpunkt der Hochzeit kennen wir ebenso wenig wie den Ehemann Perpetuas. Offenkundig hatte niemand ein Interesse daran, etwas über ihn zu berichten, weder Perpetua – sie hinterließ Tagebuchaufzeichnungen – noch ihr erster anonymer »Biograph«, von dem wir annehmen, daß es der Kirchenvater Tertullian war.

Im Jahr 201 oder 202 brachte Perpetua ihr erstes Kind, einen Sohn, zur Welt. Kurz vor der Geburt des Kindes muß Perpetua sich dem Christentum angeschlossen haben. Sie wurde »Katechumenin«, d. h. sie ließ sich zusammen mit ihrem Bruder, der ebenfalls Christ wurde, im christlichen Glauben unterrichten.

Unter Septimius Severus, der 193 römischer Kaiser geworden war, waren die Christenverfolgungen nach einer zwölfjährigen Pause wieder aufgeflammt. Insbesondere neu bekehrte Christen wurden staatlich gesucht und angezeigt. Durch Androhung der Todesstrafe sollten sie gezwungen werden, ihrem Glauben abzuschwören. Damit sollte eine weitere Ausbreitung der »seltsamen Sekte« verhindert werden, denn der römische Staat empfand sie als Bedrohung der inneren Einheit und des religiösen Friedens.

So wurde auch Perpetua, zusammen mit einigen anderen Katechumenen, Anfang des Jahres 202 oder 203 verhaftet und nach standhafter Weigerung, vom Christentum abzulassen, zum Tode verurteilt.

Am 7. März 202 oder 203 starb Perpetua im Alter von 22 Jahren.

Die Wüstenmütter

In der heißen ägyptischen Wüste wohnten, an verschiedenen Plätzen in Höhlen und Hütten aus Schilf, Theodora, Sara, Synkletike. Freiwillig lebten diese christlichen Frauen dort, wo es kaum Wasser gab, in extremer Hitze und extremer Kälte, einsam und bedroht von wilden Tieren. Sie ernährten sich von dem, was sie in der Wüste fanden oder herstellen konnten, von Kräutern, Datteln, Feigen, getrockneten Erbsen, Brot und dem kostbaren Wasser. Man nannte sie Wüstenmütter – in der damaligen Sprache »Amma«, Mutter. Von weit her kamen die Menschen zu ihnen in die Einsamkeit der Wüste, erzählten, was sie bedrückte und ängstigte, suchten Rat. Oft waren die Ratsuchenden monatelang unterwegs, nur um für ein paar Stunden oder Tage eine Wüstenmutter zu besuchen. Die Wüstenmütter konnten zuhören. In jahrelangem Schweigen hatten sie es gelernt.
Und sie erzählten Geschichten, kurze Geschichten, die ihren Besucherinnen und Besuchern helfen sollten, ihre Probleme zu lösen.

Eine Geschichte der Amma Theodora

Einmal erzählte die Amma Theodora: »Es war ein Mönch. Und als dieser unter einer Menge von Anfechtungen litt, sagte er sich: Ich will von hier weggehen! Und als er seine Sandalen anzog, sah er einen anderen Menschen, der auch seine Sandalen anzog, und dieser andere sagte zu ihm: Du gehst doch wohl nicht wegen mir weg? Siehe, ich gehe dir voran, wo du auch immer hingehst!«
Wie können wir diese Geschichte verstehen? Vermutlich war ein Mönch zur Amma Theodora gekommen und hatte von seinen Problemen gesprochen. Als Antwort erzählte Theodora die Geschichte. Sie wählte darin das Beispiel eines Mönchs, der ebenfalls vor Problemen nicht mehr weiter weiß. Sie gibt eine Erfahrung, die sie selber gemacht hat, in einer einfachen, anschaulichen Szene wieder. Der Zuhörer kann sich die Szene gut vorstellen, weil sie im Alltagsleben oft vorkommt: Der Mönch in der Geschichte ist mit seinem Leben nicht zufrieden und beschließt deshalb, einfach wegzugehen. Wahrscheinlich hofft er, daß er an einem anderen Ort besser mit seinen Schwierigkeiten zurechtkommt, er hofft, daß seine Sorgen und Probleme an dem alten Platz zurückbleiben. Der andere Mönch, der im gleichen

Moment auch die Sandalen anzieht, ist eine bildliche Darstellung seiner bedrückenden Nöte.

Mit dieser Geschichte wollte die Amma ihren Besucher auf den Gedanken bringen, daß Weggehen manchmal keine Lösung bringt. Sie meinte mit dieser Geschichte: Du kannst vor dir selber nicht davonrennen. Die Wüstenmutter sagte dem Fragesteller jedoch nicht direkt, was er nun tun sollte. Jeder sollte für sich selber die Lösung finden. Die Amma Theodora hat diese Geschichte zwar für einen bestimmten Fragesteller ausgesucht, aber alle, die sie hörten, waren beeindruckt und haben sie weitererzählt. Denn sie erkannten: Manchmal bin ich auch so wie der, der gerade seine Sandalen anzieht, um wegzulaufen. Mit ihrer Geschichte sagte Amma Theodora nicht, daß Weglaufen *immer* schlecht ist, sondern nur, daß Weglaufen *manchmal* die dümmste Lösung ist. Wer diese Geschichte hört, soll selber für sich herausfinden, ob Weggehen oder Dableiben das Beste ist.

Eine Begegnung mit Amma Sara

Über Amma Sara wird berichtet, daß sie sechzig Jahre am Ufer eines Flusses wohnte. Vermutlich war dies ein Nebenarm des für ganz Ägypten so wichtigen Flusses Nil. Wenn Sara sechzig Jahre lang an einem Ort in der Wüste lebte, so muß sie sehr alt geworden sein. Nach damaligem römischem Recht galten Frauen mit zwölf oder dreizehn Jahren als erwachsen. So könnte Sara in diesem Alter in die Wüste gezogen sein. Vielleicht ließ sie sich gleich an dem Fluß nieder, vielleicht zog sie vorher auch noch einige Jahre durch verschiedene Gegenden der Wüste. Amma Sara mußte sich einmal mit Männern über ihren Wert als Frau streiten. In einer kurzen Geschichte wird erzählt, daß Sara Besuch erhielt von zwei berühmten Mönchen, die von weither kamen – aus der Stadt Pelusium, die östlich des Nildeltas an der Mittelmeerküste lag. Saras Ruf muß weit verbreitet gewesen sein, wenn diese Männer in Pelusium von ihr gehört hatten.

Vermutlich konnten die beiden Männer es nicht ertragen, daß eine Frau weise, erfahren und klug war, denn beim Abschied sagten sie zu Amma Sara: Paß nur auf und bilde dir nichts darauf ein, daß Mönche dich, die du doch eine Frau bist, besuchen kommen.

Amma Sara reagierte schlagfertig: Der Natur nach bin ich eine Frau, aber nicht meinem Denken nach. Ihr beide wart meine Gäste. Nun meint ihr, weil ihr als Männer mich befragt habt, müßte ich als Frau

darauf stolz sein. Da habt ihr euch aber getäuscht. Ihr habt ein be-
stimmtes Bild von Frauen. So bin ich jedoch nicht. Ich bin eine Frau
und bin trotzdem ganz anders, als ihr euch Frauen vorstellt. Ich bin
nicht abhängig von eurer Meinung, ich brauche euch nicht. Ihr seid
es ja, die mich besucht haben, ihr wolltet etwas von mir. Ihr seid
von weither gekommen, ich habe euch nicht um euren Besuch gebeten. Ich bin schließlich nicht zu euch gekommen, um von euch zu
lernen, sondern ihr seid zu mir gekommen. *Ihr* schätzt die Lage falsch
ein, nicht wir Frauen. Wenn ihr begreifen wollt, mit wem ihr es zu
tun habt, müßt ihr euer Frauenbild ganz schön ändern. Ihr haltet
Frauen für dumm und Männer von vornherein für besser. Wenn ihr
die Augen wirklich aufmachtet, würdet ihr sehen, daß es sich nicht
so verhält. Ich durchschaue euch und bin eine von euren Meinungen
unabhängige Frau. Das werde ich auch bleiben, auch wenn ihr noch
so berühmte Mönche aus Pelusium seid!

Eine Geschichte der Amma Synkletike

Von Amma Synkletike wissen wir mehr als von den anderen beiden
Wüstenmüttern. Synkletike wuchs in einer wohlhabenden Familie
in der großen ägyptischen Hafenstadt Alexandria auf. Als die Eltern
sie verheiraten wollten, wehrte sie sich erfolgreich dagegen. Schon
als junges Mädchen war Synkletike entschlossen, nicht zu heiraten,
sondern als Einsiedlerin in der Wüste zu leben.
Nach dem Tod der Eltern verschenkte sie das Erbe an die Armen und
zog selber in eine Höhle am Rande der Stadt. Hier schnitt sie ihr
langes Haar ab, als Zeichen dafür, daß weibliche Schönheit für sie
keine Rolle mehr spielte. Später zog sie weiter in die Wüste.
Nach langen Jahren in der Einsamkeit verbreitete sich der Ruf, daß
Synkletike eine Amma geworden war, eine weise Frau, die zuhören
konnte. Nun kamen viele Besucherinnen und Besucher, die sie nach
ihrem Rat fragten. Genau wie die anderen Wüstenmütter erzählte
auch Synkletike Geschichten.
Die Amma Synkletike sprach: »Diejenigen, die Gott suchen, haben
am Anfang Kampf und viele Mühen. Später ist jedoch die Freude
unaussprechlich. Wie nämlich diejenigen, die Feuer anzünden wollen, zuerst vom Rauch belästigt werden und weinen müssen, um auf
diese Weise das Gewünschte zu erreichen, so müssen auch wir das
göttliche Feuer in uns entfachen mit Tränen und Mühen.«

Wie Theodora, so ging auch Synkletike von einer ganz alltäglichen Situation aus: dem Anzünden des Feuers. Vielleicht erzählte Synkletike diese Geschichte einer Frau, die jeden Tag Feuer machen mußte, um ihrer Familie das Essen zu kochen. Diese Besucherin war müde von allen Mühseligkeiten des Alltags. Sie konnte nicht mehr weiter und weinte nur noch. Synkletike tröstete diese Frau erst einmal damit, daß Tränen und Mühen zu jedem Lebensweg gehören. Auch Synkletike hat sicher in der Wüste oft geweint, vielleicht wollte sie manchmal am liebsten umkehren. Sie erinnerte sich jedoch immer wieder daran, daß sie alles verlassen hatte, um Gott zu suchen. Wenn sie an dieses Ziel dachte, waren alle Anstrengungen auszuhalten: Hunger und Durst, Hitze und Kälte, Tränen und Verzweiflung. Synkletike benutzte das Feuer als Bild für Gott. Gott ist lebendig wie das Feuer. Wenn das Feuer brennt, wird es hell und warm, dann ist alles gut. Gott wärmt den Menschen wie durch Feuer von innen. Wer diese Geschichte Synkletikes vom Feueranzünden hört, kann gelassener mit den eigenen Tränen und Mühen umgehen. Die Wüstenmutter machte ihrer Besucherin Mut, den angefangenen Weg weiterzugehen: Wenn du manchmal weinst, mußt du nicht gleich verzweifeln. Denk daran, wie es jeden Tag beim Feueranzünden zugeht. Wenn das Feuer dann richtig brennt, ist das Brennen in den Augen und der Qualm vergessen.

Ruth Albrecht

Zum Nachdenken und Diskutieren

- Zur Amma Theodora: Wovor möchte ich davonlaufen? Wie sieht mein Davonlaufen aus? Welche anderen Möglichkeiten habe ich?
- Zur Amma Sara: Wie sehe ich mich selbst? Wie reagiere ich, wenn andere mich anders sehen?
- Zur Amma Synkletike ein altes Gebet: Gott gebe mir die Gelassenheit, Dinge hinzunehmen, die ich nicht ändern kann; Dinge zu ändern, die zu ändern sind; und die Weisheit, das eine vom anderen zu unterscheiden.
- Zur Lebensweise der Wüstenmütter: Welchen Sinn kann Askese haben? (Vergl. dazu auch die Fragen auf Seite 41)

Lesevorschlag

B. Miller, Hg.: Weisung der Väter. Apophthegmata Patrum, auch Gerontikon oder Alphabeticum genannt, Freiburg 1965

Die Wüstenmütter

4. und 5. Jahrhundert nach Christus

Die Wüstenmütter lebten in der Zeit des 4. und 5. Jahrhunderts. Genauer lassen sich die Lebensdaten nicht angeben, denn wir wissen nur sehr wenig über diese Frauen. Wir kennen einige Namen und kurze Texte, in denen die Wüstenmütter von ihren Erfahrungen berichten. Diese kurzen Aussprüche und Geschichten müssen auf die ersten Zuhörerinnen und Zuhörer so großen Eindruck gemacht haben, daß sie weitererzählt wurden. Gegen Ende des 5. Jahrhunderts sammelte dann jemand alle diese Geschichten aus der Wüste und schrieb sie auf; seitdem gibt es die »Sprüche der Wüstenmütter und Wüstenväter«.

Die Wüstenmütter lebten in Ägypten, in Wüstengebieten südlich von Alexandria. Diese Wüste war unter verschiedenen Namen bekannt: Nitria, Natrontal, Sketis oder Kellia.

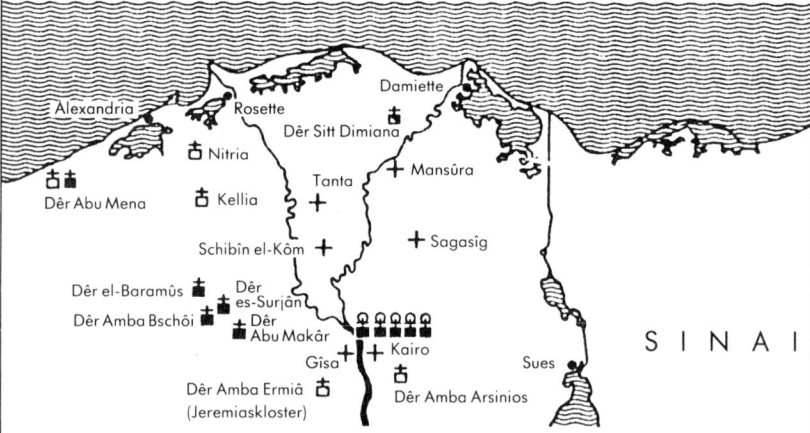

Das ägyptische Nildelta. Die als Klosterruinen eingetragenen Orte Nitria und Kellia bezeichnen die Gebiete, in denen die Wüstenmütter lebten. Die heutigen Christen Ägyptens werden Kopten genannt. Gerade in den letzten Jahren sind einige der alten Wüstenklöster neu besiedelt worden.

+ heutiger Bischofssitz, ⌖ bewohntes Kloster, ⌖ zeitweise bewohntes Kloster, ⌖ Klosterruine, ⌖ bewohntes Frauenkloster

»Wüstenmutter« war eine ehrenvolle Bezeichnung, eine große Anerkennung. »Mutter« wurde eine Christin, die in der Wüste lebte, nur dann genannt, wenn sie Schülerinnen und Schüler hatte, die von ihr lernten.

Keine Frau konnte sich selber als Mutter bezeichnen. Eine Schülerin oder ein Schüler berichteten der Wüstenmutter von einem Problem, das sie belastete, und die Mutter antwortete mit einer kurzen Geschichte. Wenn diese Geschichte dann weitererzählt wurde, kamen wieder neue Besucherinnen und Besucher, um sich Rat bei dieser Frau zu holen.

In den damals gesprochenen Sprachen bildete sich ein besonderes Wort für die Wüstenmutter heraus: Amma. Amma ist ein syrisch-hebräisches Wort und bedeutet: geistige und geistliche Mutter. In vielen Sprachen wurde dieses Wort übernommen, da es am einfachsten die Eigenart dieser Mütter der Wüste zum Ausdruck brachte.

Die Bewegung der Wüstenmütter und der Wüstenväter bildet den Anfang des christlichen Mönchtums. Gerade in der Zeit, als das Christentum zunehmend gesellschaftliche und staatliche Anerkennung fand, zogen immer mehr Christinnen und Christen in die Wüste. Seit 313 wurden die Christen durch einen Beschluß des römischen Kaisers Konstantin nicht mehr verfolgt, 380 verbot dann Kaiser Theodosius alle heidnischen Kulte und ließ deren Tempel zerstören. Das Christentum war nun die allein geförderte Staatsreligion des Römischen Reiches. Die Kirche konnte reich und mächtig werden.

Statt sich über diese erreichte Sicherheit zu freuen, zogen gerade in dieser Zeit Frauen und Männer in die Wüste. Statt für sich selber gute Positionen im Staat oder in der Kirche zu besorgen, suchten sie sich freiwillig Gebiete aus, in denen Menschen nur unter sehr schweren Bedingungen leben können.

Sie verließen ihre Berufe, ihre Familien, ihre Kirchengemeinden, sie zahlten keine Steuern mehr und leisteten keinen Armeedienst. Die Wüstenmütter und Wüstenväter waren die erste christliche Alternativbewegung. Mit ihrem Lebensstil protestierten sie gegen die reich werdende Kirche. Sie wollten ganz radikal arm sein und nur auf Gott vertrauen. Viele von ihnen lebten jahrelang allein, andere in kleinen Gruppen. Große Klöster gab es damals noch nicht.

Von drei ägyptischen Wüstenmüttern sind Sprüche und Geschichten erhalten, von *Amma Theodora, Amma Sara* und *Amma Synkletike*. Von Synkletike sind die meisten Sprüche bekannt, nämlich achtzehn, von Sara acht und von Theodora sieben. Wir wissen nicht mehr genau, in welcher Situation und wem die Wüstenmutter die jeweilige Geschichte erzählte. Wir wissen nichts Genaues über die besonderen Lebensumstände der Amma, ob sie schon lange in der Wüste war, ob sie allein lebte oder mit ihren Schülerinnen zusammen, ob sie oft Besuch erhielt. Wir haben nur diese kurzen Geschichten.

Melania die Jüngere

Melania und ihre Großmutter

Das vierte Jahrhundert nach Christus geht zu Ende. Auf einem der Hügel Roms, dem Caelius, steht das Haus der Valerii. Zu dieser vornehmen Familie gehört Melania.

Das kleine Mädchen ist von viel Schönheit umgeben. Auf kostbaren Mosaikfußböden geht sie durch die Räume des Hauses, vorbei an großen Wandgemälden, edlen Statuen und der bronzenen Lampe, die ihr Onkel Valerius Severus zu seiner Taufe geschenkt bekam.

Die kleine Melania weiß, was getauft sein bedeutet. Sie lernt, daß der Kaiser Theodosius fünf Jahre bevor sie, Melania, geboren wurde, das Christentum zur Staatsreligion gemacht hat. Aber sie erlebt auch, daß andere reiche Familien nichts vom Christentum halten. Als Melania schon neun Jahre alt ist, feiern einflußreiche Römer noch immer ein Fest zu Ehren der heidnischen Göttin Isis.

Melania weiß aber noch etwas anderes: Sie trägt den Namen ihrer Großmutter, der Mutter ihres Vaters. Großmutter Melania lebt in Jerusalem, und die kleine Melania kann nicht genug bekommen von den abenteuerlichen Geschichten, die die Mutter aus dem Leben der Großmutter zu erzählen weiß:

Im Jahr 341 oder 342 wurde sie geboren und sehr jung verheiratet. Als sie 22 war, starben ihr Mann und zwei ihrer drei kleinen Söhne. »Nur dein Vater blieb am Leben«, sagt die Mutter. »Sonst gäbe es auch dich nicht, Melania.«

Als junge Witwe änderte die Großmutter ihr Leben von Grund auf. Sie brach zu einer Schiffsreise nach Ägypten auf. Als reiche Frau konnte sie sich das leisten. Aber sie besuchte dort nicht Paläste und Kunstschätze, sondern Bischöfe, Einsiedler und Einsiedlerinnen. Alle Versuche der besorgten Familie, sie zurückzuhalten, waren vergeblich. Schließlich reiste Melania in das Land, in dem Jesus gelebt hat, und gründete in Jerusalem ein Kloster für Frauen. »Dort lebt sie noch heute mit fünfzig Frauen«, sagt die Mutter, »und du, Melania, trägst ihren Namen!«

Als Melania größer wird, erfährt sie noch mehr. Ihre Großmutter, Melania die Ältere, ist nicht die einzige, die ihren Lebenswandel so grundlegend verändert hat. Auch andere Christinnen aus Rom und anderswo trennen sich von ihren Familien, von ihrer Heimat, ihrem ganzen bisherigen Lebensstil. Sie wollen neben der Bindung an Christus keine andere Bindung gelten lassen. Diesen Entschluß machen sie für andere deutlich sichtbar. Sie wohnen zurückgezogen in der Stadt oder auf dem Lande, gemeinsam mit ihrer Mutter oder Tochter oder mit einer größeren Anzahl gleichgesinnter Frauen, einige auch im Kloster; sie verschenken ihren Besitz, unternehmen Pilgerreisen, wenn sie sich das leisten können, fasten und lassen keinerlei Interesse am weiblichen Schönheitsideal ihrer Zeit erkennen: Sie verzichten auf Schmuck und Schminke und kleiden sich sehr einfach. Ja, die Vernachlässigung des eigenen Körpers geht bei manchen so weit, daß sie kaum schlafen und sich nicht einmal mehr waschen!

Was für jene Frauen wichtig ist und sie am deutlichsten von ihren Geschlechtsgenossinnen unterscheidet, ist ihr Entschluß, als Braut Christi und nicht als die eines Mannes zu leben. Großmutter Melania die Ältere ging darum keine zweite Ehe mehr ein, sondern blieb Witwe; andere Frauen heirateten überhaupt nicht, wieder andere einigten sich mit ihren Männern auf ein enthaltsames Leben. Diese Enthaltsamkeit auf verschiedenen Gebieten wird als Askese bezeichnet. Der Begriff »Asketin« paßt für diese Frauen besser als das Wort »Nonne«, denn selbst wenn manche von ihnen zeitweise im Kloster leben, ist das für sie nur eine von vielen Möglichkeiten, Askese zu verwirklichen.

Die junge Melania in ihrem schönen Haus denkt viel über all diese Dinge nach. Sie fragt sich, ob sie selbst so leben könnte. Was, überlegt sie, ist denn mir wichtig in meinem Leben?

Melanias Entschluß

Einmal in diesen Jahren kommt die Großmutter aus Jerusalem zu Besuch. Bald danach, Melania ist noch nicht ganz vierzehn Jahre alt, steht ihr Entschluß fest: Sie will auch eine Asketin werden wie die Großmutter.

Aber der Vater fragt nicht nach ihren Wünschen. Um der Familie Nachkommen zu garantieren, muß Melania mit vierzehn ihren um drei Jahre älteren Verwandten Valerius Pinianus heiraten; die reichen Leute heiraten zu dieser Zeit meist untereinander, und bei Melania und Pinianus bleibt dadurch der Besitz sogar in der Familie. Über solche Dinge bestimmt der Vater, die Tochter muß gehorchen.

Melania aber weiß genau, was sie will, und informiert ihren Ehemann

mit folgenden Worten darüber: »Wenn du, mein Herr, mit mir in
Keuschheit lebst und nach dem Gesetz der Enthaltsamkeit mit mir
zusammenwohnst, erkenne ich dich als Herrn und Gebieter über
mein Leben an; wenn dir das aber beschwerlich erscheint und du die
Glut der Jugend nicht ertragen kannst, siehe, mein ganzes Vermögen
liegt da, damit du es von jetzt an als Besitzer gebrauchen kannst, wie
du willst, nur befreie meinen Leib, damit ich diesen mit meiner Seele
unbefleckt Christus darbieten kann an jenem schrecklichen Tage«
(damit meint sie den Tag des Gerichts); »denn so werde ich mein
Verlangen nach Gott erfüllen.«
Für Melania würde ein asketisches Leben eine Befreiung ihres Körpers
bedeuten, eine Befreiung also auch von den Aufgaben und Pflichten
einer Ehefrau und Mutter. Dafür ist sie sogar bereit, ihren Ehemann
zu bestechen. Dieser bleibt zwar nicht vollkommen unbeeindruckt
von den flehentlichen Bitten seiner Frau, besteht jedoch darauf, daß
erst zwei Kinder als Erben des Besitzes auf der Welt sein müßten,
bevor er Melanias Wunsch entsprechen könne.
Eine Tochter wird geboren, die von den Eltern sogleich für ein jung-
fräuliches Leben bestimmt wird – auch Melania läßt ihrem Kind
also keine Entscheidungsfreiheit, sie sieht den von ihr gewünschten
Weg wohl als einzig richtigen an, will vielleicht auch ihrer Tochter
die eigenen Kämpfe ersparen. Daß sie selbst diesen Weg nicht ein-
schlagen kann, bedrückt sie so, daß sie am liebsten fliehen möchte.
Nur in kleinen Ansätzen kann sie ihren Wunsch nach Askese ausleben, indem sie nämlich im Bad statt des ganzen Körpers nur ihr
Gesicht wäscht und ein Kleid aus rauher Wolle unter ihren Seidenge-
wändern trägt. Sie versucht dabei, ihr Tun geheimzuhalten; diejenigen, die sie ins Bad begleiten, besticht sie sogar, damit sie Stillschwei-
gen bewahren.
Doch nun geschieht etwas, das Melanias Lebensweg in die von ihr
ersehnte Richtung lenken wird – die Geburt ihres zweiten Kindes.
Nach einer kniend im Gebet durchwachten Nacht kommt ihr Sohn
zu früh zur Welt und stirbt gleich nach der Taufe. Auch Melania
befindet sich in Lebensgefahr und nimmt dies als Chance wahr, ihren
Mann zum Nachgeben zu bringen: Sie sagt ihm nämlich, sie würde
nur gesund werden, wenn sie beide künftig in Keuschheit miteinander
lebten. Der besorgte Pinianus gelobt das und hält sich bis ans Ende
seines Lebens an diese Entscheidung. Melania ihrerseits erholt sich
nun tatsächlich wieder.
Was diese Erfahrung bei der Geburt des zweiten Kindes für sie bedeu-

tete, zeigt eine Begebenheit aus ihrem späteren Leben. Als Melania eines Tages zu einer Frau gerufen wird, deren Baby im Mutterleib gestorben ist und die daraufhin zwischen Leben und Tod schwebt, läßt sie sich von Jungfrauen aus ihrem Kloster dorthin begleiten, damit sie sehen können, »von wievielen Qualen Gott uns befreit hat«, wie sie es ausdrückt.

Bald nach dem kleinen Sohn stirbt auch Melanias Tochter, dann ihr Vater, der den Entschluß der Eheleute noch zu behindern versucht hatte.

Melania, inzwischen zwanzig Jahre alt, sowie Pinianus und Melanias Mutter Albina ziehen fort von Rom aufs Land und üben sich dort im asketischen Leben. Dazu gehören nicht nur eine Beschränkung auf das Lebensnotwendige und Verzicht auf jeglichen Luxus, sondern auch soziale Tätigkeit: Melania und ihr Mann besuchen und pflegen Kranke, nehmen Freunde auf, beschenken die Armen und kaufen Schuldgefangene frei. Nach einigen Schwierigkeiten verkaufen sie außerdem einen Großteil ihres umfangreichen, über viele Länder wie Spanien, Afrika, Britannien und Gallien verteilten Grundbesitzes und geben große Summen als Almosen.

Melania tut dies nicht immer leichten Herzens; manchmal fällt ihr die Trennung von ihrem Vermögen schwer, doch sie bekämpft solche Gedanken energisch als Versuchungen des Teufels. Sie ruft sich die Vergänglichkeit allen Reichtums ins Gedächtnis; dieser sei ja durch Barbaren, Feuer, die Zeit und andere Gefahren immer bedroht. Wie recht sie damit hat, zeigt das Jahr 410: In diesem Jahr wird Rom durch die Westgoten erobert und das Haus des Pinianus niedergebrannt. Melania ist 35, Pinianus 38 Jahre alt.

Leben und Wirken als Asketin

Mit der Mutter Albina verlassen die beiden Italien und reisen nach Afrika. Dort treffen sie verschiedene Bischöfe, außerdem bauen und versorgen sie ein Kloster für achtzig Männer und eines für 130 Jungfrauen.

Melania schränkt sich in ihrer Nahrungsaufnahme immer mehr ein und ißt schließlich nur noch samstags und sonntags etwas altbakkenes Brot. Täglich liest sie in den Heiligen Schriften; auch liebt sie, wie schon ihre Großmutter, die Literatur. Alle Bücher der Heiligen, die sie nur irgendwie bekommen kann, gekauft oder ausgeliehen, studiert sie genau. Die griechische und die lateinische Sprache beherrscht sie fließend.

Dann will Melania ihre Askese noch verschärfen. Am liebsten möchte sie ganz für sich leben, beten und fasten. Aber sie tut es nicht, weil viele sie bitten, ihnen ihr Wissen über Gott mitzuteilen; sie spüren etwas von dem inneren Reichtum dieser Frau und möchten von ihr lernen.

Auch an äußerem Reichtum und Einfluß besitzen Melania, ihr Mann und ihre Mutter noch immer mehr als die meisten anderen. Sie unternehmen viele Reisen. Andere, das weiß Melania, können das nicht.

Melania die Jüngere

um 385 — 439 nach Christus

Melania die Jüngere wurde vermutlich im Jahr 385 in Rom geboren. Ihre Eltern waren Valerius Publicola und Albina, ein Paar der römischen Oberschicht.

Mit vierzehn Jahren mußte Melania gegen ihren Willen den siebzehnjährigen Valerius Pinianus heiraten. Die beiden bekamen eine Tochter und einen Sohn, die aber beide starben.

Nach fünf Ehejahren, also um 404, begannen Melania und Pinianus gemeinsam ein asketisches Leben.

Zwei Jahre später, etwa 406, starb Melanias Vater, 409 oder 410 auch Melanias Großmutter, Melania die Ältere.

Um diese Zeit verließen Melania, Pinianus und die Mutter Albina Rom und reisten über Sizilien nach Thagaste in Nordafrika; 410 trafen sie dort ein und gründeten zwei Klöster. Im selben Jahr eroberten die Westgoten unter Alarich Rom.

416 oder 417 reisten die drei über Alexandrien nach Jerusalem, von da aus unternahmen Melania und ihr Mann eine weitere Reise nach Ägypten. Nach dem Tod der Mutter, 431 oder 432, gründete Melania nach einem Trauerjahr ein Frauenkloster in Jerusalem.

Kurz danach starb auch Pinianus, und nach vier Jahren der Trauer veranlaßte Melania die Gründung eines Männerklosters.

Noch einmal machte Melania sich auf die Reise, von 436 bis 437, diesmal nach Konstantinopel und wieder zurück nach Jerusalem. Dort starb sie nach kurzer Krankheit am 31. 12. 439.

Nicht lange danach verfaßte ihr Schüler Gerontius die ausführliche Lebensbeschreibung der Melania, die die erstaunlichen Weltreisen dieser Frau beschreibt und uns Einblick gibt in viele Einzelheiten ihres Lebens.

Vielen Asketinnen wird von ihren Eltern das Erbe verweigert, jede Unterstützung versagt, sie nehmen, um ihrer Entscheidung treu zu bleiben, bittere Armut auf sich.

Melania, Pinianus und Albina aber verwenden ihr Geld nicht für ihr eigenes Wohlbefinden, leben selbst wie die Armen und unterstützen solche, die gar nichts haben. Wie einst die Großmutter besuchen sie in Ägypten Asketinnen und Asketen, die in der harten Einsamkeit der Wüste leben. Melania läßt es sich nicht nehmen, sie zu beschenken; wer Geschenke nicht annehmen will, findet oft nach Melanias Besuch ein Goldstück in einem Winkel versteckt.

Nach dem Tod der Mutter baut Melania – wie schon ihre Großmutter – ein Kloster in Jerusalem. Dort lebt sie mit neunzig Frauen. Die Leitung überläßt sie einer anderen. Sie selbst belehrt die Schwestern über ein christliches Leben, wie sie es lebt. Aber die strenge Askese, die sie sich selbst auferlegt, mildert sie für andere, die weniger stark sind als sie. Ohne Wissen der Oberin legt sie ihnen Erfrischungen unter das Bett. Sie scheut sich auch nicht, an »unehrbare« Orte zu gehen, um Prostituierte für das Leben im Kloster zu gewinnen.

Als Melania mit 54 Jahren am letzten Tag des Jahres 439 stirbt, trauern viele Frauen um ihre verehrte Lehrerin. Sie hat ihnen eine neue Lebensmöglichkeit gezeigt in einer Zeit, in der es für Frauen noch keine gleichberechtigte Partnerschaft mit einem Mann gab und keine Möglichkeit für eine Frau, ihr Leben selbst zu gestalten. Sie hat vielen geholfen, nicht nur zwischen Ehe und Mutterschaft oder Prostitution wählen zu müssen, sondern einen neuen eigenen Weg zu finden.

Griet Petersen-Szemerédy

Zum Nachdenken und Diskutieren

- Welche heutigen Beispiele freiwilligen Verzichts – von einzelnen, von Gruppen – fallen mir ein?
- Welchen Sinn sehe ich, sehen andere darin, auf etwas zu verzichten, etwas zu verweigern, bei etwas nicht mitzumachen?
- Wem „bringt" dieser Verzicht etwas – und was?

Lesevorschlag

Das Leben der heiligen Melania von Gerontius, in: Bibliothek der Kirchenväter, Bd. V Kempten, München 1912 (in Bibliotheken)

Bathildis

Wenn der Regen fiel, tranken die Männer Met. Und Regen fiel immer in jenen Jahren, ein beständiges Wetter, eine Folge von Regenjahren. Wenn der Nebel stieg, tranken sie Met. Nebel und Regen bemächtigten sich auch dieses Sommers und seiner Früchte. Die graue Nässe bemächtigte sich des ganzen Landes. Fäule kam auf und fraß alles Korn auf dem Halm. Es lag auf der Erde, es wurde schwarz, und darüber lag der schwarzgraue Himmel.

Während ich, Bathildis, mein Leben aufschreibe, rieche ich mein nasses Heimatland und die vielen faulenden Mißernten meiner Kinderjahre. Mit dem Vater um die Wette trank auch die Mutter. Sie gab uns Kindern Met zu trinken, um unseren Jammer zu stillen. Wir jammerten bald nicht mehr, von Hunger ermattet. Wir stocherten in der feuchten Asche nach Resten von Brotfladen, die waren aus Baumrinde gebacken. Die Eltern schickten uns in den Wald, um Rinde zu reiben und Wurzeln und Pilze zu finden. Aber wir konnten kaum mehr schaben und graben.

Ein verfluchtes Land, meine Heimat. In seinem Norden war Krieg. Man hörte von Erschlagenen. Welch unnütze Arbeit, sie starben doch ohnehin an Erschöpfung! Freya hatte die Fluren der Angeln und Sachsen zu segnen vergessen, und meine Eltern besaßen nichts mehr, um sie durch Opfer daran zu erinnern.

Eines Tages zog der römische Händler vorüber. Weder Hunger noch Krieg kann Kaufleute schrecken. Er lehnte in seinem Sesselwagen, von Soldaten umgeben. Ihre kräftigen Waden steckten in ledernen Schuhen. Sie schritten scherzend südwärts, froh, dieses unwirtliche Land zu verlassen und Wein, Oliven und heitere Frauen zu finden. Sie kauten beim Gehen Brot! Mein Vater wollte sie anbetteln um ein Stück, wie er oft getan, eine Gewohnheit nachgerade. Aber nein, plötzlich schlug er sich mit der Hand an die Stirn, stürzte zu uns in die Hütte, griff mich und meine zwei älteren Brüder, zeigte uns dem Gebieter auf dem Wagen her, und eh wir es begriffen, bot er uns ihm an. Die Kaufherren aus dem Süden fragten zuweilen nach jungen Dienern und Dienerinnen, sie nahmen seit Menschengedenken die Kinder des Landes zu Sklaven.

Der römische Händler lachte abschätzig von seinem Wagen herunter und murmelte was von Lumpenpack, aber übermütig schnippte er mit dem Daumen und Mittelfinger einen Befehl. Er ließ meinem

Vater ein Kännchen Öl zumessen, eine Handvoll Münzen und zwei Fladen Brot und winkte seinen Soldaten, uns in die Mitte zu nehmen. So konnten wir nach dem Willen unseres Vaters dem Hungertod entgehen.

Die Soldaten fuhren fort, Brot zu kauen, sie gaben auch uns davon, sie waren nicht schlecht. Gott mochte wissen, wem sie es entwendet hatten. Wir wußten nicht, wie uns geschah. Wenn sie nicht aßen, sangen sie. Der Händler auf seinem Wagen döste vor sich hin. Sie waren schon lange nicht mehr wirklich Herren dieses Landes, aber Herren waren sie doch und fragten nichts nach dem König von Kent. Andere junge Leute am Weg wurden gleich uns von ihren Eltern und Gevattern verkauft, wir wurden viele, der Römer erwarb das junge Menschenfleisch billig. Er lachte fett und klatschte sich mit den Händen die speckigen Schenkel. Mein ältester Bruder warf an unübersichtlichen Biegungen weiße Steinchen auf den Weg, um zurückzufinden. Mein Bruder war klug. Aber als er zurückblieb, um heimzulaufen, banden sie ihn und uns alle. Mich banden sie mit fremden Mädchen zusammen, wir sollten nicht heim, wir sollten nicht heim wollen, wir sollten nie wieder wollen. Und wie ein Blitz aus grauem Himmel wurde mir klar, daß es besser war, in der grauen Nässe zu bleiben, in der Waldwildnis gestorben zu sein, den Wölfen, einer giftigen Wurzel oder dem Hunger zum Fraß, aber im eigenen Land und mit eigenem Willen. Gebunden wie ich war, war mein Wille unbändig – nicht zu überleben, sondern frei zu sein.

Doch wäre ich nicht gebunden gewesen, so hätte ich nicht wirken können, wie ich dann tat. Ich wäre schier dumpf hingedämmert, ohne die Welt zu verändern. So aber habe ich verändert...

Am Strand von Dubris portis (Dover), warteten ihre Galeeren. Wir kletterten die Kreidefelsen zu ihnen hinab. Die Söldner jubelten. Ich bestieg mit den anderen Gefangenen über schwankende Planken das Schiff. So wurden wir endgültig aus dem Land unserer angelsächsischen Eltern fortgeführt über das wogende Meer. Wind und Nebelwolken fegten über das Wasser, die Ruderer arbeiteten hart. Ich weinte mit den Wolken um die Wette, ich wurde sterbenskrank. Ich hatte Angst, sie würden mich dieserhalb über Bord werfen in die klatschenden Wellen. Ich war die kleinste unter den Mägden und deshalb nichts nütze. Ich wäre wie ein Stein versunken und hätte mich nicht retten können wie einst Beowulf, der sieben Tage weit schwamm.

Eine Bö setzte uns auf den fränkischen Strand. Die Römer hatten es plötzlich sehr eilig, sie strebten weiter nach Aquitanien, an die Garon-

ne oder nach Marsilia, sie redeten durcheinander und malten sich
den Erlös aus, den sie zu erhalten gedachten. Sie sprachen von neuer
Ladung und neuem Gewinn. Sie sonderten die Stärksten unter uns
für ihre Weiterfahrt aus. Meine Brüder waren dabei, ich nicht. Ich
wurde mit fremden Angelsachsen zum Bündel gebunden und nahe
dem Strand auf einen Markt gestellt. Hunderte Jahre ist das Römische
Reich schon in Stücke, aber immer noch herrschen Zustände wie im
alten Rom, immer noch sind sie reich, nicht nur an Geld, auch an
Einfluß, und ihre Sitten sind Gesetz. In ihr ruhmvolles Rom liefern
sie immer noch Geiseln, Verschleppte, Angekaufte zur Arbeit für die
Reichen der Metropole, oder verhandeln sie weiter gegen Gewürz
und Seide von jenseits des Meeres in ferne heiße Wüstenländer.
Ich stand lange am Markt, weil ich schmächtig war. Viele Leute
tummelten sich dort, kauften Leder, Fische, Jünglinge, Angelhaken,
Bernstein und ganz verschiedene Beutestücke der Soldaten von weither. Sie feilschten, lachten und stritten. Ein Priester ging durch die
Menge. Ich hatte noch nie einen Priester gesehen, obgleich die Rede
ging, daß auch die Angeln schon Kunde hatten vom Christentum
und sogar ein Menschenalter zuvor eine christliche Königin aus Franken, die Bücher zu lesen verstand. Sie soll zum dreifaltigen Gott
gebetet haben, den meine Sippe nicht kannte. Wir beteten sowieso
nicht, ich sagte es schon, wir trauten der falschen Freya nicht mehr.
Der christliche Priester fragte halblaut, denn die Wachen sollten es
nicht bemerken, ob eine unter uns Christin sei. Sie zu verkaufen sei
gegen das Christenrecht. Er wolle sie frei machen. »Frei wozu?« rief
ein Junge, »das nützt mir rein nichts, denn wovon sollte ich leben,
wohin gehen? Ein Herr muß mich wenigstens versorgen.« Da ging
der Priester fort. Der junge Sklave hatte recht. Wäre ich frei, würde
ich bald Hungers gestorben sein. Aber an Freiheit dachte ich unabläs-
sig, während meine Hände an die der anderen gebunden waren. Später
hörte ich Christen sagen, sie wüßten die Wahrheit, und wer die Wahrheit wähle, sei frei.
Mit der Wahrheit wie mit der Freiheit aber scheint es mir immer
noch eine schwierige Sache zu sein. Wer arm ist oder Knecht, kennt
die Wahrheit inniger als alle, aber er kann sie nicht wahr machen,
er hat keine Macht. Der Herrschende oder Sieger beansprucht die
Wahrheit zu wissen, aber sobald er sie beschlagnahmt, ist sie nicht
mehr Wahrheit, sondern Gewalt. Recht, das ist Wahrheit. Die Römer
haben überallhin ihre einzig gültige Rechtswahrheit getragen. Aber
sie haben Land um Land verloren – wo blieben Wahrheit und Recht?

Immer behalten die Reichen recht. Überall wissen die Sklaven zutiefst die Wahrheit des Rechts und vermögen es doch nicht zu wahren. Das sah ich, während ich auf dem Markt stand, und habe es nicht vergessen. Man lernt rasch auf dem Sklavenmarkt.

Mein Schicksal lehrte mich Wahrheit und gab mir die Mittel, sie wahr zu machen. Das erstaunt mich bei Nacht.

Ob meine anglische Mutter noch um mich weint? Ich kann nichts über meine Familie in Erfahrung bringen, sooft ich auch Boten schickte. Wohl sind meiner Eltern Augen längst von nasser Erde bedeckt. Mein Platz war hier, blieb hier: mein Amt, meine Arbeit.

Mich bekam der Diener des Franken, der eines der Sklavenbündel erstand, als bloße Zugabe. So schmal und benommen ich da ausgestellt war, erhaschte ich doch unwillentlich einen aufmerksamen Blick des Hofbeamten, wie Männer ihn zuweilen auf einer hoffnungsvollen Schönheit ruhen lassen. So kam ich in das Haus des Majordomus, des mächtigsten Beamten im Lande. War ich als letzte im Zug der Gefangenen durch viele Dörfer zu seinem Gehöft getrottet, so stand ich nach wenigen Wochen nicht länger an der letzten Stelle in seinem Haus. Als Küchenmagd begann ich – bald sollte ich bei Tisch bedienen.

Mich betäubte das ungewohnte Hin und Her in dem großen Saal. Reiche Gewänder, klirrendes Metall, Ritter und Diener, Prunkgeschirr, fremd duftende Speisen, alles verwirrte mich.

In der hohen Halle saß neben dem Hausherrn ein junger Mann. Unter einer mächtigen Mähne flimmernden Lockenhaares schaute er mir gedankenverloren, ja, träumend zu, während ich ihm auftat. Ich hielt ihn für den Sohn meines Gebieters, des Herrn Archambold. Gönnerhaft ging mein Herr mit ihm um. Wie sollte ich wissen, daß der junge Chlovis der Gebieter des Älteren war?

Des Majordomus Blick ruhte ungleich offener auf mir, unverhüllt. Meine Schüchternheit reizte ihn. Er war nicht scheu wie der Goldhaar. »Tritt näher, Schöne«, gebot er und legte auf meine Schulter seine Hand. »Du sollst meine Mundschenkin sein.« Er war im Frankenland größer als der König geachtet, ich diente dem Größten.

Es war vorauszusehen: Nach nicht langer Zeit forderte mich mein Herr. Ich begehrte auf: »Wie kann ich dich lieben, solange ich nicht frei bin?« Der Jungkönig horchte auf. Ich lief aus dem Saal.

Von nun an stellte Archambold, mein Herr, mir hartnäckig nach. Auch seine Gemahlin schützte mich nicht. Im Gegenteil, sie förderte seinen Wunsch und wollte ihn befriedigt sehen, je eher je besser für

ihre Ehe. Ich widerstand, obleich sie mich hart strafte. Da gelang mir
die Flucht, ich floh vor meines Herren Begierde, fort von Paris, hinaus
ins Land, sah Bettlerinnen an einer Pforte gespeist werden und erbat
Einlaß. Es war das Kloster Heiligenkreuz zu Chelles, Kloster für Frau-
en. Klöster sind Zufluchtsorte in diesen wilden und schrecklichen
Zeiten, in denen Horden und ganze Völker umherziehen von Meer
zu Meer und einander mit dem Schwert erschlagen und zu begraben
vergessen oder allenthalben Menschenbeute machen. Hier fand ich
manch freies Mädchen des Landes, das einer erzwungenen Eheverbin-
dung entflohen war. Ja, ins Kloster ziehen sich die zurück, die nach
Freiheit und Wahrheit dürsten, sie studieren Schriften großer Weiser,
sie schreiben vergangene und gegenwärtige Ereignisse auf oder werden von Gelehrten besucht, die ihnen Vorträge halten. Eine Welt tut
sich ihnen auf. Tat sich mir auf.
Die Äbtissin, Bertilla, ließ mich vor sich kommen. »Laß mich hier«,
flehte ich, »ich will lesen und schreiben lernen und die Welt der
Gedanken erfahren.«
»Du bist stolz«, sagte Bertilla, »du trägst das Haupt zu hoch: es ist
nicht recht, daß du deinem angestammten Herrn nicht zu Willen
bist.«
Ich teilte ihr meine Geschichte mit. Angestammt, erwiderte ich, sei
er mir nicht, angestammt sei ich frei.
»Ja, bist du denn Christin?« fragte Bertilla. Mir fiel der Priester vom
Sklavenmarkt ein. Wäre ich Christin gewesen!
»Ich komme aus Angelland«, sagte ich, »und will die Gesetze kennen,
die der Christen Gott gibt, ob sie besser sind als der Hunger der
Heiden. Und ob sie frei machen.«
»Nicht Gesetz«, sagte sie, »Gnade.«
Das verstand ich noch nicht. Da ließ Bertilla mich unterrichten in
Lesen und Schreiben, ich lernte heilige Worte. Man zeigte mir Schriften, von frühen Philosophen verfaßt. Ich atmete auf. Der Unterricht
– ein Weg zur Freiheit.
Häscher klopften an die Pforte der Klausur und verlangten von den
gelehrten Schwestern, mich auszuliefern. Archambold hatte meinen
Aufenthalt ausspähen lassen. Wir probten gerade eine Neuinszenie-
rung von Jesu Leiden und Tod, das sollte dem Volk vorgeführt werden,
um es zu lehren. Die Boten lärmten indessen und forderten die Rückkehr der Sklavin im Namen des Königs. Ich wußte es – glaubte ich
– besser: Nicht Chlovis verlangte nach mir, der König wurde nie
aktiv, Chlovis forderte mich nicht. Er pflegte nur tief in die Augen

zu blicken und tief in seinen goldenen Weinkelch. Der Majordomus
war es, der forderte, er forderte meinen Leib.

Bertilla befahl mir, in des Geistes Kraft an meines Herren Hof zurückzukehren. Zuvor gewährte sie mir die Taufe, weil ich eine gute Schülerin gewesen sei. Mitten im Mysterienspiel von Jesu Leiden und
Tod vollzog der Priester die Taufhandlung an mir, eine neue Geburt
aus dem Wasser, ich fühlte mich gestärkt und gefeit.

Archambold hatte verlangt, daß ich zurückkam. Aber zu meinem
größten Erstaunen hatte er diesmal wirklich im Namen des Königs
gehandelt. Da saß der junge Lockenkopf wie am Tag meiner Ankunft
neben meinem Herrn in der Halle, im sprichwörtlichen Schmuck
seiner Haare, des Symbols der Herrschaft der Merowechkinder, und
heftete seinen träumerischen Blick auf mich, um eine Spur neugieri-
ger als am ersten Tag, weniger schläfrig als damals, vor Jahr und Tag.
Wie in einem Wettstreit mit seinem Kanzler versuchte er, mir zu
äugeln. Ich sah an seinem Blick, ich war schöner geworden.

Ich füllte den Männern auf ihr Verlangen die Becher wie vor meiner
Flucht. Chlovis bot mir von seinem Trank. Der Wein war in Fässern
aus dem Süden herangefahren worden, und man hatte sicher wie
immer Sklaven dafür hingegeben. Ich nippte kaum. Da nahm Chlovis
den Becher, setzte ihn mir sanft aber fest an den Mund und gab mir
zu trinken wie einem Kind, dann drehte er ihn langsam und legte
seine Lippen andächtig an die Stelle, die meine Lippen berührt hatten,
trank selbst und hielt meinen Blick mit seinen milden matten Augen
fest. Ein Spiel?

Es ging mir ein Schauer durch die Glieder, der tat mir unendlich
wohl. Ich fühlte mich Chlovis alsbald zugehörig, wohl schon zutiefst
seit der ersten Stunde, da ich ihn sah. Ich erschrak, schmerzhaft und
süß. Die Leute meines Landes zeigen ihre Gefühle nicht. Nur, als
der Jüngling mir den Becher zurückgab, zitterte mir die Hand.

Chlovis wollte mich meinem Herrn abkaufen. Das litt Archambold
aber nicht. Er wollte mich schenken. Ich sagte, ich sei nun Christin
und dürfe nach Kirchenrecht nicht mehr verhandelt werden. Archambold fuhr auf. Als ich ihn ruhig ansah, schlug er die Augen nieder.
Er ist nicht der schlechteste, Archambold wurde mir ein treuer Vasall.
Ich wurde weder verschenkt noch verkauft.

Anno 650 nach Christi Geburt wurde ich des Königs Gemahlin. Habe
ich in jener Stunde die gelernte Freiheit des Geistes vertan? Ja, das
erstaunt mich bei Nacht: Mich magere, billige Sklavin, die die Frei-

heit der Wissenschaft lernte, hat es auf einen gemeißelten, vergolde-
ten, gepolsterten Steinstuhl gehoben, den Thron Chlodwigs, des Ahnen, des Merowech Sproß, vor dem sich die Großen im Frankenland
neigen.

Nach einem Jahr gebar ich meinen ersten Sohn, Chlothar. Danach
fuhr ich fort zu gebären. Chlovis liebte mich. Er besprach mit mir
alle Staatsgeschäfte und befolgte selbst dann meine Ratschläge, wenn
sie ihn wegen ihrer ganz neuen Gesichtspunkte überraschten. Er ließ
mich in meinen Studien fortfahren und begabte das Kloster zum
Heiligen Kreuz, wo ich gelernt, mit herrlichen Mosaiken, Vortrags-
hallen und Kirchenschmuck. Doch sah ich mit Kummer, daß er selbst
vollkommen untätig blieb. Er könne, mahnte ich, viel Nützliches
tun, und das rasch. Aber er schob Entschlüsse hinaus. Ich entschied
sofort. Er ließ mich gewähren.

Wer nichts tut, vermeidet Fehler, er tut nichts Schlechtes. Trägt den
Anschein unverfälschter Güte. Aber »der nichtstuende König« raun-

---

Bathildis

um 635 — 673 nach Christus

Von der Kindheit der Bathildis wissen wir nicht viel. Vermutlich wurde sie
um 635 in angelsächsischem Gebiet, im heutigen Kent (England), geboren.
Die Eltern verkauften das Kind, um es aus bitterer Armut und Hunger zu
retten. Als Sklavin kam es in das Land der Franken, an den Hof des noch
sehr jungen Merowingerkönigs Chlodwig II.
Das Staatswesen der Merowinger war stark von römischen Vorbildern
beeinflußt und sehr korrupt. Die eigentliche Machtausübung lag beim
Hausmeier, dem Majordomus, zu dieser Zeit Archambold, der das Mädchen auf dem Sklavenmarkt gekauft hatte.
Bathildis wurde Christin, wurde 650 von dem jungen König geheiratet und
zur Königin gemacht.
Nach siebenjähriger Ehe starb Chlodwig.
Für ihre kleinen Söhne übernahm Bathildis die Regierungsgeschäfte, zusammen mit dem Majordomus Archambold. Sechzehn segensreiche Jahre
wirkte sie als Regentin. Sie setzte die Abschaffung des Sklavenhandels
durch, errichtete Klöster und Bildungsstätten, auch für das besitzlose Volk.
Nachdem sie die Regierungsgeschäfte an ihre Söhne übergeben hatte,
zog sie sich in das Kloster zu Chelles zurück.

ten die Leute. Schon erschlafften ihm Wange, Mund und Kinn. Die
Mitwelt gewöhnte sich, Bitten und Anträge vor mich zu bringen.
Auch Archambold besprach Staatsangelegenheiten bald nur mit mir.

Insgeheim weinte ich: Ich wollte nicht Herrin sein, aber Chlovis'
Müßiggang zwang mich in die Pflicht. Hatten seine Ahnen mit Gift,
Geld und Meuchelmord seinen Thron errichtet, so hätte er Gift, Geld
und Meuchelmord durch Fremde anwenden lassen, ohne Einhalt zu
tun mit dem Schwert, das ihm zukam. Ich war enttäuscht. Erst spät
kam ich drauf: Enttäuschung ist ein gutes Wort, Täuschung verflüch-
tigt sich, das Licht der Wahrheit scheint. Ich als Königin hatte einzu-
stehn wie ein Mann, während Chlovis aß und trank und träumte
und begehrte. Ein Leben – leer.
Ich hingegen: Als Königin eilte ich selbst auf den Markt, um Sklaven
freizukaufen, soviel ich vermochte. Hatte ich den Gekauften die Freiheit geschenkt und sie ausgestattet, so kamen schon neue. Man mußte das System ändern. Das verstand Chlovis nicht.
»Dann hätte ich dich ja nicht bekommen«, sagte er. Als sei das für
Menschenhandel eine Rechtfertigung!
Ein wenig fett, ein wenig faul. Mein lieber Chlovis langweilte sich
zu Tod. Daß man das kann, bewies er der Welt. Nachdem ich ihn
durch keine List zu Taten bewogen, starb er am Nichtstun Anno
Domini 657. Ich war sieben Jahre neben ihm Königin gewesen, hatte
ihm immer noch eingeschenkt – weiß Gott, reinen Wein!
Jetzt mußte ich mich gegen die Großen des Landes behaupten, um
meinen Söhnen das Erbe zu erhalten. Chlothar war gerade fünf Jahre
alt. Ich ließ meinen Gemahl zu Paris beisetzen. War er stets erleichtert gewesen, wenn ich entschieden hatte, so war ich nun erleichtert,
ohne das Gewicht seiner Unentschlossenheit handeln zu können.
Ich berief den Rat der Großen und Herren ein. In Purpur gekleidet
teilte ich ihnen mit, daß ich die Macht für meine minderjährigen
Kinder beanspruchte.
Archambold blickte mich fest an und sprach im Rat für die junge
Witwe. Was dachte er? Fürchtete er andernfalls einen Aufstand, wie
einst den der Sklaven von Rom? Bangte ihm vor der Geistlichkeit
von Tours, Paris, Reims und Soissons, die das einfache Volk gegen
die habsüchtigen Mächtigen aufstacheln konnte? Bischöfe und Äbte
schätzten mich höher als die ungebildeten Großen. Nachdem Ar-

chambold gesprochen, schlugen die Herrschaften mit ihren Schwertern zustimmend an ihre Wappenschilde.

In meiner Thronrede kündigte ich an, daß ich dem Handel mit einträglichen Ämtern und Pfründen ein Ende bereiten werde. Bisher hatte man Ränge und Macht für Geld gekauft. So waren Unwürdige zu Einfluß gekommen und schadeten dem Ansehen der Kirche und des Königtums. Tatkraft, Rechtsliebe, Leistung und Gelehrsamkeit sollten fortan nach meinem Willen Maßstab sein und Geldgier und rohe Macht ersetzen.

Ferner wollte ich nicht länger Sklaven nur freikaufen: Ich verbot Menschenmärkte, fast verdutzt, daß der Rat mir wiederum lärmend zustimmte.

Um das zu erreichen, fuhr ich fort, würde ich die Kopfsteuer, das Grundübel der Sklaverei, abschaffen; denn seit Menschengedenken hatten Bauern und Bürger sich selbst als Sklaven dargeboten, weil sie ihre Steuer nicht beibringen konnten in diesem Land. Diese Neuerung würde auch dem armen Volk gefallen.

Um die Bildung im Lande zu fördern, versprach ich, Klöster zu gründen, zu vergrößern und zu beschenken. So sollten Orte des Friedens erstehen, wo vorher Gewalt geherrscht. Bertilla, meine Freundin Äbtissin, sollte Lehrerinnen und Bücher in mein anglisches Heimatland senden, um auch meinen unwissenden Schwestern ein Licht anzuzünden.

Keine Frau sollte mehr zur Ehe gezwungen werden, wenn sie denn lieber studieren wollte.

Ich rechnete mit Einwendungen: dann würde es fehlen an Müttern und Nachkommen; an Geld für den Königsschatz, weil keine Steuern eingingen; so würden dann auch die Soldaten fehlen; und fehlen die Sklaven, um mit ihnen oder ihrer Hände Arbeit unsere Einfuhren zu bezahlen – Gold, Silber, Seide, Wein und Öl.

Die Großen schwiegen nicht nur, sie stimmten mir zu!

Eine neue Zeit sollte anbrechen. Sie brach an. Wir haben Recht, Frieden und Freiheit gewahrt. Hatten Gewalt und Gift der merowingischen Ahnen die Erde schlecht gemacht, so leiteten wir ein freies Volk der Franken zu einem besseren Dasein an. Derlei Gedanken, wie wir sie dachten, hatte noch niemand gedacht.

Ich hatte sechzehn Jahre Zeit, bis Anno 673. Für ein Neues. Neu…?

Ich schreibe im Kloster. Chlothar, mein erster Sohn, regiert. Er streitet mit seinem Bruder. Sie tun einander nicht gut, nichts Gutes. Sie opfern Menschen für ihren Bruderkrieg, verkaufen Ämter den Meistbietenden, um das zu bezahlen. Die blutbefleckte Sippe Merowechs verrät von neuem Recht und Freiheit. War mein sechzehnjähriges Reich nicht von dieser Welt? Und doch war es *in* dieser Welt und kann sie nicht ganz verlassen. Ich, Bathildis, jetzt Klosterfrau zu Chelles, dem Heiligen Kreuz, einst Sklavin und Regentin, Königin der Franken zu Paris, Soissons, Reims, Tours und in Burgund bis an die Grenze der Sachsen und ans Meer, lege die Feder beiseite, aber die Hoffnung nicht. Das erstaunt mich bei Nacht.

Irmgard von der Lühe

Zum Nachdenken und Diskutieren

- Was — und wer — hat Bathildis gefesselt, behindert, eingeengt? Wo fühle *ich* mich gefesselt, behindert, eingeengt?
- Was hat Bathildis mit ihrer erkämpften Freiheit angefangen? Was möchte ich — für mich selbst, mit anderen gemeinsam — anfangen?

Lesevorschlag

A. Thierry: Erzählungen aus den merowingischen Zeiten, Zürich 1972

Frauen
zwischen
800 und 1600 n.Chr.

Aus der Zeit zwischen 800 und 1600 werden sechs Frauen vorgestellt (siehe nächste Seite). Den Erzählungen geht ein Bildteil voraus, der einen Einblick gibt in die Alltagswelt von Frauen dieser Zeit (S. 57–67). Für diesen Teil hat *Sabine Nickel* Beispiele gesammelt von Frauen im Mittelalter: von Bäuerinnen, adligen Frauen, Städterinnen, von Hausfrauen, Handwerkerinnen, Hebammen, Ordensfrauen, von Freien und Mägden und von Frauen, die als Hexen verfolgt wurden. Der Bildteil stellt den Hintergrund für die Erzählungen dar.

Die heilige Adelheid. Darstellung aus dem 12. Jh.

MECHTHILD von MAGDEBVRG
Mystikerin und Begine, 13. Jh.

Adelheid von Vilich   S. 68
um 960/970−1015,
und ihre Biographin **Bertha**

Von zwei hochgebildeten Frauen, die um die Jahrtausendwende gelebt haben, erzählt *Jutta Taege*. Die eine übernimmt große Verantwortung und eine Führungsrolle, die sie originell und eigenwillig ausfüllt. Die andere setzt ihre Gaben als Schriftstellerin ein, tritt selbst in den Hintergrund, um die berühmtere Schwester unvergessen zu machen.

Adelheid hat sich getraut, die vorgeschriebene Disziplin zu unterlaufen, wo sie ihr lieblos erschien. Bertha hat sich getraut, diese Einstellung öffentlich zu machen, eine heilige Frau als sehr menschlich zu beschreiben, und daneben als unbedeutende Nonne von mächtigen Herren Recht zu fordern für sich und ihre Schwestern.

Mechthild von Magdeburg   S. 75
um 1210−1285

Kirche und Städte haben große Macht und treiben vielfach Mißbrauch damit. *Kordula Müller* erzählt, wie die Beginen beherzt und nüchtern und in tiefer Frömmigkeit eine andere Form christlichen Lebens verwirklichen. Ein (fiktives) junges Mädchen, vierzehn Jahre alt, kommt voller Begeisterung und Fragen zu der Beginenmeisterin Mechthild von Magdeburg und läßt sich erklären, wie diese Frauen in ihrer Wohngemeinschaft leben.

Mechthild und die Beginen haben sich getraut, gegen korrupte Zustände in Kirche und Stadt zu kämpfen. Sie hatten den Mut und die Phantasie für eine neuartige Lebensform.

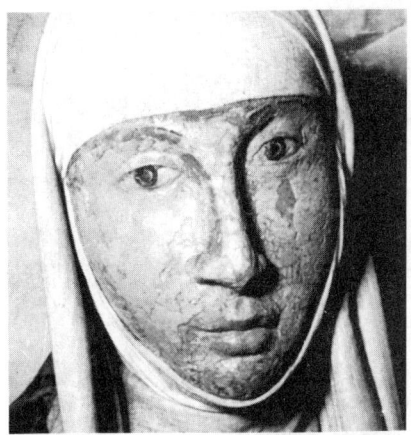

*Katharina von Siena als Holzstatue mit
Stoffbekleidung*

Titelblatt von Katharina Zells Sendbrief an die ▶
*Frauen von Kenzingen. Ein Porträt von Katharina
Zell gibt es nicht*

Katharina von Siena   S. 84
1347–1380

Eine Frau leidet an der Kirche. *Mareike
Eggers* erzählt von Katharina als einer
sterbenden Frau, die zurückblickt auf ihr
kurzes, randvoll gefülltes Leben und sich
erinnert: An den eigenen, ungewöhnlichen Lebensweg, an ihr Eintreten für Arme, Schwache, Verstoßene, an ihren unermüdlichen Kampf gegen Schlaffheit,
Selbstsucht, brutale Ungerechtigkeit in ihrer Kirche und für Frieden, Versöhnung,
Liebe.
Katharina hat sich getraut, den mächtigen Männern ihrer Zeit entgegenzutreten
und sie vom falschen Weg zurückzurufen.
Sie hat sich mutig mit den Ohnmächtigsten solidarisiert.

Katharina Zell   S. 94
ca. 1497–1562

In Straßburg wird ein evangelisches Pfarrhaus gegründet in dem Jahr, in dem Katharina von Bora gerade dem Kloster entflieht, 1523. Katharina Zell hat kein Vorbild
einer Pfarrfrau. Mit der Kraft und Kreativität der Liebe und einer Unbestechlichkeit,
die sie aus der Bibellektüre mit anderen
Frauen gewinnt, tut sie, was ihr richtig und
notwendig erscheint.
Marie-Luise Keller erzählt von dem mitreißenden Engagement dieser kaum bekannten Frau, die sich getraut hat, unabhängig und selbstbewußt nach ihrem
Gewissen zu leben.

Katharina von Bora, verheiratete Luther, Gemälde von Cranach d. Ä. 1526

Katharina von Bora   S. 106
1499–1552

Katharina Lutherin schreibt an ihre erwachsene Tochter Margarethe. *Angelika Schmidt-Biesalski* hat der alternden Frau diesen Brief in die Feder diktiert und läßt Frau Luther nachdenken über ihr Leben: Wie sie sich, sehr jung, getraut hat, das schützende Kloster zu verlassen und in die unsichere Freiheit zu gehen. Wie sie sich die Ehe mit einem berühmten, anspruchsvollen Mann zutraute und das Leben mit ihm meisterte.

Teresa von Avila   S. 117
1515–1582

Auch Teresa ist eine entflohene Nonne. Aber sie bleibt Nonne. *Hans Conrad Zander* erzählt, wie sie mit 38 Jahren, nach achtzehn Jahren mittelmäßigen klösterlichen Lebens voller Krisen, Selbstzweifeln und Krankheit, das Kloster verläßt und in einer nächtlichen Hausbesetzung mit vier anderen Nonnen ein Reformkloster der Meditation und eines handfest-praktischen Christentums gründet.

Teresa hat sich aus der Kraft ihrer Frömmigkeit getraut, Anfeindungen und Spott unerschrocken zu begegnen und in ihrem Stand als Nonne unabhängig zu denken und zu handeln.

Ein Blick in den Alltag

Im frühen Mittelalter wurde im germanisch-romanischen Raum der christliche Glaube zum bestimmenden Gedankengut der Menschen, die da lebten. Es war allerdings ein langer Prozeß, bis die biblischen Geschichten allen vertraut wurden. Dabei bekamen die einzelnen Glaubensaussagen neue Gewichte. Durch das Mittelalter hindurch finden wir besonders viele Darstellungen von der Erschaffung des Menschen, vom Sündenfall und auch vom Weltgericht. Diese Geschichten und Visionen haben das Denken der Menschen stark beeinflußt – und damit auch das Ansehen der Frauen und die Bedingungen für ihre Lebensmöglichkeiten. Eva, die aus der Seite des Adam genommen wird, ist die kleinere Gestalt, der zweite Mensch. Aber sie ist auch gefährlich; denn sie wird Adam verführen. Und sie ist unheimlich: Maria, die schöne, demütige, leidende und schützende Mutter und Himmelskönigin wird ihre Tochter sein.

Zu dieser Zeit lebten viel weniger Menschen als heute. Man nimmt an, daß es zu Beginn des 6. Jahrhunderts auf dem Gebiet Deutschlands etwa 800000 waren, also zwischen zwei und drei Personen auf einem Quadratkilometer. Diese Zahl hat sich bis zum Jahr 1000 vielleicht verdoppelt. Die größte Gruppe bildeten die Bauernfamilien. Sie waren an das Land gebunden, auf dem sie lebten. Als Unfreie gehörten sie zusammen mit dem Land ihrem Grundherren, für den sie arbeiteten. Der

Grundherr sprach Recht und entschied z. B. in Erb- und Ehefragen.
Ebenso wie im Grundherrenrecht waren auch die Beziehungen in den einzelnen Familien geregelt: Der Mann war der Herr. Frau, Kinder und eventuell Gesinde waren ihm untertan.

So ist in einer lateinischen Bibel aus dem 12. Jh. die Erschaffung Evas dargestellt

Eine Frau schleppt einen Kornsack zur Mühle. Eine französische Darstellung aus dem 15. Jh.

Bauersfrauen

Unverheiratete Mädchen und Frauen unterstanden der »Muntgewalt« des Vaters oder des nächsten männlichen Verwandten. Er hatte das Recht, den Ehevertrag mit dem Bräutigam abzuschließen. Der Bräutigam hatte ein Ablösungsgeld für das persönliche Gewaltverhältnis an die Familie der Frau zu zahlen. Unfreie brauchten zur Eheschließung das Einverständnis des Grundherrn. Nach der Hochzeit war dann die Frau dem Willen des Ehemannes unterworfen. Die Frau »gehörte« also im Laufe ihres Lebens mindestens zwei Familien: der väterlichen und der des Mannes. Es entwickelte sich aber mit der Zeit der Brauch, daß das Ablösegeld ihr Besitz wurde, als Witwenversorgung.

Unterschiedlich war die Freiheit der Witwe in den verschiedenen germanischen Stämmen. Im fränkischen und sächsischen Recht unterstand sie der Vormundschaft des nächsten männlichen Verwandten. Das konnte auch der Sohn sein. Bei den Langobarden durfte sie nach eigener Wahl wieder heiraten.

In der Regel war die Arbeitsteilung auf dem Land so, daß die Frauen alle innerhäuslichen Arbeiten erledigten: Kochen, Reinigen, Getreidemahlen, Bierbrauen, auch die Viehwirtschaft und Arbeiten auf dem Feld und im Wald.

Die Menschen fühlten sich abhängig von Naturgewalten; und in lang überlieferten Bräuchen versuchten sie, sich auf sie einzustellen oder sie auch zu beschwören. Man hatte gelernt, die Heilkräfte von Pflanzen, tierischen Produkten, mineralischen Stoffen und auch von tierischen und menschlichen Ausscheidungen zu nutzen. Dieses Wissen gaben besonders die Frauen von einer Generation zur anderen weiter.

Frauen waren auch mit Textilarbeiten beschäftigt, nicht nur für den eigenen Haushalt. Schon früh gab es Zentren, in denen Frauen spannen, webten, nähten. Sie mußten ihre Grundherren und deren Familien mit den nötigen Stoffen und Kleidungsstücken versorgen. Mancherorts hatten Frauen in den Tuchmanufakturen auch ihre Unterkunft und wurden dort für ihre Arbeit mit Nahrung und Kleidung versorgt. In diese Manufakturen durften keine Männer kommen.

Zwei Bäuerinnen, die melken und Butter machen. Ein Kalenderbild aus der ersten Hälfte des 16. Jh.

Adlige Frauen

Sie lebten unter den gleichen rechtlichen
Bedingungen wie die Bauersfrauen. Es
gab aber in der Schicht der Vornehmen
noch eine weitere Form der Ehe, die »Frie-
delehe«, die aufgelöst werden konnte
und nicht zum Erbrecht führte.

Auch die adligen Frauen waren für die
häusliche Wirtschaft und besonders für
die Textilarbeiten zuständig. Aber sie
mußten zudem noch immer in der Lage
sein, für ihren Mann einzuspringen und
seine grundherrlichen Aufgaben wahrzu-
nehmen, wenn er im Krieg oder während
eines Kreuzzuges abwesend war. Bildung, Umsicht und Tatkraft wurden von
ihnen verlangt. Einige Frauen nahmen
auch selbst an Kreuzzügen teil, z. B.: Margarethe von der Provence im 13. Jahrhundert.

Die adligen Frauen waren oft gebildeter
als ihre Männer. Witwen und unverheiratete Frauen des Adels fanden in der Regel
ihren Lebensplatz in einem Frauenkloster
oder, ohne Gelübde der Ehelosigkeit und
Armut, in einem Stift.

*Ein Kreuzfahrer umarmt bei seiner Rückkehr von
einem Kreuzzug nach 16 Jahren Abwesenheit seine
Gattin. Ein Relief aus dem 12. Jh.*

Stadtfrauen

Zwischen 1000 und 1350 wuchs die Bevölkerung an. Es entstanden feste Dörfer und vom 11. bis 13. Jahrhundert viele Städte, Zentren des Handwerks und Handels, besonders des Fernhandels.

Stadtbewohner hatten ein eigenes Recht. Sie zahlten Abgaben und Zölle, aber nicht an eine Person, sondern als Steuern. Wer »über Jahr und Tag« in der Stadt lebte, war frei; er gehörte nicht mehr seinem ehemaligen Grundherrn. Hatte er es zu Haus- oder Grundbesitz in der Stadt gebracht, konnte er das Bürgerrecht erwerben und den Bürgereid schwören. Das galt auch für Frauen. Frauen konnten allerdings nicht in Geschworenenausschüsse kommen.

In der städtischen Kultur galt die Eheschließung als ein Vertrag Gleichberechtigter. Es kam zur freien Wahl der Ehepartner; die Frau behielt das Recht auf ihren Brautschatz; sie hatte volles Erbrecht, wenn der Mann vor ihr starb. Aber das alte patriarchalische Prinzip wirkte dennoch weiter. Die Töchter wurden, sehr jung, von ihren Eltern nach wirtschaftlichen Gesichtspunkten verheiratet. Für ein Mädchen war außerdem sein untadeliger Ruf von größter Bedeutung.

In Zusammenhang mit der Ausweitung des Fernhandels entstanden in den Städten Handelshäuser. Kaufleute erwarben große Vermögen. In seltenen Fällen haben auch Frauen als »Geschäftsherrinnen« ihre Männer vertreten, während diese Handelsreisen unternahmen.

Das Leben in den Städten wurde immer luxuriöser. Eine Kleidergesetzgebung sollte allzu großen Aufwand unterbinden. Im 15. Jahrhundert hat man dann versucht, durch eine Kleiderordnung die Stände gegeneinander abzugrenzen.

Eine Kauffrau arbeitet in der Schreibkammer. Darstellung aus dem 16. Jh.

Die Kleiderordnung

obere Reihe von links nach rechts:
Deutsche Fürstin,
Ordensfrau im Katharinenorden,
Eine Begine

untere Reihe v. links nach rechts:
Nürnberger Bürgerstochter,
Magd in Danzig,
Ordensfrau als Krankenwärterin,
Winzersfrau in Franken

Hausfrauen, Handwerkerinnen, Hebammen

Das Handwerk war in erster Linie Männersache. Bei kleineren Handwerkern arbeiteten die Frauen mit. Ihre Aufgabe war es zunächst, durch äußerste Sparsamkeit das Familienvermögen zusammenzuhalten und ihr Haus mit Textilien, Kleidung und anderen Gebrauchsgegenständen auszustatten. Die Frauen waren aber nicht auf ihren Haushalt beschränkt, sondern übten gelegentlich ein eigenes Handwerk aus und führten zunehmend mehr Geschäfte, indem sie ihre Erzeugnisse auf den Markt brachten, und sei es nur als Hökerin.

Die Handwerker gleichen Gewerbes schlossen sich zu Zünften zusammen. Auch die Handwerkerinnen gehörten dazu. Frauen konnten auch als Meisterinnen Mädchen für ihren Beruf ausbilden, im wesentlichen in Textilarbeiten. Die Lehrzeit war lang: ca. sechs Jahre. Witwen konnten in sehr vielen Berufen Meisterinnen sein, z. B. als Bäckerin, Gürtlerin, Messerschmiedin u. a. m. Unverheiratete und arme Frauen verdingten sich als Mägde in wohlhabenden Haushalten.

Neben den häuslichen und handwerklichen Betätigungen blieben die Frauen in Dorf und Stadt zunächst grundsätzlich zuständig für Fragen der Gesundheit für Mensch und Vieh. Als Hebammen halfen sie den Gebärenden und Wöchnerinnen.

Blick in eine mittelalterliche Küche.
Holzschnitt aus dem Anfang des 16. Jh.

Die Zuschneiderin

Die Netzknüpferin

Die Brotverkäuferin

Die Hebamme

Eine gelehrte Ordensfrau bei der Arbeit

Der Einfluß der Kirche

Erst im Zusammenhang mit der Entstehung fester Ortschaften, mit der Einrichtung weiterer Klöster und Stifte, vor allem aber mit den Städtegründungen wuchs der Einfluß der Kirche auf die Menschen. So wurde erst im 12. Jahrhundert die kirchliche Trauung üblich. Die Betreuung der Armen und Kranken war vornehmlich Sache der Nonnenklöster und religiöser Frauengemeinschaften, z. B. der Beginen (siehe Seite 83).

Die Klöster sorgten auch für die Bildung der Stadtbevölkerung. Mädchen und Knaben lernten Psalmen und biblische Geschichten, dazu auch Lesen, Schreiben und Rechnen.

Diese gleiche Grundbildung für Frauen und Männer wurde erst dann auseinandergerissen, als neben den Klosterschulen weltliche Universitäten eingerichtet wurden, die nur Männer besuchen durften.

Neben dem studium generale, das alle kirchlich anerkannten Wissenschaften umfaßte, entstanden als neue Studienschwerpunkte Rechtswissenschaft und Medizin. Diese Entwicklung sollte für Frauen schwere Folgen haben. Sie wurden allmählich aus der gesundheitlichen Betreuung der Bevölkerung herausgedrängt. Die Hexenverfolgungen im 16. Jahrhundert kann man als das traurige Ende dieser Entwicklung ansehen.

Als Hexen verurteilte Frauen werden hier öffentlich aufgehängt – häufiger auf dem Scheiterhaufen verbrannt. Englisches Flugblatt aus dem 16. Jh.

Leben
in einer widersprüchlichen Zeit

Die Menschen im 14. und 15. Jahrhundert waren unruhig und voller Fragen. Sowohl Lebenshunger und Wissensdrang wie auch große Frömmigkeit bewegten sie. Besonders viele Frauen strebten nach einem intensiven religiösen Leben und schlossen sich in Klöstern und anderen, sehr verschiedenartigen Gemeinschaften zusammen. Eine solche Gemeinschaft waren beispielsweise die Beginen. Andere Frauen erlebten in großen Verzückungen religiöse Visionen, die sie niederschrieben.

Für die Frauen war das Klosterleben oft der einzige Weg, ein höheres Maß an Bildung zu erwerben. Zum Teil wurden die Frauenkonvente sowohl von der Kirche als von der übrigen Umwelt mit Mißtrauen beobachtet und als Stätten des Irrglaubens verdächtigt.

Maria und Eva, die beiden biblischen Gestalten, wurden für die Menschen des Mittelalters zu gegensätzlichen Symbolfiguren: Himmelskönigin und Verführerin. Diese beiden extremen Frauenbilder fanden im Minnesang einerseits und in den Hexenverfolgungen andererseits ihre Antwort.

Sabine Nickel

Ein Kloster wird gebaut – die Äbtissin weist den fürstlichen Bauherren an. 14. Jh.

Adelheid von Vilich
und ihre Biographin Bertha

Adelheid war eine ganz normale Frau, spektakuläre Ereignisse gab
es in ihrem Leben nicht, jedenfalls nicht auf den ersten Blick.
Aber auf den zweiten Blick scheint ihr Leben doch nicht so normal.
Denn normal war für die Frauen im 10. Jahrhundert ein kurzes Leben,
geprägt durch schwere, körperliche Landarbeit, durch zahlreiche Ge-
burten und die Aufzucht der Kinder. Eine Schule besuchen, schreiben
und lesen lernen, das gab es für sie nicht.
Ganz anders lebte Adelheid. Sie stammte aus adeliger Familie, die
ihren Stammsitz bei Geldern am Niederrhein hatte. Schon als kleines
Kind lernte sie zu Hause lesen und schreiben. Mit sieben Jahren
wurde sie zu den Schwestern der Heiligen Frauen in Köln geschickt.
Dort unterrichteten die Nonnen sie in Philosophie, Arithmetik, Geo-
metrie und in der Heiligen Schrift. Adelheid, heißt es, »beschäftigte
sich mit besonderer Hingabe mit der Philosophie, weil sie sich als
vernunftbegabtes Wesen begriff, das nach dem Salz der Weisheit strebte.«
Adelheid hatte noch drei ältere Schwestern und einen Bruder. Zwei
der Schwestern wurden standesgemäß verheiratet und sorgten durch
eine große Kinderzahl dafür, daß die Familie auch in Zukunft fortbe-
stand. Für Adelheid und ihre Schwester Berthrada dagegen hatten die
Eltern einen anderen Lebensweg bestimmt: Sie sollten in ein Kloster
eintreten.
Das war für ein adeliges Mädchen eine durchaus standesgemäße Alternative zur Heirat und bot auch Aufstiegsmöglichkeiten. Berthrada
zum Beispiel wurde schon nach kurzer Zeit Äbtissin in dem großen
Kloster St. Maria im Kapitol in Köln. Adelheid blieb einige Jahre im
Kloster ihrer Schulzeit, das jetzt St. Ursula hieß.
Der einzige Sohn der Familie wurde zum Ritter ausgebildet. Godefrid
lernte Reiten, Fechten, Bogenschießen, Jagen und Dichten. Als Lehns-
mann des Kaisers Otto III. kämpfte er mit seinem Gefolge im Jahre
976 gegen die Böhmen. Dabei starb er durch einen Pfeilschuß. Für
die Eltern war das ein schwerer Schicksalsschlag. Sie änderten ihr
ganzes bisheriges Leben, auf eine Weise, wie sie im Mittelalter häufig
vorkam: Das Ehepaar trennte sich voneinander, das heißt, die Eheleute verzichteten freiwillig auf die Ehe und gelobten ein keusches,
gottgeweihtes Leben. Außerdem ließen sie in Vilich bei Bonn eine

Kirche mit einem Kloster bauen, um nicht nur ihr Leben, sondern auch einen Teil ihres Besitzes ganz in den Dienst Gottes zu stellen. Besonders Adelheids Mutter, Gerberga, kümmerte sich um den Bau des Klosters und strebte durch Beten und Fasten nach einem frommen Leben. Ihr Mann, der Graf Megingoz, blieb am Stammsitz der Familie in Geldern und verwaltete die Besitztümer.

Die Eltern wünschten, daß ihre jüngste Tochter Adelheid die Äbtissin des neuen Frauenklosters in Vilich werden sollte, und erreichten es, daß Adelheid aus dem Kölner Kloster entlassen wurde. In Vilich hatten sich schon einige adelige, junge Frauen zusammengefunden. Unter ihnen war auch Bertha, Tochter einer adeligen Familie aus Köln. Damals war sie noch ein kleines Mädchen, das von den Nonnen erzogen werden sollte. Später, nach dem Tod Adelheids, wurde Bertha, die inzwischen eine hochgebildete Frau war, von ihren Mitschwestern in Vilich gebeten, eine Lebensbeschreibung von Adelheid zu verfassen. Viele Menschen verehrten Adelheid wie eine Heilige und berichteten, sie habe Wunder an ihnen getan. Bertha machte sich mit Ernst und Gewissenhaftigkeit daran, Adelheids Leben darzustellen. Was sie nicht aus eigener Erfahrung wußte, erfragte sie von den älteren Schwestern. Die Nonnen hatten besonders das liebevolle, mütterliche Wesen von Adelheid sehr geschätzt. Bertha, die ihr Büchlein in elegantem Latein verfaßte, erzählt einige kleine Geschichten, die einen anschaulichen Eindruck von Adelheid vermitteln.

Geschichten nach Berthas Berichten

Adelheid als Äbtissin entschied über die »Hausordnung« im Kloster. Sie wählte nicht die strengen Regeln der Benediktiner, sondern die mildere Kanonissenregel. Danach lebten die Frauen eigentlich nicht als Nonnen, also in Keuschheit, Armut und Gehorsam auf Lebenszeit, sondern sie konnten fast standesgemäß, wie sie es aus ihren Familien gewöhnt waren, weiterleben. Sie durften ihr Vermögen behalten, wenn sie es durch einen Vormund verwalten ließen, sie lebten tagsüber im eigenen Zimmer, durften Mägde zu ihrer Bedienung haben, das Kloster zu Reisen und Besuchen verlassen. Sie konnten auch entlassen werden, um zu heiraten.

Das gemeinsame Leben bestand darin, daß die Frauen sich mehrmals am Tag zu festen Stunden in der Kirche zu Gebet und Chorgesang versammelten, ihre Mahlzeiten gemeinsam im Speiseraum, dem Refektorium, einnahmen und alle gemeinsam in einem großen Saal schliefen.

Als die Eltern Adelheid nach einigen Jahren baten, in Vilich doch die strengere Benediktiner-Regel einzuführen, lehnte Adelheid diese Bitte ab und sagte zur Begründung: Gott will keinen erzwungenen Dienst, sondern ein einfaches, sich freiwillig anbietendes Herz. Die Eltern akzeptierten diese Entscheidung.

Nach dem Tode ihrer Mutter ließ sich Adelheid den Wunsch der Eltern noch einmal durch Kopf und Herz gehen. Sie beschloß, still und in aller Heimlichkeit die Benediktiner-Regel für sich persönlich auszuprobieren. Wenn sie selber es schaffen würde, nach ihr zu leben, könnte sie vielleicht auch ihre Mitschwestern dazu bewegen, auf dieser höheren, mehr Selbstdisziplin erfordernden Stufe Gott zu dienen.

Bertha beschreibt einfühlsam, wie schwer Adelheid die Umstellung auf die neue Lebensform fiel. Sie gehörte nicht zu den Frauen, die ihre Frömmigkeit durch heroische Askese, durch die Verachtung ihres Körpers und ihres äußeren Aussehens ausdrücken konnten und wollten, wie es in den vorangegangenen Jahrhunderten üblich gewesen war. Adelheid war jung und hätte gern schön gefärbte, bestickte Kleider aus edlen Stoffen getragen. Als Kanonisse war ihr nur farbige Kleidung aus Leinen gestattet – wieviel schwerer fiel es ihr nun, dunkle, kratzige Stoffe aus Wolle direkt auf der Haut zu tragen, wie es die Benediktiner-Regel vorschrieb! Diese Regel war ja für Männer geschrieben worden. Nicht nur Adelheid bemerkte die Schwierigkeit, sie einfach auf Frauen zu übertragen. Eine andere berühmte Nonne, Heloise, beklagte sich: Was sollen wir Frauen anfangen mit den Vorschriften über Kutten, Beinkleider, über wollene Unterkleider und Hemden, da wir doch solche wegen unserer monatlichen Reinigung gerade gar nicht gebrauchen können?

Aber Adelheid tat das für den Herrn, erzählt Bertha, daß sie ihren edlen Körper von zarter Natur zum Ertragen dieses harten Gesetzes zwang.

Adelheid verbarg die Wollkleidung vor den Augen der Mitschwestern, indem sie darüber das übliche Leinengewand trug. Beim Essen verzichtete sie auf Fleisch und andere Leckerbissen.

Nach einem Probejahr schlug Adelheid den anderen Frauen vor, die strenge Regel in Vilich als »Hausordnung« einzuführen. Es kam darüber zum Streit. Einige Schwestern wollten dieser Entscheidung nicht zustimmen und verließen schließlich die Kanonissengemeinschaft.

Adelheid bedauerte das zwar sehr, aber sie glaubte, durch das Befolgen der Benediktiner-Regel würden sie alle besser dem Leben Jesu und der Jünger nacheifern. Das war schließlich das Ziel jeder klösterlichen Gemeinschaft.

Das weitere Zusammenleben im Kloster Vilich zeigt aber, daß Adelheid vor allem von sich selbst die strenge Einhaltung der Regel forderte. Bei den anderen drückte sie schon ab und zu ein Auge zu. Sie bemühte sich, jeder Schwester gerecht zu werden und auf deren Persönlichkeit einzugehen. Gleichzeitig galt aber auch der Gehorsam gegenüber der Regel. Wenn sie eine junge Schwester bestrafen mußte, bat sie eine andere, ältere Nonne, die Bestrafte zu trösten, damit sie nicht zu traurig oder gar trotzig würde.

Gegen vorgetäuschte Krankheiten oder Faulheit ging Adelheid streng vor. Sie schimpfte mit solchen Nonnen: Vergeudet eure Lebenszeit nicht unnütz! Aber insgesamt war Adelheid sehr beliebt wegen ihres mütterlichen, herzlichen Verhaltens. Sie war wie eine Henne, die ihre Küken schützt, schreibt Bertha. An Wintermorgen, nach dem Singen des Morgengebets in der eiskalten Kirche, begleitete Adelheid die Schwestern in den Schlafsaal, schaute sorgfältig nach jeder und wärmte ihnen durch Massage die kalten Füße.

Sang eine im Chor einmal falsch, setzte es hin und wieder eine Ohrfeige, aber das nahmen die Nonnen nicht übel. Auch diesen Fall hatte Benedikt in seiner Regel vorgesehen, und oft besserte sich der Gesang danach wirklich.

Ein festliches Ereignis, das nichts mit den christlichen Festtagen zu tun hatte, blieb den Schwestern besonders in Erinnerung. Es war ein Festmahl mitten in der Nacht. Adelheid schlich ohne Wissen der Celleraria, der Verwalterin der Vorräte, in die Vorratskammer und kam mit köstlichen Leckerbissen zurück: Fleisch, Fisch, Obst, Wein und anderen guten Dingen. Besonders den blassen, mageren und schwachen unter den jungen Schwestern teilte sie die Gaben aus – und ersetzte sie dann heimlich wieder, weil sie nicht wollte, daß die Celleraria sie wegen ihrer Freigebigkeit ausschimpfte, wie es häufiger vorkam.

Um das Jahr 1000 herrschte eine schreckliche Hungersnot im Rheinland. Vor dem Kloster in Vilich, vor Kirchen und an Straßenrändern kauerten halbverhungerte, aufgedunsene Menschen, von denen viele krank waren. Krankenhäuser oder Sozialstationen gab es damals nicht. Armenfürsorge und Krankenpflege war Aufgabe der Klöster.

Adelheid und ihre Mitschwestern kümmerten sich liebevoll um die hilflosen Menschen in den Straßen und Häusern und vor den Toren des Klosters.

Jede Person sollte bekommen, was ihr guttat: diejenigen, die zwar arm, aber gesund waren, bekamen Brot und Speck und erhielten an bestimmten Festtagen etwas Geld. Dreißig Arme wurden ständig aus den Einnahmen des Klosters versorgt. So legte es eine Bestimmung Adelheids »auf ewige Zeiten« fest.

An die von Hunger schon schwer geschwächten Menschen verteilten die Nonnen Gemüse und gekochtes Fleisch. Diejenigen, die vor Hun-

Adelheid von Vilich

um 960/970–1015

Zwischen 960 und 970 wurde Adelheid als jüngstes Kind einer Grafenfamilie in der Nähe von Geldern am Niederrhein geboren. Ihre Mutter war die Tochter des Pfalzgrafen von Lothringen und hieß Gerberga. Ihr Vater war Graf Megingoz. Er hatte seine Grafschaft im Gebiet um Geldern.

Im Jahre 983 wurde das von den Eltern gestiftete Kloster Vilich in der Nähe von Bonn fertiggestellt. Adelheid wurde in Vilich als Äbtissin eingesetzt. Um 1005 starb Adelheids ältere Schwester Berthrada. Sie war Äbtissin des Kölner Benediktinerinnenklosters St. Maria im Kapitol. Erzbischof Heribert forderte Adelheid auf, die Stellung ihrer Schwester zu übernehmen. Adelheid weigerte sich lange Zeit, indem sie sich darauf berief, daß sie als Äbtissin eines reichsunmittelbaren Klosters nur dem Kaiser allein gehorchen müsse. Auf den Befehl des Kaisers hin erklärte sie sich selbst bereit, Äbtissin in Köln zu werden. Ihr Herz hing aber weiterhin besonders an den Nonnen von Vilich. Deshalb lebte sie nun an beiden Orten und reiste oft hin und her.

Am 4. Februar 1015, dem St. Blasiustag, starb Adelheid im Kölner Kloster von St. Maria im Kapitol. Es entbrannte ein Streit darüber, wo Adelheid beerdigt werden sollte, denn der Erzbischof Heribert wollte die damals schon sehr beliebte, als Heilige verehrte Frau in Köln bestatten. Die Nonnen von Vilich forderten, daß ihre Äbtisin in der Klosterkirche von Vilich ihre letzte Ruhe finden sollte. Durch ihre Hartnäckigkeit und ein kleines göttliches Wunder gelang es den Vilicher Nonnen schließlich, ihre Forderung durchzusetzen: Das Schiff mit den Gebeinen Adelheids schwamm wie von allein den Rhein stromaufwärts Richtung Bonn. Das Grabmal Adelheids ist noch heute in der Klosterkirche von Vilich zu sehen.

ger schon fast starben, wurden mit Mehlbrei vorsichtig gefüttert, denn wenn sie sich gierig die Bäuche vollgeschlagen hätten, wären sie daran mit Sicherheit gestorben.

Adelheid erfüllte alles, was man von einer vorbildlichen Äbtissin erwartete. Bertha aber ging darüber hinaus. Sie erfüllte mehr, als von einer vorbildlichen Nonne erwartet wurde. Sie traute sich als erste Frau, eine Lebensbeschreibung zu verfassen. Ohne diese mutige Tat wüßten wir weder von Adelheid noch von Bertha etwas.

Zwar sind aus dem Mittelalter zahlreiche Lebensbeschreibungen von besonders frommen Frauen überliefert, aber die sind durchweg von Männern verfaßt worden. Manchmal waren diese Männer Seelsorger am Frauenkloster und kannten die Frau persönlich, über die sie schrieben. Häufig stellten sie aber auch aus Erzählungen und Dokumenten nach ihren eigenen Vorstellungen eine Lebensbeschreibung zusammen, ohne die betreffende Frau jemals gekannt zu haben.

Berthas Bericht über das Leben der Adelheid von Vilich fällt aus dem Rahmen: Erstens ist er von einer Nonne geschrieben, die ihre Äbtissin aus dem Alltag des Klosterlebens kannte, nicht nur von ihrer »Sonntagsseite«. Zweitens war es im Mittelalter ganz und gar unüblich, daß eine Frau es wagte, mit einem selbst geschriebenen Werk an die Öffentlichkeit zu treten. Sie schrieb fließend Latein. Sie wußte, wie man eine literarisch gelungene Lebensbeschreibung verfassen mußte.

Sie und ihre Mitschwestern sahen in Adelheid eine Äbtissin, die es verdiente, auch bei anderen Menschen in Erinnerung zu bleiben und als fromme Frau verehrt zu werden. Die männlichen Schriftsteller ihrer Zeit beschrieben häufig vor allem besondere asketische Leistungen einer Klosterfrau oder ihre von Gott gegebenen Träume und Visionen. Solche außergewöhnlichen Begebenheiten wußte Bertha nicht zu berichten. Für sie standen Adelheids mitmenschliche Wärme und Mütterlichkeit im Vordergrund. Vielleicht hätte es bei den Zuhörenden einen besseren Eindruck gemacht, wenn Bertha Adelheids heimlichen Ausflug in die Vorratskammer verschwiegen hätte, denn solche Handlungen überschritten das Maß, das auch einer milden Äbtissin angemessen war. Aber Bertha setzte andere Maßstäbe: eine liebevolle Äbtissin setzt sich auch einmal über Regeln hinweg; sie kümmert sich um jede einzelne Schwester, je nach deren Bedürfnissen; Mitmenschlichkeit ist wichtiger als Befehl und Gehorsam oder die Sorge um die eigene Frömmigkeit.

Bertha dachte nicht nur an die Gemeinschaft innerhalb der Klostermauern. Sie wußte auch, daß ihr Kloster eine wirtschaftliche und
politische Bedeutung hatte. Nach dem Tode Adelheids um 1015 kam
es wohl zu Auseinandersetzungen der Nonnen mit den adligen Herren
der Umgebung und dem Erzbischof von Köln. Bertha nahm deshalb
die Lebensbeschreibung Adelheids zum Anlaß, die rechtliche Lage
des Klosters Vilich klarzustellen.
Sie gab folgenden Bericht:
»Das Kloster Vilich wurde von Adelheids Eltern dem Kaiser Otto III.
zu Schutz und Verteidigung übergeben. Keinem anderen weltlichen
oder geistlichen Herrn stand es zu, in irgendeiner Form über die
Nonnen und den Klosterbesitz zu verfügen.
Der Kaiser verlieh dem Kloster für dieses Geschenk besondere Vor-
rechte:
Das Stift ist frei und keinem anderen Herrn unterstellt, wie die drei
anderen großen Frauenklöster in Gandersheim, Essen und Quedlinburg.
Kein Richter oder Vogt darf auf dem Boden des Klosters Recht sprechen oder andere Amtsgeschäfte führen, außer wenn die Nonnen es
erlauben.
Nur die Gemeinschaft der Nonnen hat das Recht, ihre Äbtissin zu
wählen. Keine andere Person darf sich einmischen.«
Bertha schließt mit den Worten: »Diese Rechte mögen sorgfältig
beachtet werden und auch bei den Nachgeborenen nicht in Vergessen-
heit geraten!«
Die Rechte der Nonnen einklagen, nicht duldsam schweigen, wenn
mächtige Herren es nicht so genau damit nahmen – das war ein
mutiger Schritt, der gar nicht in das Bild einer stillen Nonne paßte.

Jutta Taege

Zum Nachdenken und Diskutieren

- Wie geht Adelheid mit ihrer Führungsrolle um?
- Heutige Beispiele von Frauen in Führungspositionen, mit Verantwortung für andere (von der Jungscharleiterin bis zur Bundestagspräsidentin)
- Bertha übernimmt keine Führungsrolle, sie spielt die „zweite Geige" – welche Rolle möchte ich spielen?

Mechthild von Magdeburg

Im Haus der Beginen

Elisabeth ist aufgeregt. Gleich wird sie mit der Beginenmeisterin über ihre Aufnahme in dieses Haus reden. Während sie auf Mechthild von Magdeburg wartet, sieht sie sich im Wohnraum um, der vielleicht bald schon auch ihr Heim sein wird.

Am auffallendsten ist, daß in diesem Zimmer, das geradezu ärmlich möbliert ist, so viele kostbare Bücher stehen. So viele Bücher auf einem Fleck hat sie noch nie gesehen. Hier stehen bestimmt zehn Bücher, zählt sie staunend nach. Als sie noch genauer hinschaut, merkt sie, daß einige Bücher hier abgeschrieben worden sind. Das macht ihr noch mehr Lust, als Begine in dieses Haus einzutreten, weil sie hofft, daß ihre Wißbegierde in einem so gelehrten Haus viel Nahrung finden wird.

Das Buch, das ihr am nächsten liegt, heißt: Das fließende Licht der Gottheit. Es beginnt so: »Dieses Buch sende ich nun als Bote allen geistlichen Leuten…« Etwas weiter liest Elisabeth: »Alle, die dieses Buch verstehen wollen, müssen es neunmal lesen…« Sie blättert noch ein bißchen weiter und kommt zu einer Reihe Gedichte, eines lautet so:

> Du bist mein Lagerkissen,
> mein Minnebett,
> meine heimlichste Ruhe,
> meine tiefste Sehnsucht,
> meine höchste Herrlichkeit.
> Du bist eine Lust meiner Gottheit,
> ein Trost meiner Menschheit,
> ein Bach meiner Hitze.

Elisabeth ist verwundert. Bisher hat sie nur gehört, daß Minnesänger die adeligen Fräuleins mit solchen Liebesgedichten erfreuen. Aber wer spricht hier? Gott selbst?

Weder in der Bibel noch in den Gebeten in der Kirche hat sie je solche Worte gehört. Sie nimmt sich vor, die erste Gelegenheit zu nutzen, um nach der Herkunft dieses Gedichtes zu fragen, denn irgend etwas hat es in ihr angerührt.

Aber bevor sie weiter darüber nachdenken kann, hört sie Schritte auf der Treppe, und gleich tritt eine zierliche Frau ins Zimmer, die trotz ihres Alters nicht nur gelassene Würde, sondern auch Fröhlichkeit und Lebendigkeit ausstrahlt. Sie trägt das einfache beige Kleid der Beginen und die Beginenhaube.

»Ich grüße dich, Elisabeth. Du willst mit mir über deinen Eintritt in dieses Haus reden, nicht wahr. Weißt du denn, was es bedeutet, eine Begine zu sein?« hört sie die warme Stimme der Meisterin sagen. Elisabeth sieht Mechthild ernst und fest an. »Ja«, sagt sie. »Ich will mit euch zusammen in diesem Haus leben und arbeiten. Ich weiß, daß ihr webt und stickt, daß ihr Kranke pflegt und alle Arbeiten im Haus und Garten selber macht. Und jetzt habe ich gesehen, daß ihr auch Bücher habt und sie abschreibt. Ich weiß, daß ihr zusammen betet und in die Messe beim Dominikanerkloster geht und daß ihr miteinander über Gott und den Glauben und alles redet. Und bei all dem will ich mitmachen.« Elisabeth ist bei der langen Aufzählung und vor Aufregung fast außer Atem gekommen.

Mechthild lächelt. »Du weißt ja gut Bescheid«, sagt sie, »so ungefähr ist das bei uns. Wir sind elf Beginen in diesem Haus, das uns von einer frommen Frau zum Wohnen zur Verfügung gestellt worden ist. Wir versorgen uns selbst und verdienen unseren Lebensunterhalt mit Weben, Sticken und Krankenpflege. Für zwei Jahre bin ich zur Meisterin gewählt worden, deshalb rede ich jetzt mit dir; über deinen Eintritt werden wir dann aber alle abstimmen. Und du hast auch recht, daß wir zu den Dominikanern und nicht in die Ortskirche zur Messe gehen und daß wir auch ohne Pfarrer miteinander beten und über unseren Glauben reden. Weißt du aber auch, warum wir das tun?«

So genau weiß Elisabeth es nicht. »Weil ihr nicht heiraten wollt und weil ihr ein gottgefälliges Leben führen wollt«, versucht sie eine Antwort.

»Hhm. Ich will dir erklären, wie die Beginenbewegung entstanden ist«, setzt Mechthild zu einer längeren Rede an. »Seit einigen Jahren haben viele Priester und Bischöfe den Pfad der Nachfolge Jesu Christi verlassen. In der Kirche ist mehr von Reichtum und Macht, von gutem Essen und teurer Kleidung die Rede als vom Evangelium und den Tugenden. Deshalb hat Gott Menschen gerufen, die Herde wieder auf den rechten Weg zurückzuführen. Der heilige Franziskus und der heilige Dominikus sind mit ihren Mitbrüdern von Dorf zu Dorf, von Stadt zu Stadt gezogen und haben die Nachfolge in Armut und Frömmigkeit gepredigt und vorgelebt. Und weil wir Frauen nicht wandern und predigen können, jedenfalls nicht, ohne Anstoß zu erregen, haben wir uns zu Gruppen zusammengetan, um die Nachfolge auf unsere Art und Weise zu leben. Wir dienen den Menschen durch Krankenpflege und andere Dienste. Und wir leben somit nicht von unrechtem Gut, wie es viele Klöster tun, die Zinsen von den Bauern erhalten, die ihre Leibeigenen sind. Überall wo die Dominikaner oder die Franziskaner ein Kloster errichtet haben, haben wir uns ihnen angeschlossen, weil sie uns ähnlicher sind als die Pfarrer in den Kirchen, die meisten jedenfalls.«

Mechthild hält einen Moment inne, dann fragt sie: »Wie alt bist du eigentlich, Elisabeth?«

»Ich bin vierzehn.«

»Ich war zwölf Jahre alt, als Gott mich zum ersten Mal rief.« Mechthilds Stimme klingt nachdenklich und verträumt. »Und obwohl ich gleich wußte, daß damit mein Weg besiegelt war, hat es noch acht Jahre gedauert, bis ich mich endgültig entschloß, Begine zu werden und hierher nach Magdeburg zu kommen. Ich bin nämlich kein Stadtkind wie du. Aber auch für Stadtkinder gilt die Regel, daß ein Mädchen oder eine Frau erst bei uns Beginen aufgenommen werden kann, wenn sie achtzehn Jahre alt ist. Als Begine legst du zwar kein Gelübde ab wie im Kloster, aber es muß doch gut überlegt sein, ob diese Lebensweise die richtige für dich ist. Es ist auch gar nicht so einfach, Begine zu sein. Wir werden angefeindet, weil wir mitten im Leben stehen und uns nicht hinter Klostermauern zurückziehen. Wir erregen Anstoß, weil die Weber und Sticker eine Konkurrenz in uns sehen. Viele finden es unschicklich, daß wir als Frauen selbst über uns entscheiden und kein Mann uns vorgesetzt ist. Manche meinen, wir würden die Ehefrauen aufhetzen und den Pfarrern nicht den geschuldeten Gehorsam erweisen. Aber das weißt du ja sicher alles. In der Stadt wird doch bestimmt viel darüber geredet.«

»Ich weiß sogar noch mehr«, sagt Elisabeth. »Viele finden es nicht richtig, daß jede Begine wieder gehen kann, wenn sie heiraten will, und daß sie sogar ihre Aussteuer zurückbekommt. Und ich habe gehört, daß viele behaupten, spätestens wenn ihr zu alt zum Arbeiten seid, würdet ihr Beginen das Heer der Bettler vergrößern und eine Belastung für die ganze Stadt werden.«

»Aha, so reden sie jetzt also auch schon hier«, sagt die Meisterin und seufzt, »ich werde wohl doch noch einmal mit unseren Freunden und Gönnern sprechen müssen. Aber zurück zu dir, Elisabeth. Weswegen willst du denn eine Begine werden?«

»Ich weiß nicht so ganz genau, ob Gott mich gerufen hat, Begine zu

werden. Aber ich finde es gut, wie ihr lebt. Ich will viel lesen und
viel lernen, ich habe viele Fragen, wie das alles mit dem Glauben
sich verhält, aber in der Kirche kann ich sie nicht stellen. Und ich
will vor allem nicht heiraten. Wenn ich sehe, wie eine Ehefrau immer
nur die Dienerin des Mannes ist und für alles sorgen muß, weil die
Männer sich um nichts kümmern! Und statt Anerkennung und Dank
bekommt eine Frau dann oft auch noch Schläge. Und sie muß ihrem
Mann gehorchen, auch wenn der viel dümmer ist als sie.«
Mit vielem scheint Mechthild einverstanden zu sein, aber jetzt sagt
sie: »Liebes Kind, als Begine bist du erst recht eine Dienerin.«
»Ich will ja gerne Menschen helfen und ihre Dienerin sein, wie Jesus
es uns gezeigt hat, aber ich will das aus freien Stücken tun und nicht,
weil ich von einem Mann dazu gezwungen werde. Ich kenne so viele
Ehefrauen, die todunglücklich sind.«
»Und ich kenne viele, die todunglücklich wären, wenn sie eine Begine
wären«, entgegnet Mechthild. »Ich glaube, es ist schon ganz gut,
wenn du noch ein bißchen Zeit hast, um weiter nachzuforschen, ob
du wirklich zur Begine berufen bist. Ich spüre deinen ehrlichen
Wunsch, aber der kann sich ja noch ändern im Laufe der Zeit.«
Vielleicht weil die Enttäuschung Elisabeths nicht zu übersehen ist,
fügt Mechthild noch hinzu: »Du kannst ja öfter zu Besuch kommen.
Dann merkst du mit der Zeit auch, daß es hier nicht nur friedlich
zugeht. Und du kannst uns überhaupt besser kennenlernen.«
Elisabeth nickt freudig. »Ja, das tue ich gern. Und dann...«, sie zö-
gert. Das aufmunternde Lächeln Mechthilds hilft ihr weiter. »Und
dann darf ich euch auch schon fragen, was ich in der Kirche nicht
verstehe?«
»Aber natürlich«, antwortet Mechthild, »hast du denn jetzt schon
Fragen?«
»Ja, aber ich weiß nicht, ob ihr dann böse seid«, versucht Elisabeth
sich vorzutasten. »Der Pfarrer hat nämlich am Sonntag wieder über
euch gepredigt.«
»Und dann kommst du ganz ungehorsam am nächsten Tag hierher«,
spottet Mechthild, »oder hat er etwa nicht vor uns gewarnt?«
»Doch«, gibt Elisabeth, mutiger geworden, zu. »Aber das verstehe
ich ja eben nicht. Meine Mutter und meine Großmutter und meine
Tanten und überhaupt alle Frauen, die ich kenne, loben euch nur
immerzu. Weil ihr so viel wißt und könnt und weil ihr die Flik-
kensophie gesund gemacht habt, als keiner ihr mehr helfen konnte.
Und sie sagen, daß sogar hohe Herren aus dem Umkreis des Bischofs

sich von euch beraten lassen. Nur der Herr Pfarrer schimpft immer über euch, daß ihr euch herausnehmt, alles anders zu machen, und die jungen Frauen verführt, und selbst vor der Theologie nicht halt macht, und besser zu wissen meint, was Gott will, als die studierten Theologen.«

»Oh, wenn die studierten Theologen doch endlich begreifen würden, daß sie Gott keine Vorschriften machen können. Wenn Gott auch durch den Mund einer Frau zu ihnen und zu den Menschen sprechen will, dann ist das doch nur ein Zeichen der Größe Gottes, die sich den Kleinsten und Ungebildetsten zuwendet.«

»Redet Gott wirklich mit euch?« Elisabeth stellt die Frage ganz leise, aber Mechthild hat sie gehört.

»Ja«, sagt sie, »Gott redet mit mir. Natürlich nicht so, wie wir jetzt miteinander reden. Es sind nicht die Ohren des Leibes, sondern die Ohren der Seele, die Gott verstehen können. Gott hat mir auch den Auftrag gegeben, alles aufzuschreiben in einem Buch, was ich in meinen Visionen schaue und höre, damit die geistlichen Menschen Trost und Belehrung bekommen. Ich wollte zuerst nicht, weil ich Angst hatte, daß man es mir als Überheblichkeit auslegen würde. Und wer würde schon glauben, daß ich, eine ungebildete Frau, von Gott solcher Gnade gewürdigt werde. Aber schließlich hat Gott mir klargemacht, daß ich nicht allein die Verantwortung für dieses Buch trage, sondern daß Gott selbst die Ursache und der Inhalt des Buches ist. Und ich will Gott mehr gehorchen als meiner Ängstlichkeit. Aber auch mein Beichtvater hat mich bestärkt. Und nun muß ich mich eben manchmal mit denjenigen herumstreiten, die in ihrem Hochmut nicht sehen wollen, daß ich ein Werkzeug Gottes bin.«

»Ist das auch aus eurem Buch?« Elisabeth zeigt ihr das Gedicht, das ihr vorhin schon aufgefallen ist.

»Ja«, sagt Mechthild, »so sehr liebt Gott die Seele, daß es nur in einem solchen Liebeslied annähernd ausgedrückt werden kann.« Und die Erinnerung an irgend etwas läßt ihr Gesicht ganz verklärt erscheinen.

Nach einer langen Weile des Schweigens meldet sich Elisabeth noch einmal zu Wort, als sie merkt, daß Mechthild aus ihrer Erinnerung wieder aufgetaucht ist. »Das, was in dem Gedicht steht, hat das Gott so gesagt?« Elisabeth schwankt zwischen Begeisterung und Ungläubigkeit. »So etwas steht doch nicht in der Bibel.«

»Doch, es gibt ein Buch der Bibel, in dem stehen ganz ähnliche Gedichte, es wird das ›Hohelied‹ oder auch das ›Lied der Lieder‹ genannt, aber es wird in der Kirche kaum vorgelesen. In der Kirche kommt leider so vieles nicht vor, was wichtig wäre.«

»Darf ich euer Buch auch lesen und mit euch darüber reden, wenn ich zu Besuch komme?«

»Natürlich«, sagt Mechthild, »vielleicht hilft es dir bei deiner Entscheidung, ob du eine Begine werden sollst. Aber ich will dir ein Blatt schenken, das du mit nach Hause nehmen kannst.«

Sie holt ein schön beschriebenes Blatt aus dem Schrank und gibt es Elisabeth. Darauf steht:

Das Gebet hat große Macht,
das ein Mensch verrichtet mit all seiner Kraft.
Es macht ein bitteres Herz süß,
ein trauriges Herz froh,
ein armes Herz reich,
ein törichtes Herz weise,
ein zaghaftes Herz kühn,
ein schwaches Herz stark,
ein blindes Herz sehend,
eine kalte Seele brennend.
Es zieht den großen Gott in ein kleines Herz,
es treibt die hungrige Seele hinauf zu dem vollen Gott.
Es vereint die zwei Lieben, Gott und die Seele,
an einem wonnevollen Ort.
Da reden sie viel von Liebe.

Glücklich nimmt Elisabeth das wertvolle Geschenk entgegen, verabschiedet sich von Mechthild und erhält noch einmal die Versicherung, daß sie gerne zu Besuch kommen darf.

Als sie sich draußen ihr Blatt noch einmal anschaut, merkt sie, daß noch ein zweites Blatt an ihrem Blatt klebt, ein Blatt mit einem anderen Text, den Mechthild ihr wahrscheinlich nicht geben wollte. Neugierig beginnt sie sofort mit dem Lesen. Erschrocken stellt sie fest, daß da ganz andere Töne angeschlagen werden:

Weh dir, Krone des heiligen Priestertums!
Wie bist du dahingeschwunden,
du hast nichts mehr als die Überreste deiner selbst,
das ist die geistliche Gewalt.
Mit ihr kämpfst du gegen Gott und seine auserwählten Freunde.
Darum erniedrigt dich Gott, noch ehe du daran denkst.
Denn also spricht unser Herr:

»Ich werde dem Papst von Rom die Ohren öffnen
und sein Herz ihm mit großem Jammer erfüllen.
In diesem Schmerz will ich ihm sagen und klagen:
Meine Hirten sind Mörder und Wölfe geworden,
weil sie vor meinem Angesicht die weißen Lämmer morden,
und die alten Schafe sind alle todkrank,
weil sie nicht von der gesunden Weide essen,
die da wächst an den hohen Bergen,
das sind göttliche Liebe und heilige Lehren.«
Weiß jemand auf dem Höllenweg nicht Bescheid,
der besehe sich die verdorbene Geistlichkeit.

Ängstlich sieht sich Elisabeth um, ob keiner sie beobachtet. Sie denkt
nach, was sie jetzt tun soll. Das, was sie eben gelesen hat, erscheint
ihr so gefährlich für die Schreiberin und die Leserinnen, daß sie sofort
etwas tun muß. Kurz entschlossen dreht sie sich um und klopft noch
einmal an die Tür des Beginenhauses, durch die sie eben so be-
schwingt herausgekommen ist. Gleich darauf steht sie wieder vor
Mechthild, die sie erstaunt, aber freundlich hereinbittet.
»Was hat dich denn so erschreckt? Du siehst ja ganz bleich aus.«
Mechthilds Stimme klingt besorgt. Weil sie nicht weiß, wie sie anfangen soll, reicht Elisabeth der Beginenmeisterin wortlos den gefährlichen Text über den Papst. Mit einem Blick ist Mechthild im Bilde.
»Ach, das hat dich erschreckt. Ja, das erschreckt viele. Aber es ist
die Wahrheit. Doch wie kommst du zu diesem Blatt? Ich hatte dir
doch ein ganz anderes gegeben.«
Immer noch wortlos reicht Elisabeth auch das andere Blatt der weiterhin gelassen blickenden Frau. »Es hat drangehangen«, nur mühsam
kommen die wenigen Worte über Elisabeths Lippen.
Mechthild läßt ihr Zeit, sich etwas zu beruhigen, und dann sprudeln
die Fragen nur so aus Elisabeth heraus: »Wie könnt ihr es wagen, so
etwas zu schreiben? Den Papst und die Pfarrer so anzugreifen, das
traut sich doch niemand. Da hat doch jeder Angst, als Ketzer ange-
klagt und verbrannt zu werden. Ihr müßt es schnell verstecken, oder
besser noch verbrennen, bevor es euch zum Schaden wird. Wißt ihr
nicht, wie gefährlich das ist?«
Immer noch ist Mechthild gelassen. »Natürlich weiß ich, wie gefährlich es ist«, sagt sie. »Und es tut mir leid, daß ich dich so erschreckt
habe. Ich wollte dir diesen Text heute noch gar nicht zeigen, aber
vielleicht ist es besser so. Denn daran kannst du sehen, was es bedeu-

tet, zur eigenen Überzeugung zu stehen, die Wahrheit zu sagen und zu leben, auch wenn sie unangenehm oder gefährlich ist. Gott will genau diese Ehrlichkeit von uns. Und jede Begine sagt mit ihrem Leben dasselbe, was hier in Worten aufgeschrieben ist. Gott selbst ist es, der uns die Angst davor nimmt, was mit uns geschehen kann, wenn wir nach unserem Gewissen handeln. Und Gott hat mich getröstet und mir Mut gemacht, wenn mich die Traurigkeit und die Angst zu ersticken drohten. ›Die Wahrheit kann niemand verbrennen‹, sagte Gott. Und: ›Wer mir das Buch aus der Hand nehmen will, muß stärker sein als ich‹. Mit einer solchen Zusage brauche ich keine Angst zu haben, nicht wahr?«

Elisabeth ist noch nicht überzeugt. Zu sehr sitzt ihr die Angst in den Knochen, was geschehen wird, wenn der gefährliche Text zum Beispiel dem Herrn Pfarrer zu Ohren kommen sollte. Gleichzeitig ist sie aber auch erstaunt darüber, welche Kraft und Ruhe Mechthild ausstrahlt. Die Lebensweise der Beginen erscheint ihr immer überzeugender, und sie begreift, wie unglaubwürdig die Kirche mit ihrem Prunk und ihrer Herrschsucht geworden ist.

Begine zu sein, überlegt Elisabeth, das bedeutet also nicht, sich in eine ruhige Ecke zurückzuziehen und still und bescheiden in der Nachfolge Jesu zu leben. Begine zu sein, bedeutet auch die Auseinandersetzung mit den Mächtigen und den Gefahren der Welt. Jedenfalls, wenn die Begine Mechthild von Magdeburg heißt…

Kordula Müller

Zum Nachdenken und Diskutieren

- Die Lebensform der Beginen — Pro und Kontra
- Wie und mit wem möchte ich am liebsten leben — mit 20, 40, 60, 80 Jahren?
- Welche Rolle spielt die Gruppe für das Handeln einzelner?

Lesevorschläge

W. v. Thadden: Judith, die junge Priorin, Artemis, Zürich/München 1990
E. Schirmer: Mystik und Minne. Frauen im Mittelalter, Elefanten Press Berlin 1984

Mechthild von Magdeburg

um 1210—1285

Es gibt keine gesicherten Daten über Mechthild von Magdeburg. Sie hat aber in ihrem Buch »Das fließende Licht der Gottheit« verschiedene Hinweise gegeben, die eine Einordnung möglich machen. Alle Daten sind ungefähre Angaben:
1210 Geburt, wahrscheinlich in einer Adelsfamilie in der Nähe Magdeburgs, ab 1222 erste Visionen, ab 1230 Leben als Begine in Magdeburg. Ab 1253 begann Mechthild ihre Visionen aufzuschreiben. Da sie kein Latein konnte, wurde ihr Buch das erste theologische Werk in deutscher Sprache. Leider ist das Original nicht erhalten, nur eine Übersetzung in einen anderen deutschen Dialekt. Außerdem gibt es eine Übersetzung ins Lateinische für die ersten sechs Teile des Buchs. Das Werk besteht aus Gedichten, Briefen, theologischen Erörterungen, Lehrtexten, Ratschlägen, Prophezeiungen.
Ab 1273 lebte Mechthild im Kloster Helfta. Wahrscheinlich war sie erblindet und diktierte den siebten Teil ihres Buches.
1285 starb Mechthild von Magdeburg.

Die Beginenbewegung

Gleichzeitig mit der Armutsbewegung und dem Entstehen der Bettelorden entwickelte sich im 12. Jahrhundert die Beginenbewegung, der hauptsächlich Frauen angehörten. Es gab verschiedene Formen des Beginenwesens: Manche Frauen lebten weiterhin in ihren Familien, manche schlossen sich zu Gruppen zusammen und lebten in religiösen Frauen-Wohngemeinschaften, manche zogen wie die Bettelmönche umher. Alle diese Lebensformen waren umstritten und wurden von der Kirche und in den Städten bekämpft, vor allem die umherziehenden Beginen.
Im 13. Jahrhundert nahm die Anzahl der Beginen und ihrer Wohngemeinschaften stark zu; nicht nur adlige, sondern auch bürgerliche und arme Frauen fanden sich in ihren Reihen.
Nach ersten Verfolgungen im 13. Jahrhundert kam es vor allem im 14. Jahrhundert sogar zu Ketzerprozessen, und viele Beginen wurden auf dem Scheiterhaufen hingerichtet. Um sich davor zu schützen, ließen sich die meisten Beginenhäuser an Orden anschließen. Aber einige wenige bestanden selbständig weiter, und vor allem in Belgien und den Niederlanden können wir bis heute »Beginenhöfe« besichtigen. Manche waren bis ins 20. Jahrhundert von Beginen bewohnt.

Katharina von Siena

Die Bilder einer langen Nacht

Wieder geht ein ereignisreiches Jahr zu Ende. Ein neues Jahrzehnt bricht an. 1380! Manches Mal hat Katharina schon geglaubt, in der Endzeit zu leben. Gibt es nicht überall Zeichen des Verfalls? Kriege, Seuchen, Hungersnöte, Katastrophen... Sie sollen die Vorboten des Endes aller Zeiten sein, so steht es in der Heiligen Schrift. Von alledem hat sie wahrlich genug erlebt!
Mit Schaudern erinnert sie sich der Pest, die in Italien gewütet hat. Wie eine Glocke lag die Epidemie über ihrer Heimatstadt Siena. Die Straßen waren erfüllt vom süßlichen Geruch des Todes. Katharina hat in dieser Zeit die Kranken gepflegt, hat sie gewaschen, ihre Wunden gereinigt, ihnen Trost zugesprochen. Wie viele sind unter ihren Augen gestorben!
Zerrissen und zerrüttet ist ihr Vaterland. Wie viele Machtkämpfe hat sie miterleben müssen, wieviel Krieg hat die Bevölkerung ihres Heimatlandes in Not und Armut getrieben. Die großen Seemächte Venedig und Genua bekämpfen sich bis aufs Messer, jede will die größere, reichere, wichtigere sein. Die Stadtstaaten Siena, Lucca und Florenz haben die bedrückende Herrschaft der Adligen abgeschüttelt. Nun folgt eine korrupte Bürgerregierung der anderen, kaum weiß man, wer gerade an der Macht ist. Einflußreiche Familien rivalisieren miteinander. Wer heute Freund ist, kann morgen Feind sein.
»Zögere nicht, Herr, dich der Welt zu erbarmen«, betet Katharina, »zögere nicht, denn fast scheint es, als sei sie am Ende ihrer Kraft.«

Was die Welt nötig hat, sind Einheit und Liebe. Sie braucht Versöhnung, diese geplagte Menschheit, und sie braucht Frieden. Dafür kämpft Katharina mit allen Kräften, die ihr zur Verfügung stehen, kämpft sie wie eine Löwin.
»Was ist meine Natur? Feuer ist meine Natur«, hat sie einem Freund anvertraut. Das Feuer spürt sie immer noch in sich, aber ihre Körperkräfte sind dabei, sie zu verlassen. Sie ist von Krankheit gezeichnet, fühlt sich manchmal, als sei sie hundertjährig. Dabei hat sie gerade erst das dreiunddreißigste Lebensjahr erreicht.
Eine Ahnung ihres nahenden Todes fällt sie an. Katharina hat ihre Kräfte verbraucht. Wie sehr sehnt sie sich danach, zu ihrem Schöpfer

zurückzukehren. Ihr ganzes Leben ist eine einzige Sehnsucht gewesen, mit Christus, der reinen Liebe, vereint zu sein. ER hat zu ihr gesprochen, in einer Klarheit und Deutlichkeit wie nur zu wenigen Menschen.

Sie hat schreiben gelernt – sie, die doch nur eine Frau war – um die Worte aufzuschreiben, die Christus zu ihr gesprochen hat: »Wenn er – der Mensch – MICH wirklich liebt, ist er auch dem Nächsten von Nutzen. Das kann gar nicht anders sein, weil die Liebe zu MIR und zum Nächsten ein und dieselbe Liebe ist. Jedes Gute und jedes Unrecht geschieht in Verbindung mit dem Nächsten.«

Katharina denkt daran, welche Konsequenzen dieser Satz für ihr Leben gehabt hat. Keinen Schritt würde sie heute anders tun wollen, sie bereut nichts. Aber es bekümmert sie, fortzugehen aus einer Welt, die noch so weit vom Frieden entfernt ist.

Während die Schmerzen sie zum Liegen zwingen, ziehen Bilder an Katharina vorbei. Menschen, denen sie begegnet ist und die sie nie vergißt. Ihr Freundeskreis, den sie ihre »famiglia« nennt, ihre geistige Familie. Obwohl sie erst zweiunddreißig ist, nimmt sie darin die Rolle einer Mutter ein. Viele sagen sogar »mama« zu ihr. Ein Gefühl der Wärme durchströmt sie, wenn sie daran denkt. Sie pflegen einen geselligen, warmherzigen Umgang miteinander...

Francesca taucht vor ihren Augen auf, die so fröhlich sein kann wie ein ausgelassenes Kind; Tommaso, dessen Mutter ihn so gerne in einer kaufmännischen Lehre gesehen hätte – er selber aber wollte lieber dem Franziskanerorden beitreten. Behutsam hat Katharina die Mutter darauf hingewiesen, daß Kinder nicht der Besitz ihrer Eltern sind, daß es zur elterlichen Liebe gehört, sie ihren eigenen Weg gehen zu lassen.

Katharina lächelt schmerzlich, denn mit einem Mal ist es ihr, als höre sie die Stimme ihrer eigenen Mutter, Mona Lapa Benincasa. »Katharina, ich habe einen Mann für dich. Du wirst dein großes Glück machen. Mach dich schön, Katharina, und binde dir ein Band ins Haar.«

Ach ja, Mona Lapa! Auch mit ihr ist Katharina einen langen Weg der Versöhnung gegangen. Wie anders war das Leben ihrer Mutter als ihr eigenes! Sie hat nicht weniger als fünfundzwanzig Kinder zur Welt gebracht, Katharina ist das zweitjüngste. Einige darunter hat sie bald wieder zum Grab geleiten müssen, so auch Katharinas Zwillingsschwester. »Ich habe einen Zwilling im Himmel«, denkt Katharina.

Ob es damit zusammenhängt, daß sie von einer so großen Sehnsucht erfüllt ist? Es ist ihr tatsächlich, als sei ein Teil von ihr immer schon in einer anderen Welt gewesen.

Auch wenn einige der Geschwister gestorben sind, so waren sie doch immer noch eine große Familie. Und Mona Lapa sorgte! Sorgte für das leibliche Wohl aller. Dank der Wollfärberei, die der Vater besaß, waren sie nicht arm, aber es waren auch viele Münder zu stopfen. Das Gesinde kam dazu: die Färbergesellen, die Dienstmagd für das Haus. Kraftvoll und mit viel Temperament stand Mona Lapa ihrem Haushalt vor. Wenn sie wütend wurde, weil etwas nicht nach ihrem Sinne war, dann zitterten die Wände, aber ihre Zornausbrüche gingen auch rasch wieder vorbei. Im Grunde ihres Herzens war sie gutmütig, so wie auch Jacopo, der Vater, der ein stiller, in sich gekehrter Mann war. Jacopo Venincasa machte sich über manches Gedanken, nicht zuletzt über seine seltsame Tochter Katharina. Er wurde nicht schlau aus diesem Kind, aber noch weniger wurde es Mona Lapa.

Katharina denkt an diese entscheidende Phase ihres Lebens zurück, halb belustigt, halb bekümmert über die Sorgen, die sie ihren Eltern hat bereiten müssen. Sie kann heute ihre Mutter gut verstehen. Mona Lapa lebte das Leben einer Frau, so, wie es den Frauen schon immer bestimmt war und wie es seine Ordnung hatte. Ihr größtes Vergnügen war es, ihre Töchter unter die Haube zu bringen – es war, als würde sie damit ein Stück eigener Jugend wiederbeleben. Und sie hat ihre Kinder gut verheiratet, keines von ihnen wurde unglücklich.

Sorgen bereitete ihr nur Katharina. Sie war so eigenwillig. Hatte sie kürzlich nicht sogar herausposaunt, sie wolle niemals heiraten? Das dumme Ding! Vierzehn Jahre war sie nun schon alt, bald ein erwachsenes Mädchen. Gedachte sie denn, eine alte Jungfer zu werden? Wollte sie auf ewig des Vaters schwerverdientes Brot essen?

Eigentlich war Mona Lapa nicht unzufrieden mit ihrer Tochter. Sie sah ganz gut aus, war höchstens etwas zu blaß und zart. Das Schönste an ihr, beschied die Mutter, war ihr dichtes blondes Haar. Mit Genugtuung nahm sie die Blicke wahr, die die jungen Männer auf Katharina richteten, wenn sie in Begleitung ihrer Mutter vom Kirchgang nach Hause kam. Katharina selber schien davon gar nichts zu bemerken. So jedenfalls dachte Mona Lapa. Daß Katharina manchmal sorgenvoll dreinsah, beachtete sie nicht weiter. Mädchen in Katharinas Alter waren oft ein wenig schwierig. »Es wird höchste Zeit, daß sie heiratet!« dachte sie.

Und eines Tages war es dann so weit. Mona Lapa platzte fast vor Mitteilungsdrang, als die Familie sich zum Nachtessen versammelte. Ein Freier für Katharina war aufgetaucht. Und aus was für einer vornehmen Familie! Seine Eltern hatten ihren Antrittsbesuch angekündigt. Waren sie sich erst mit Mona Lapa und Jacopo einig, dann sollte der Verbindung nicht mehr viel im Wege stehen. Das Mädchen hatte mehr Glück als Verstand! Der junge Mann war wohlhabend und sah gut aus. In Gedanken ging Mona Lapa die Kleider ihrer Tochter durch. War nicht noch etwas übrig von dem blauen Tuch, das der Vater kürzlich gefärbt hatte? Wenn sie ihr daraus ein neues Kleid nähte, würde Katharina aussehen wie eine Königin. Nur schnell mußte es gehen, denn bald schon sollten die Heiratsvereinbarungen getroffen werden.

Der Mensch denkt und Gott lenkt!

Katharina kann sich noch gut an die tiefe Verzweiflung erinnern, in die die Hochzeitsvorbereitungen der Mutter sie stürzten. Gewiß hatte sie nichts gegen den jungen Mann, sie fand selber, daß er ganz gut aussah. Aber sie spürte tief in ihrem Inneren, daß ihr eigener Weg ein anderer war. In ihrem Herzen hatte sie sich bereits gebunden, auf andere Weise als die Eltern es sich vorstellten.

Das Ereignis, das Katharinas Vorstellungen von ihrem Leben bestimmte, lag lange zurück. Damals war sie erst sieben Jahre alt. Bei der Erinnerung daran durchströmt Katharina noch heute ein Glücksgefühl. Wieder sieht sie sich, das kleine Mädchen, mit ihrem Bruder die Straße entlanggehen, die an der Kirche San Domenico vorbei zu ihrem Elternhaus führte. Da erschien ihr vor ihrem inneren Auge ein Bild. Sie sah Christus, der über der Kirche am Himmel thronte. Er schaute sie an und lächelte ihr zu. Wie benommen blieb Katharina stehen, verzaubert von dem, was sie sah. In bittere Tränen brach sie aus, als ihr Bruder Stefano sie ungeduldig mit sich fortzog und das Bild vor ihren Augen verschwand. Aber wenn sie es auch nicht mehr sah, so hat es sie doch niemals wieder verlassen. Unter dem Eindruck dieses Erlebnisses schwor sie sich, ihr ganzes Leben in den Dienst Christi zu stellen, ihm ganz und gar zu gehören.

Dieses Versprechen hütete sie sorgsam wie ein Geheimnis. Keine Menschenseele sollte davon erfahren. Gewiß hätte sie auch als Ehefrau und Mutter Christus dienen können. Aber sie war bereit, sich führen zu lassen. Auf welchen Weg, das wußte sie nicht, aber sie war

sicher, daß es nicht der war, den ihre Mutter für sie vorgesehen hatte.
Mona Lapa war nicht gewillt, die Launen ihrer Tochter länger zu
erdulden. »Es wird geheiratet, und damit basta! Dank dem Himmel
für das Glück, das dir zuteil wird!«
Rastlos suchte Katharina nach einem Ausweg. Sie hatte einmal eine
Geschichte gehört, von einer heiligen Euphrosyne. Die war in einer
ähnlichen Lage gewesen wie sie, hatte sich heimlich Männerkleider
angezogen und war so verkleidet durch die Gegend gezogen, um
schließlich in einem − natürlich! − Männerkloster unterzutauchen.
Niemandem schien das aufzufallen.
Weglaufen von zu Hause? Vielleicht, wenn sie ein paar Kleidungs-
stücke ihres Bruders anzog? Aber wohin sollte sie? Und sie war gar
nicht sicher, daß sie so unbemerkt bleiben würde wie Euphrosyne.
Gedankenverloren irrte sie durch die Räume des elterlichen Hauses,
zermarterte sich dabei ihr Gehirn. Was in aller Welt sollte sie tun?
Da sah sie zwischen den Arbeitsgeräten des Vaters etwas Metallenes
blitzen. Eine Schere. Das war die Idee, war die Lösung! So konnte
sie die Sache zumindest hinausschieben…
Katharina zuckt noch heute zusammen, wenn sie an den Schrei denkt,
den Mona Lapa ausstieß. Wie eine Salzsäule stand sie da, einer Ohn-
macht nahe. Dieser Anblick: ihre Tochter, mit kahlgeschorenem
Kopf! Einige traurige Büschel standen hier und da noch ab, die machten das ganze noch schlimmer. Und übermorgen sollte das entscheidende Treffen stattfinden, um die Heirat zu vereinbaren. Und was,
wenn bekannt würde, daß Katharina sich lieber die Haare abrasierte,
als diesem Bräutigam zu folgen? Zum allgemeinen Gespött würde er
werden. Warum nur war sie mit dieser Tochter geschlagen?

Katharina wischt sich über die Stirn, als wolle sie den Schleier, der
über ihrer Vergangenheit liegt, wegziehen. Draußen läuten die Glok-
ken von Rom das neue Jahr ein, 1380. Schmerzlich kommt ihr zu
Bewußtsein, daß ihre Lebenszeit zerrinnt, wie der Sand in einem
Stundenglas. »Christus, erbarme dich! Erbarme dich über diese
Welt!« fleht sie. »Erbarme dich über deine Kirche!«
Katharina hat ihrer Krankheit und ihrem frühen Sterben einen Namen gegeben: Es ist das Leiden an der Kirche. Einer Kirche, die sie
als Kirche Christi über alles liebt und deren Sittenlosigkeit, Verfall
und Hingabe an weltliche Machtbestrebungen sie zutiefst betrüben.
Zeitlebens hat sie sich innerlich gedrängt gefühlt, der Lüge, Falschheit
und Oberflächlichkeit Worte der Wahrheit entgegenzusetzen. Neben

ihrer pflegenden, helfenden und sorgenden Arbeit für notleidende Menschen hat sie Briefe um Briefe geschrieben, ermahnende, werbende, stützende. Immer hat sie dabei den Finger auf eine Wunde gelegt — aber es geschah ohne Überheblichkeit und in Liebe, das merkten auch die Empfänger. Manches hat sie mit ihrer Korrespondenz bewirkt. Frieden, Frieden, Frieden! Kein Brief ging hinaus ohne diese Mahnung, das dringendste Anliegen ihres Herzens. Dabei hat sie nie ein Blatt vor den Mund genommen. Nie hat sie Frieden mit falscher Harmonie verwechselt. »Die Kleriker sind Strohhalme und keine Säulen der Kirche, sie strömen keine Düfte, sondern Gestank aus, mit dem sie die ganze Welt verpesten. Sie können auf keine Schonung rechnen wegen des roten Hutes oder wegen der Prälatenwürde.«

Ja, Katharina kann sehr zornig werden — darin hat sie etwas mit Mona Lapa gemeinsam. Auch der Papst entging diesem Zorn nicht, so sehr sie ihn ehrt und achtet als Christi Stellvertreter auf Erden. »Heiligster Vater, ich möchte Sie männlichen Geistes sehen, frei von Furcht und Selbstsucht und frei von fleischlicher Verwandtenliebe. Deshalb sehnt sich meine Seele danach, daß Gott in seiner Barmherzigkeit Ihnen Ihre schlechten Neigungen und Ihre Launen wegnehme und aus Ihnen einen neuen Menschen mache, der ein glühendes Verlangen nach Reform in sich trägt. Sonst werden Sie den Willen Gottes und die Sehnsucht seiner Diener nicht erfüllen können. — Verzeihen Sie, bester Vater, meine Anmaßung. Aber Gott, die Wahrheit, zwingt mich, es zu sagen. Das ist sein Wille, und das befiehlt er Ihnen. Sie sollen streng vorgehen gegen das Übermaß an Schlechtigkeit all jener, die im Garten der heiligen Kirche weiden und sich mästen.«

So hat sie an Gregor XI. geschrieben, es liegt nun schon ein paar Jahre zurück. Kurzfristig ist er in sich gegangen, hat versucht, die Zustände zu ändern — aber sein »männlicher Geist« hatte wenig Standfestigkeit.

Katharina seufzt. Wieder ziehen Bruchstücke ihres Lebens an ihr vorüber. Mona Lapa, die Schere, der kahlgeschorene Kopf... Diesmal war die Mutter zutiefst gekränkt, ihr Zorn verrauchte nicht so schnell. Sie entließ die Dienstmagd. Katharina mußte zur Strafe all ihre Arbeit übernehmen — Feuer machen, Wasser holen, Fußböden scheuern, die Eltern, die Brüder und Angestellten bei Tisch bedienen. »Dieses Kind darf nie mehr allein sein, sonst kommt es nur auf dumme Gedanken!« Durch Katharinas Erinnerung dringt die empörte

Stimme der Mona Lapa. Nie mehr allein sein! Sie mußte ihre Kammer räumen und in das Zimmer ihrer Brüder einziehen. Katharina trug es gelassen: alles war besser als verheiratet zu werden.

Dann, irgendwann, sprach zu aller Erstaunen Jacopo ein Machtwort. Er, der sich doch sonst so zurückhielt, sich nicht einmischte in das Hauswesen. Wenn es nun wirklich Gott war, der Katharina zu einer anderen Lebensform berufen hatte, wie sie behauptete? Wer war er, sich gegen Gottes Plan zu stellen? Katharina bekam wieder eine eigene Kammer im Elternhaus. Ihre »Zelle«…

Ein seliges Lächeln spielt auf ihren Lippen, als das Bild des kleinen Raumes unter der Treppe vor ihr auftaucht. Hat sie dort nicht die glücklichste Zeit ihres Lebens verbracht? Drei Jahre, in denen ihr einziger Kontakt Christus war. Sie ging nicht hinaus, nahm nicht an den Mahlzeiten der Familie teil. Tiefe Gotteserfahrungen wurden ihr

---

Katharina von Siena

1347–1380

Katharina Benincasa wurde 1347 in Siena geboren, der Überlieferung nach am Palmsonntag, dem 25. März.

Sie war das 23. Kind ihrer Eltern Mona Lapa und Jacopo Benincasa. Der Vater besaß eine Wollfärberei.

Mit siebzehn Jahren trat Katharina der Laiengenossenschaft des Dominikanerordens (Mantellaten) bei, blieb aber im Elternhaus wohnen.

Sechs Jahre später – 1370 – verließ sie ihre »Zelle« im elterlichen Haus und begann mit einer aufopfernden karitativen Tätigkeit.

Die Pest im Jahr 1374 kostete ein Drittel der Bevölkerung von Siena das Leben. Katharina pflegte Kranke.

1376 schrieb sie ihren ersten berühmten Brief an Papst Gregor XI. Sie ging nach Florenz und Avignon, um den Papst zur Rückkehr nach Rom zu bewegen und um zwischen der Stadt Florenz und dem Papst zu vermitteln.

1377 zog Papst Gregor XI. wieder in Rom ein.

Katharina diktierte inzwischen in ihrer Heimatstadt Siena ihr Buch »Dialog von Gottes Vorsehung«.

Am 29. April 1380 starb Katharina in Rom, 33 Jahre alt.

1461: Heiligsprechung durch Papst Pius II.

1940: Katharina wird zur Patronin Italiens erhoben, zusammen mit Franz von Assisi.

1970: Papst Paul VI. erhebt Katharina als erste Frau zur Kirchenlehrerin.

in ihrer selbstgewählten Einsamkeit zuteil. Sie lernte, die Stimme in ihrem Innern zu erhorchen und zu erkennen, wenn Christus zu ihr sprach. In dieser Zeit wurde das Feuer in ihr entzündet. »Ich bin das Feuer, und ihr seid die Funken. Das Feuer will stets zu seinem Ursprung zurück, deshalb richtet es sich immer nach oben... Könnte doch keiner so verhärtet und befangenen Sinnes sein, daß er nicht erwachte und zerschmölze vor solchem Liebesfeuer! Weitet, o weitet eure Seele, um euren Nächsten aufzunehmen in Liebe und Verlangen.«

Wie gerne wäre Katharina ihr Leben lang in dieser Zelle geblieben. Eine Träne läuft ihr übers Gesicht beim Gedanken daran. Aber ER wollte es anders. ER wollte, daß sie hinausgehe in die Welt, daß sie sich die Hände schmutzig mache und Tränen abwische, daß sie aufrüttele und der Wahrheit zu ihrem Recht verhelfe.

Ist es ein Wunder, daß sie viele Feinde hat? Ihre eigenen Ordensoberen klagten sie an – der Dominikanerorden, dem sie beigetreten ist. Haß, Intrigen mußte sie erleben von Menschen, die sie einst in ihrer Krankheit gepflegt hat. Argwohn und Verdächtigungen verfolgten sie, daß ihr freier Umgang mit Frauen und Männern einem heimlichen Laster entspringe. Aber sie hat immer darauf vertraut, im rechten Augenblick die rechten Worte zu ihrer Verteidigung zu finden.

Anfangs arbeitete sie mehr im engeren Rahmen ihrer Heimatstadt, pflegte Kranke und besuchte Alte. Doch bedingt durch die äußeren Umstände zog ihr Wirken immer größere Kreise, wurde immer politischer.

Barnabo Visconti, der tyrannisch und willkürlich über das machtvolle Herzogtum Mailand regierte – sie kann ihn vor sich sehen, seine große, ungeschlachte Gestalt. Mit seinen Feinden machte er kurzen Prozeß. Auch mit ihm ist sie in Kontakt gewesen, hat ihn um Frieden gebeten und um einen gottesfürchtigen Lebenswandel. Er hat sie nicht fortgeschickt.

Oder der gefürchtete Feldherr Aguto. Bekümmert runzelt Katharina die Stirn. Sind diese Männer nicht eigentlich wie kleine Jungen, die Krieg spielen? Tragen nicht auch sie in sich verborgen eine Sehnsucht nach Liebe, Anerkennung, Trost? An diese Regungen hat Katharina in ihren Briefen zu appellieren versucht.

Ein Stachel in ihrer Seele aber ist und bleibt der Zustand ihrer geliebten christlichen Kirche. Was hatte der Papst in Avignon zu suchen?

Dort ließ er sich nieder, weit weg von Rom, dem christlichen Zentrum der heiligen Stätte der Apostelgräber. Er hielt in Avignon Hof, ließ es sich gut gehen, schien ganz seine Aufgabe vergessen zu haben, für Frieden und Einheit in der christlichen Welt zu sorgen.
Ah, ihr Besuch in Avignon! Katharina hat nichts davon vergessen. »Sie wollen zum Papst? Er hat jetzt keine Audienz!« Eine Nonne kann warten. Es wird ja nichts Wichtiges sein. Wenn wir sie lange genug warten lassen, wird sie schon aufgeben. Das hatten sie sich fein ausgedacht. Aber Katharina blieb hartnäckig. Und endlich stand sie vor ihm – Gregor XI., Papst und Stellvertreter Gottes auf Erden! Er tat ihr leid. Wie unglücklich er war in seiner ganzen höfischen Pracht! »Eure Heiligkeit, seid ein Mann und kehrt zurück nach Rom. Das ist Gottes Wille und mein eigener.« So sprach sie damals zu ihm. Jetzt ist er wieder in Rom, zurückgekehrt aus Avignon.

Unruhig wirft sich Katharina auf ihrem Lager hin und her. Die Nacht ist lang. Früher hat sie oft die Nächte hindurch gearbeitet, sie braucht wenig Schlaf. Drei, vier Stunden, daran hat sie genug. Auch jetzt will der Schlaf sich nicht einstellen, aber sie ist zu kraftlos, um aufzustehen. Neue Bilder tauchen auf – Stationen ihres Lebens, Menschen, die ihr nahestanden... Niccolo da Toldo. Seine Stimme dröhnt in ihren Ohren: »Katharina, verlaß mich nicht. Laß mich nicht allein, wenn die Henker kommen. Ich habe Angst, so fürchterliche Angst!« Wie dunkel es war, als sie ihn zum ersten Mal in seiner Zelle besuchte! Katharina mußte ihre Augen anstrengen, um den Umriß einer Gestalt zu erkennen. Ein Mensch, an den Boden gekauert. Mit Ketten festgeschmiedet. Und so jung! Er sei gefährlich! Ein Spion, sagten sie. Einer, der die Regierung stürzen wolle, um den päpstlichen Legaten zur Macht zu verhelfen.
Niccolo sagte, er sei unschuldig. Unschuldig! Sie sagten, er habe getobt, gebrüllt, geschrien. Er habe geflucht und gelästert, Gott verflucht. Er wollte nicht aufs Schafott, zu jung zu sterben, wo ist Gerechtigkeit? Zwei Priester hatte er davongejagt, gefährlich, obwohl er in Ketten lag.
Niccolo da Toldo! Katharina sieht ihn vor sich. Eine tiefe Liebe ergreift sie. Seine Hinrichtung konnte sie nicht verhindern, Gnade ist kein Zug ihrer Zeit. Aber er wurde sanft und gelöst, versöhnt mit seinem Schicksal. Sie hat es sogar fertiggebracht, in ihm Freude zu entfachen auf die Einigung mit seinem Schöpfer, auf eine neue Gestalt in einer neuen Welt. Aber die Angst war so groß!

Der dunkle Gehweg ihrer Heimatstadt, Katharina mit einer kleinen Laterne, bemüht, nicht zu stolpern. Es war sehr früh am Morgen, noch schliefen die Bürger in Siena. Die Henker schliefen nicht. Auch Niccolo da Toldo schlief nicht. Ein unterdrückter Aufschrei, als sie seine Zelle betrat, der Schrei eines verlassenen Kindes. Er hatte nicht mehr zu hoffen gewagt, daß sie wirklich kommen würde.

Die Hinrichtungsstätte außerhalb der Stadt. Da stand der Block, auf den das Fallbeil niedersausen würde. Katharina legte ihren Kopf darauf, so, wie er es bald würde tun müssen, flehte den Himmel an, sich zu öffnen für Niccolo da Toldo. Der Gefangene wurde auf einem Karren herbeigezogen. Alle Leute sollten sehen, was mit Verschwörern geschah. Da war dieser Korb, den der Henker vor den Block stellte. Entsetzt zuckte Niccolo zusammen, als er seine Bedeutung erkannte.

»Nehmt ihn weg, er wird nicht gebraucht!« befahl Katharina. Unwillig tat der Henker, was sie sagte. Sie kniete nieder, sanft Niccolos Kopf umfassend. So sauste das Fallbeil herab. »Jesus — Katharina!« waren Niccolos letzte Worte.

Katharina stöhnt auf. »Niccolo!« Sein Bild erscheint vor ihren Augen — ganz in Licht getaucht, in Freude gehüllt, strahlend von himmlischer Gnade umfangen. Die Erscheinung ist überwältigend.

Draußen graut der Morgen des neuen Jahres, als sie endlich — erschöpft von den Bildern dieser langen Nacht — in Schlaf fällt.

Mareike Eggers

Zum Nachdenken und Diskutieren

- Woran denkt Katharina wohl, wenn sie sagt, daß sie an ihrer Kirche leidet?
- Zustände und menschliche Verhaltensweisen in meiner Kirche, unter denen ich — und andere — leiden.
- Wo möchte ich etwas ändern? Mit wem zusammen?

Lesevorschläge

Caterina von Siena, Gespräch von Gottes Vorsehung. Johannes Verlag, Einsiedeln, 1964
Louis de Wohl, Ein Mädchen aus Siena. Walter-Verlag Olten und Freiburg i. Br. Sonderausgabe 1980

Katharina Zell

Eine Hochzeit in Straßburg

Straßburg, am 3. Dezember 1523. Im Münster findet eine Trauung statt, die einer großen öffentlichen Demonstration gleichkommt, die Stadt ist auf den Beinen. Der Pfarrer heiratet, der bekannte Domprediger Mathis Zell, er heiratet die Schreinermeisterstochter Katharina Schützin. Aber heiraten – das dürfen die beiden eigentlich ja nicht, denn die Priesterehe ist verboten. Wir befinden uns am Ende des katholischen Mittelalters, in der Frühzeit der protestantischen Reformation.

Unbeirrt schreiten die Brautleute zum Altar und sprechen ihr Ehegelöbnis. Anschließend empfangen sie das Abendmahl in beiderlei Gestalt, Brot und Wein, auch das ein Verstoß gegen die Ordnung. Mit gespannter Aufmerksamkeit verfolgt die Gemeinde jede Gebärde des Priesters, der auf souveräne Art die ungewöhnliche Zeremonie vollzieht und dem Paar eine kühne, ermutigende Traurede hält. Sein Name: Martin Butzer, verheiratet mit einer Exnonne und als Flüchtling in die Stadt gekommen, wie man sich erzählt. Unter den Zuhörern sitzen Ratsherren der Stadt und zahllose Angehörige des geistlichen Standes, auch Abgesandte des Bischofs und des Domkapitels, Vertreter der Hierarchie.

Ob manche in diesem Augenblick an den anderen, unglaublichen Vorgang denken, der vor über 300 Jahren draußen auf dem Rathausplatz geschehen ist? Geschichtsschreiber haben von der Szene im Jahr 1212 berichtet: Achtzig Personen der Waldensersekte, Männer und Frauen, Priester und Laien, wurden wegen hartnäckigen Festhaltens an ketzerischen Meinungen auf Befehl des Papstes zum Tode verurteilt. Bevor man sie zur Verbrennung vor die Stadt führte, wurden ihnen vom Rathaus herab vor einer großen Menschenmenge noch einmal die Punkte vorgelesen, für die sie verurteilt wurden; sie hatten Sätze gesagt wie diese:

Christus ist mächtig genug, seine Kirche zu regieren, und bedarf dazu des Papstes nicht. Das heilige Abendmahl soll auch den Laien in beiderlei Gestalt gereicht werden. Die Ehe ist auch den Geistlichen und Mönchen erlaubt und dem unkeuschen Lebenswandel vorzuziehen.

Die Angeklagten bekannten sich zu allen ihren Sätzen. »Mit großer
Standhaftigkeit erlitten sie alle den Feuertod.«
Was wird heute, drei Jahrhunderte später, mit den Brautleuten und
dem Priester geschehen? Nach wie vor leben Menschen gefährlich,
die aus Glaubens- und Gewissensgründen mit der traditionellen Kir-
chenordnung in Konflikt geraten. Erst kürzlich hat man gehört, daß
ein Prediger in Kaisersberg im Elsaß, dem Heimatort des Mathis Zell,
beim Herabsteigen von der Kanzel ergriffen und sofort enthauptet
wurde.
Mathis und Katharina wissen, worauf sie sich einlassen: »Da unser
Eheberedung nit von... Morgengab, Silber noch Gold, sondern von
Feuer und Wasser um der Bekenntnis Christi willen war; wir gaben
auch unser Leib, Ehr und Gut Gott und seinem Sohn zum Opfer.
Darauf er (Mathis) mir auch befahl, armer und verjagter Leut Mutter
zu sein, so lang uns Gott beieinander ließe...«

Ein Kirchenbann

Vier Monate nach der Hochzeit, am Morgen des 3. April 1524, finden
die Kirchenbesucher den Bannbrief des Bischofs am Hauptportal des
Münsters angeschlagen. Bann − das bedeutet Exkommunikation,
Ausschluß aus der Christengemeinde mit Verlust aller Rechte und
Pflichten in derselben, Bedrohung auch der bürgerlichen Existenz,
wenn die weltliche Obrigkeit der Vollstreckung zustimmt, was meistens der Fall war. Können die Beschuldigten sich verteidigen, an die
Instanzen appellieren, die über Sein und Nichtsein zu entscheiden
haben?
Die Zells wie andere Gleichgesinnte versuchen diesen Weg. Es muß
doch möglich sein unter Christenmenschen und vernünftigen Bür-
gern einer freien Reichsstadt Straßburg, die Oberen durch gute Argu-
mente zu überzeugen. Straßburg gehört zu den Städten mit den meisten Druckereien. Schon Anfang des Jahrhunderts vermerkt der
Humanist Wimpfeling, daß man im Volk jetzt Leute finde, die das
Alte und Neue Testament in deutscher Sprache läsen. Die neuen
Schriften Luthers, Streitschriften, Manifeste, Flugblätter, oft mit der-
ber Verspottung der streitenden Parteien, kommen täglich auf den
Markt und finden reißend Absatz.
Zur Verteidigung oder »Verantwortung« oder »Entschuldigung« ihrer
Ehe gezwungen, beginnen die Zells einen öffentlichen Disput mit

dem Bischof. Insbesondere Katharina führt eine spitze Feder: »Drei-
oder viertausend Hurer im Bistum überseht ihr, aber ›ein froms pfeff-
lin, das sein blödigkeit (Schwäche) erkennt‹ und nach göttlichem
Gebot heiratet, das wird gemartert, eingetürmt, gestöckt, geblöckt,
vertrieben!«
Katharina hält dem geistlichen Oberhirten das sittenlose Leben der
meisten Priester vor, die in den Pfarrhäusern ganz offen mit ihren
Konkubinen zusammenleben, ohne daß Rom etwas dagegen unter-
nimmt. Sie nimmt bei der Schilderung »erheuchelter Keuschheit«
kein Blatt vor den Mund und bringt drastische Fälle aus der Umgebung, über die die Bürger sich erregen: »O Blindheit der Häupter!
Wie seht ihr einander zu! Die zu aller Ehrbarkeit geneigt sein sollten,
müssen sich selbst sagen lassen, daß einer fünf, sechs Huren hab,
der andere sieben Kindbetterinnen auf einmal und dann noch eine
hübsche Metze (Dirne) im Haus, und dergleichen Stücke viel…«
Sie findet auch Ursachen, warum sich nichts ändert, peinlich zu
hören für die Geistlichkeit: Die oberen Ränge seien selbst betroffen;
Geld sei im Spiel, denn die Kirchenkassen profitierten von den Buß-
zahlungen der Priester für Konkubinen und die »Hurenkinder«. Und
manchen Männern komme die jetzige Freiheit gerade recht: »Sollten
die Pfaffen Eheweiber haben, so dürften sie nicht mehr so wie mit
den Metzen tun, die eine wegschicken, die andere sich nehmen, denn
Paulus sagt: Ein Bischof soll sein ein Mann *eines* Weibes!« (1. Tim.
3,2; Tit. 1,6). Nirgends gebiete das Neue Testament die Ehelosigkeit
verbindlich für die Priester. Vielmehr sei die Ehe allen Menschen in
der ersten Schöpfung eingepflanzt.

Auch gegen persönliche Verleumdung muß sie Mathis Zell, ihren
Ehegemahl, verteidigen, denn die Gegner haben, da sie mit Argumen-
ten nichts ausrichten konnten, allerlei Lügengeschichten in Umlauf
gebracht. Zum Beispiel, sie »hab ihn bei der Magd funden« und, weil
sie's »nit hat wollen leiden«, habe er sie »geschlagen und zum Haus
ausgejagt«. Christen brauchen nicht alles Unrecht einfach hinzunehmen, auch Christus forderte Rechenschaft von dem, der ihn schlug!
Katharina denkt bei ihrer ersten Druckschrift »… für Mathis Zellen,
ihren Ehgemahl, von wegen großer Lügen, auf ihn erdichtet« vor
allem an das Wirken des Evangeliums in Straßburg, also an die Ge-
meindeglieder. Sie könnten an ihrem Prediger und seiner Sache irre
werden, wenn falsche Beschuldigungen nicht widerlegt werden. An
den Bischof persönlich muß sie noch härter herangegangen sein, denn

er beklagt sich bei den Stadträten, die Frau des Mathis Zell habe ihm ein Schreiben »eines heißen Inhalts« zukommen lassen mit der Drohung, es zu veröffentlichen.

Das Ergebnis dieser Initiativen: Katharinas »Schmachbüchlein« und offenbar noch andere von ihr verfaßte Schriften werden »in die Kanzlei genommen«, das heißt beschlagnahmt, sie erhält vom Magistrat eine Rüge und ihr Mann den Auftrag, auf seine Frau besser aufzupassen.

Der Bischof bleibt bei seinem Urteil. Entscheidend aber: Der Rat der Stadt verweigert die Amtsenthebung Zells und der anderen »Ehepriester« und empfiehlt dem Bischof Mäßigung in dieser Sache, es könnte sonst zu bürgerlichen Unruhen kommen, denn das Volk sei jetzt »in den heiligen Schriften und in den Rechtsfragen viel erfahrener als früher«.

Die Herkunft von Katharina und Matthäus Zell

Ins Licht der Öffentlichkeit tritt Katharina also durch ihre Eheschließung mit einem Mann in exponierter Stellung. »Wär ich nicht seines Sinnes gewesen, ich hät' ihn nicht genommen«, sagt sie schlicht. Sie war aufs Heiraten weder angewiesen noch erpicht.

Wer ist der Mann – wer ist die Frau?
»Im 1521sten Jahr hab ich, Mathis Zell, im Münster angefangen das Evangelium zu verkünden.« Das sagt ein Pfarrer, 1518 nach Straßburg berufen, nachdem er drei Jahre lang allsonntäglich und in Fastenzeiten täglich den Predigtdienst gewissenhaft versehen hatte.

Das Evangelium – was ist das eigentlich? hat man sich damals überall gefragt. Die Predigthörer in der St.Laurentiuskapelle spüren in den Ansprachen von Matthäus Zell einen neuen Geist. Sie fühlen sich persönlich angesprochen. Der Pfarrer redet nicht über abseitige Themen. Die Bibel wird lebensnah erklärt. Und die Beichte – die wird spannend. Nicht mehr das öde Ritual, wo man Sünden bekennt, die eigentlich gar keine sind, wie wenn man zum Beispiel am Fasttag einmal Butter gegessen hat oder wenn eine Frau eine Fehlgeburt hatte… Dieser Beichtiger hat Humor und macht es kurz, auch mit den Bußgeldern. Man wird nicht mehr »gemolken und geschröpft« wie früher. Doch zeigt er ernstlich, worauf man achten muß im Leben. Kein Wunder, daß die aufgeweckten Bürger ins Münster strömen.

Die Kapelle wird viel zu eng. Für »Meister Mathis« zimmern die
Schreiner der nahen Kurbelgasse eine hölzerne Kanzel, die bei Zells
Predigten in die Mitte des Münsters geschoben wird, so daß ihn alle
hören können.

Und Katharina schreibt: »Ich bin, seit ich zehn Jahre alt, eine Kirchenmutter, eine Ziererin des Predigtstuhls und der Schulen gewesen,
habe alle Gelehrten geliebt, viel besucht und mit ihnen mein Gespräch, nit von Tanz, Weltfreuden, Reichtum und Fastnacht, sondern
vom Reich Gottes gehabt. Deshalb auch mein Vater, Mutter, Freund
und Bürger, auch viel Gelehrten... mich in hoher Lieb, Ehr und Furcht
gehalten haben.«
Viel mehr ist über die Jugend der Katharina Schützin, Tochter einer
sehr angesehenen Straßburger Familie, nicht bekannt. Aber das wenige stimmt zum späteren Bild: Katharina, das Kind – schon eine
»Kirchenmutter«, eine Gottsucherin, von der Umwelt mit Ehrfurcht
betrachtet. »Dieweil mich dann der Herr von meiner Mutter Leib
gezogen und von Jugend auf gelehrt...« Das klingt fast nach Heiligen-
legenden der Kirche. Ganz ungeniert vergleicht sich Katharina später
mit Frauen aus der Bibel, allerdings auch mit Bileams Eselin, denn
sie hat Humor und kennt die Gefahren der Selbstüberhebung der
Auserwählten.
Katharina im Jugendalter: »Da meine Anfechtung um des Himmel-
reichs willen groß ward und ich in all meinen schweren Werken,
Gottesdienst und großer Pein meines Leibes, auch von allen Gelehrten keinen Trost noch Sicherheit der Lieb und Gnaden Gottes konnte
finden, bin ich an Seel und Leibe bis auf den Tod krank und schwach
worden...« Die Kämpfe und Zweifel der Menschen vor der Reformation erlebt sie in aller Härte; wir fühlen uns an Luthers Erfahrungen
im Kloster erinnert, als er sich zermarterte bei der Suche nach einem
gnädigen Gott.
Fast ekstatisch schildert Katharina dann das Erlebnis der Befreiung,
das für sie von Luthers neuer Bibelauslegung ausging: »Da erbarmet
sich Gott unser und vieler Menschen, erweckte und sandte aus, mit
Mund und Schriften, den lieben ... Doktor Luther, der mir und andern
den Herrn Christum so lieblich fürschriebe, daß ich meinte, man
zöge mich erdreichstief aus dem Erdreich herauf, ja aus der grimmen,
bittern Höll in das lieblich süß Himmelreich.« Der Leidensdruck
muß ungeheuer gewesen sein. Katharinas Geschichte – auch ein
Stück Reformationsgeschichte.

Ein Pfarrhaus neuen Stils

Bruderhofgasse, am 24. Juni 1524. Mitten in der Nacht stehen achtzig
Männer vor der Tür und bitten um Einlaß. Sie kommen aus Kenzingen, sind auf der Flucht, berichten sie. Heute morgen in der Frühe
wurde Jakob Otter, ihr Pfarrer, von der Regierung ausgetrieben. Sie,
die Männer der Gemeinde, haben ihm zum nächsten Ort Geleit gegeben und eine traurige Abschlußfeier, eine »Letze«, mit ihm gehalten.
Als sie abends zurückkehren wollten, waren die Stadttore verschlossen. Überall Bewaffnete, Söldner des Erzherzogs, die sie am Eintreten
hinderten und einen Ausfall machten, um sie zu fangen. Den Stadt-
schreiber haben sie ergriffen und abgeführt. Sie selbst seien mit knap-
per Not entronnen, hätten sich zum Rhein durchgeschlagen und ein
Schiff hierher gefunden.
Das weitere ist Katharinas Memoiren zu entnehmen, einem Rechen-
schaftsbericht der Pfarrfrau am Ende ihres Lebens: »Da im 24. Jahr
auf eine Nacht anderthalbhundert Bürger aus dem Städtlein Kenzingen im Breisgau entweichen mußten und gen Straßburg kamen, deren
ich vier Wochen lang nie minder dann fünfzig oder sechzig speiset,
wozu viel frommer Herrn und Bürger steureten und halfen erhalten.«
Während sie die Hilfeleistungen für die Männer organisiert, denkt
sie auch an die in großer Sorge zurückgebliebenen Angehörigen und
schickt ein tröstliches Sendschreiben »den leydenden Christglaubi-
gen Weibern der Gemeinde zu Kenzingen zuhanden«. Darin ermutigt
sie ihre »Schwestern in Christo«, die schwere Trübsal in Geduld
anzunehmen als eine von Gott geschickte Gabe, die er niemand gibt
als seinen allerliebsten Kindern. Es sei keine Schmach, sondern eine
Ehre, mit Christus zu leiden. Katharina redet aus Erfahrung und
gründlicher Kenntnis biblischer Geschichten, die sie den bedrückten
Gemütern anschaulich vor Augen malt.

Osterdienstag 1525. Nach dem Frühgottesdienst treffen sich Mathis
Zell, Butzer und der Mitprediger Capito, um hinauszureiten ins Land.
Das ist kein Frühlingsausflug, sondern Seelsorge in politischem Auftrag: Eine Stunde weit nach Westen beim Ort Molsheim befindet
sich das Lager der aufständischen Bauern, gegenüber das Heer Herzog
Antons von Lothringen. Die Straßburger Prediger sollen im Auftrag
des Rats die Bauern, die berechtigte soziale Forderungen an die Grundherren haben, für den Weg der Verhandlungen gewinnen. Die Lage
ist kritisch. Fast gelingt der Versuch, aber dann setzt eine radikale

Gruppe sich durch, und es kommt zur Schlacht. Das Fürstenheer mit überlegenen Waffen nimmt blutige Rache an den Bauern mit ihren Sensen und Dreschflegeln. In den nächsten Tagen flüchten sich die Frauen und Kinder der Erschlagenen schutzsuchend hinter die Mauern der Stadt.

Wieder ist es die Pfarrfrau, die gemeinsam mit der städtischen Behörde und vielen freiwilligen Helferinnen und Unterstützern für Aufnahme und Verpflegung sorgt. Katharina – eine soziale Institution; das Pfarrhaus – ein Asyl für das gequälte Volk.

September 1529. Großes Theologentreffen. Die wichtigsten protestantischen Kirchenführer aus der Schweiz und Oberdeutschland versammeln sich bei den Zells. Zwingli aus Zürich und Ökolampad aus Basel sind mit dem Schiff gekommen und wohnen im Haus. Zwei Wochen lang wird heftig diskutiert. Es geht ums Abendmahl und damit um die Einigkeit der »reformierten« Kirchen. Die Theologen bereiten sich vor auf das entscheidende Gespräch mit Luther und Melanchthon, die in dieser Frage anders denken als die Herren hier. Philipp von Hessen hat sie alle eingeladen nach Marburg auf sein Schloß. Auch Jakob Sturm, der Bürgermeister Straßburgs, Gelehrter und Politiker von hohen Graden, Schirmherr und Freund der Reformatoren, nimmt an der Frage und später an der Reise teil: Wenn diese Protestanten sich zerstreiten, sind viele bürgerliche Errungenschaften in Gefahr, wie die Besteuerung der Priester und der Kirchengüter; vor allem aber imponiert ihm die »gesunde Lehre« und das Engagement der neuen Prediger in den sozialen Folgerungen aus dem Glauben.

Was tut die Frau im Pfarrhaus neuen Stils, wenn jetzt die Männer geistlich sich beraten und politische Entscheidungen fällen? Zunächst ist Katharina unentwegt als Magd und Köchin tätig, das versteht sich. Die Herren wollen dann und wann gemütlich speisen. »Hab mich aber der Sorg und des Dienstes der lieben Martha getröstet.« Sie sieht das ein und tut das gern, es ist ja auch sonst niemand da; die »Helfer«, die Mathis hat in seinem Pfarramt, sind rührend ungeschickt in solchen Sachen.

Aber zwischendurch verfolgt sie – bruchstückweise – den Gang der Diskussion. Sie ist ja informiert und kennt die Positionen und die Fragen. Den Rest erzählt ihr spät in der Nacht der liebe Mathis, wenn endlich Ruhe ist. Die beiden sind sich einig: Schlimm wäre es für den Fortgang des Evangeliums in der Welt und alle diese Menschen, die sich mit Einsatz von Leib und Leben durchgekämpft haben zum

neuen Glauben, wenn das Gespräch in Marburg scheiterte. Die Liebe
sollte Vorrang haben unter Brüdern, die sich doch in den Hauptpunk-
ten des Glaubens gut verstehen. Mit dem Streit um die wahre Lehre
kann man es auch übertreiben.

Mathis versteigt sich zu der Behauptung, gewisse Wörtlein im Streit
ums Abendmahl seien Erfindungen des Teufels. Katharina beschließt
schon jetzt, an Luther einen Brief zu schreiben. Sie hat das später
auch getan. Die Antwort klingt – bei aller Freundlichkeit – gequält.
»Ihr wisset zu guter Maßen«, schreibt Luther der »tugendsamen Frau-
en, der Mathis Zellin zu Straßburg, meiner freundlichen lieben Freundin«, »daß wohl die Lieb soll über alles gehen und den Vorrang haben,
ausgenommen Gott, der über alles, auch über die Liebe ist. Wo dersel-
bige und sein Wort fürgeht, da soll ja bei uns die Liebe gewiß die
Oberhand haben nächst Gott...« Was mag die Frau gedacht haben
beim Lesen?

Kirchenmutter Katharina – eine Frau nicht wie andere

Im Jahr 1548, am 9. Januar, stirbt Mathis Zell im Pfarrhaus, nachts,
in ihren Armen, siebzigjährig. Sie haben noch gebetet miteinander.
Drauf tut er friedlich seine Augen zu. Am Sonntag vorher stand er
noch auf der Kanzel, seit drei Jahrzehnten nun der Münsterprediger.
Der Trauerzug ist riesig – mehr als dreitausend Bürger aller Stände
folgen der Bahre vom Pfarrhaus hinaus zum St. Urbanfriedhof vor die
Stadt. Den letzten Dienst tut Martin Butzer, Freund aus frühen Tagen.
Nach seiner Leichenrede in Deutsch und Latein ergreift die Witwe
noch das Wort. »Klagred und Ermahnung Katharina Zellin bei dem
Grab Matthäus Zellen, Pfarrers zum Münster zu Straßburg« ist der
Titel ihrer Ansprache, die sie später noch drucken läßt für alle, die
nicht dabei waren. Die Witwe wirkt gefaßt, würdigt sein Wirken für
den Aufbau der Gemeinde, erzählt von seinen Ängsten und Wünschen
für die Zukunft und redet auch die jungen Leute an – sehr menschlich, sehr konkret. Die Rede kommt spontan, unvorbereitet, sie hat's
nicht können lassen, wie sie sagt. Ein Kommentator des Vorgangs
findet sie viel zu lang, weitschweifig, eine Zumutung fürs Publikum.
Daß überhaupt eine Frau öffentlich redet und wie sie es hier tut –
ein unüblicher Vorgang.

Allein zurückgekehrt ins leere Pfarrhaus, verfällt die Kirchenfrau in
Depressionen. Selbstzweifel quälen sie bezüglich ihrer Rolle im Fami-

lienleben. Zwei Kinder waren ihnen geboren worden in den ersten Ehejahren und liegen auf St.Urban begraben wie ihr Mann. Daß sie nicht lebensfähig waren – ist sie schuld? Hat sie versagt als Mutter und als Frau?

Sie denkt darüber nach, was Inhalt ihrer Ehe war. »Da ander Weiber nach ihres Hauses Zier und Hoffart gelugt, zu den Hochzeiten, Freuden und Tänzen gangen, hab ich in aller Lieb und Treu und Mitleiden Pestilenz und Todten getragen, die Angefochtenen und Leidenden in Türmen, Gefängnis und Tod heimgesucht und getröstet, allzeit des weisen Mannes bedacht: Es ist besser in ein Klaghaus denn in ein Freudenhaus gehen. Ich hab auch, Gott sei Lob, viel darinnen gelernt

Katharina Zell, geb. Schütz

ca. 1497–1562

Ihr Geburtsdatum ist nicht genau bekannt: um 1497. Es existiert kein Porträt. Die meisten Nachrichten über ihr Leben und Wirken stammen von ihr selbst. Sie hat mehrere Schriften zu aktuellen Anlässen in den Druck gegeben. Einige ihrer Aktivitäten sind in Rathausprotokollen festgehalten. Danach ergibt sich folgendes Bild:

Sie stammte aus dem wohlhabenden Bürgertum der Stadt. Ihr Vater war der angesehene Schreinermeister Schütz, von dem sie mit Ehrfurcht und Liebe sprach. Katharina erhielt eine gute Schulbildung. Die Familie bewunderte die Tochter wegen ihres frühen Verstandes in geistigen und geistlichen Dingen. Ein religiöses Wunderkind? Von Jugend auf hielt sie sich zur Kirchengemeinde, durchlebte und durchlitt die Glaubenskämpfe der Zeit vor der Reformation, las theologische Schriften, lernte auch Luther kennen, fand zu einer neuen Sicht des Glaubens.

1523 – es war das Jahr, in dem im fernen Sachsen die Nonne Katharina von Bora aus dem Kloster Nimbschen entfloh – heiratete Katharina Schütz Matthäus Zell, den ersten protestantischen Pfarrer und »Ehepriester« am Straßburger Münster. Sie war 26, er 46 Jahre alt. Es entstand eine fruchtbare Zusammenarbeit der Eheleute bei der reformatorischen Umgestaltung und dem Neuaufbau der Kirche zu Straßburg. Er war mit Leib und Seele Prediger und Glaubenslehrer des Volkes. Sie unterstützte ihn in den harten Auseinandersetzungen der Umbruchszeit, begleitete ihn auf Reisen, las und studierte, korrespondierte mit führenden Männern und Frauen der Reformation, auch mit Luther, und nahm in Gelegenheitsschriften Stellung

und rede vor Gott, daß ich mehr Arbeit meines Leibs und Mauls getan, dann kein Helfer und Kaplan der Kirchen, gewacht und gelaufen, Nacht und Tag, und vielmal zwei, drei Tag nicht gessen noch geschlafen...«
Nicht wie andere Frauen – ein Leitmotiv in ihren Erinnerungen. Ein normales Familienleben war das nicht. Was ist überhaupt normal? Sie konnte halt nicht anders. Und Mathis hat es selber so gewollt, das weiß sie sicher. Er hat sie in ihrer Arbeit noch bestärkt, Unbequemlichkeiten in Kauf genommen »und mich sehr darum geliebt, sein Leib und Haus viel mal lassen mangeln, und mich gern der Gemeinde geschenkt«. Ein Mann – nicht wie andere Männer. Er hat

zu strittigen Fragen, mit denen sie als Pfarrfrau konfrontiert war – angefangen mit dem Recht ihrer Eheschließung mit einem Priester.
Die Zells begründeten und prägten eine neue Institution in Straßburg: das evangelische Pfarrhaus. Das Münsterpfarramt in der Bruderhofgasse wurde zu einem Zentrum der oberdeutschen Reformation. Hier fand der geistige Austausch führender Reformer statt, hier wurden kirchenpolitisch bedeutsame Entscheidungen vorbereitet: Umgestaltung der Gottesdienste und des Priesteramtes, Aufhebung der Klöster, Einrichtung von Schulen, Reaktion auf Edikte von Kaiser und Papst, Regelung des Umgangs mit abweichenden Meinungen und »Ketzern« unter den eigenen Brüdern, usw. Das Pfarrhaus wurde auch zum Zufluchtsort für die zahllosen Opfer sozialer Kämpfe (Bauernkrieg) und religiöser Verfolgung, ein Asyl. Die Pfarrfrau machte Sozialarbeit, besuchte Pestkranke, Aussätzige, zum Tode Verurteilte im Gefängnis, kümmerte sich um die Einrichtungen von Krankenhaus und Schule – alles in engem Kontakt mit der weltlichen Obrigkeit.
1548 wurde Katharina Witwe, blieb aber aktiv als »Kirchenmutter«. Wegen ihrer liberalen und aufgeschlossenen Haltung gegenüber Randgruppen der Reformation – Täufern, Antitrinitariern, Spiritualisten wie Kaspar Schwenckfeld – und der Betonung von Toleranz und Liebe unter christlichen Brüdern und Schwestern geriet sie in Konflikt mit der neuen evangelischen Kirchenleitung, verfaßte zu ihrer Verteidigung einen Offenen Brief »an die ganze Bürgerschaft der Stadt Straßburg«. Nachdem sie, selbst todkrank, als Ersatzpfarrerin zwei frommen Frauen der Schwenckfeldsekte die Grabrede gehalten hatte, bekam sie von der Stadt eine Rüge.
1562 starb Katharina Zell und wurde auf dem Sankt Urban-Friedhof als Ketzerin beerdigt. Es gab für sie kein Grabmal, auch nicht für ihren Mann. Die beiden galten den Nachfolgern im Kirchenregiment als zu tolerant in Fragen der Lehre und der Ordnung.

sie gegenüber kritischen Anspielungen seiner Freunde vonwegen Herrschsucht und geheimem Ehekrieg (»Zell steht unter der Herrschaft seines Weibes«) stets in Schutz genommen und sie scherzhaft nur »seinen lieben Helfer« genannt. Das war das höchste Lob, denn beiden ging es um dieselbe Sache, von Anfang bis zum Ende. Die Witwe tröstet sich nach tiefer Trauer, dankt Gott für Mathis und die Eheharmonie und hat im übrigen in Straßburg noch genug zu tun.

»Dein heidnisch, unchristlich, erstunken und erlogen Schreiben ist mir zukommen... Dieweil ich dann im selbigen giftigen, neidischen, erstunkenen und erlogenen Schreiben befunden, ob dich wohl Gott wunderbarlich heimsucht, dennoch kein Besserung an dir zu hoffen, sondern du für und für in schröcklichen Irrtumen, falschem Zeugnis und teuflischem Ausgeben frommer Leut verstockterweis verharrest...«
Dieser Brief kommt Katharina ins Haus, abgesandt von einem Kirchenführer neuer Art. Das Amt des Superintendenten ist gerade erfunden worden. Auch die Protestanten entwickeln jetzt eine Ämterhierarchie: Jemand muß das Sagen haben, und längst nicht alle diese »Chaoten«, die sich in Berufung auf die Bibel Christen nennen, gehören wirklich in die Kirche, sagen sie.
Katharina macht da nicht mit. Wieder geht es um Abgrenzungen und Ausgrenzungen, wieder gibt es Leute, mit denen man nicht mehr redet, die man gnadenlos aburteilt.
Eine solche Entwicklung in ihrer eigenen Kirche haben sich die Zells nicht vorgestellt und in ihrem Pfarrhaus eine andere Praxis begründet – dazumal eine Wohltat und Oase für alle umgetriebenen Menschen der neuen Richtungen des Glaubens: »Es seien die, so unserm lieben Doktor Luther angehangen, oder Zwingli oder Schwenckfeld, und die armen Taufbrüder, reich und arm, weise und unweise nach der Red des heiligen Pauli, alle haben zu uns dürfen kommen, was sind uns ihre Namen angegangen, wir sind auch nicht gezwungen gewesen, jedes Meinung und Glaubens zu sein, sind aber schuldig gewesen, einem jeden Liebe, Dienst und Barmherzigkeit zu beweisen, das hat uns unser Lehrmeister Christus gelehret.«
Katharina ist bei dem Spiritualisten Schwenckfeld in die Schule gegangen, einem Vorläufer des Pietismus, und hat wie in ihrer Jugend mit anderen Frauen in Bibelkreisen nachgedacht, was Nachfolge Jesu für das praktische Leben bedeutet. Mit bloßem Kirchgang und auch dem neuen Abendmahl ist es wohl nicht getan. Das Äußere der Kir-

che, Wort und Sakrament, tut's nicht, der Geist ist's, der lebendig macht, und die Liebe, die wir zueinander haben.

Kluge Frauen trafen sich da, die auch psychologisch argumentieren, um einen Gegner zur Selbstkritik, zu Nachsicht und Milde zu stimmen, was den Umgang mit den Andersdenkenden betrifft. »Darum seid Ihr nit so streng!« so hat Katharina den wutschnaubenden Schreiber des Briefes angeredet, ja beschworen... »Der Herr Jesus Christ rühr Euer Herz mit seinem Finger mit Gnaden an.« Aber vielleicht war die Zeit nicht reif für eine sanfte Sprache?

Am 5. September 1562, mit 65 Jahren, nach schwerer Krankheit, stirbt auch die »nachgelaßne Ehefrau«. Am Sonntag darauf wird sie begraben. Versammelt auf St. Urban sind die treuen Freunde ihrer letzten Jahre, abwesend sind die Herren von der Kirchenleitung. Die Predigt hält nicht der zuständige Gemeindepfarrer, denn er hätte sagen sollen, sie habe zwar den Armen viele Wohltaten erwiesen, sei aber zuletzt von der Kirche abgefallen; das wollte er nicht tun. So fand man einen freien Pfarrer.

Katharina, die ihr Leben lang ihr Haus für andere geöffnet hat, wird noch nach ihrem Tod ausgeschlossen.

Marie-Luise Keller

Zum Nachdenken und Diskutieren

• Was alles – Punkt um Punkt – hat diese Frau sich getraut?
• Was erwarte *ich* von einer Pfarrfrau?
• Wie erlebe ich Frauen, die sich nicht zum Schweigen bringen lassen?
• Katharina verteidigt „abweichendes Denken" – in welcher Gruppierung könnte ich sie mir heute vorstellen? Mit welchen Folgen?

Lesevorschläge

A. Schmidt-Biesalski, Hg.: Lust, Liebe und Verstand, S. 31–44, Gelnhausen/Offenbach 1981
G. E. Schweitzer: Evangelische Lebensbilder aus dem Elsaß, S. 53–90, Buchhandlung der Evangelischen Gesellschaft 1901 (in Bibliotheken)

Katharina von Bora

Ein Brief an die Tochter

Meine liebe Margarethe,
Gnad und Friede in Christo, liebe Tochter. Welche Freude, als der
Bote dieser Tage Deinen Brief brachte. Du hattest lange nicht geschrieben, und ich war schon besorgt, es könnte etwas nicht zum
Besten stehen. Wie froh bin ich deshalb, daß Ihr wohlauf seid, und
mehr noch, daß die gute Base Hanna gesegneten Leibes ist. Sie soll
nur ja recht sorgsam sein.
Wie gern würde ich ihr gleich die gute alte Muhme Lene schicken,
wäre sie nur nicht schon lange tot – Du hast sie ja kaum noch
gekannt. Sie hat mir so manches in der großen Wirtschaft abgenom-
men und tragen helfen, und sie hat viel vom Heilen verstanden, auch
von den Schwangeren. Sieh zu, daß Ihr bald eine ordentliche Hebamme findet, und schaut sie Euch vorher genau an. Nicht, daß ich
glaubte, sie könnte am Ende gar mit dem Teufel im Bunde stehen.
Nein, das ist böse Narretey und hat so mancher braven Frau schweres
Leiden und harten, bösen Tod gebracht. Aber schaut sie Euch genau
an, weil es gute und schlechte gibt, solche mit groben, ungeschlachten
Händen, auch mit bösem, losem Mundwerk, und solche mit feinen,
flinken Handwerkzeugen, die ihr Zünglein fein zu hüten wissen,
fromm und züchtig leben. Freilich, nicht alle sind so geschickt und
treu wie unsere gute alte Walpurga in Wittenberg war, die mir so
manchesmal in Kindsnöten beigestanden hat, und nicht nur mir hat
sie geholfen, auch der Barbara Cranach und der Katharina Jonas und
vielen anderen.
Es ist schön, daß die gute Hanna nun Mutter wird und Du ihr helfen
kannst, wenn ich Dich auch hier sehr vermisse, denn es gibt viel
Böses zu ertragen – aber ich will nicht klagen. Wie gern würde ich
Euch besuchen, wenn es nicht so weit und beschwerlich wäre. Es ist
auch etwas Seltsames für die Mutter, wenn die Tochter schon bald
selber Mutter werden könnte, was ich, wenn's der gnädige Gott will,
noch erleben werde. Da gehen viele Gedanken durch den Kopf.
Es ist recht merkwürdig, wie anders Vater und Mutter für die Kinder
fühlen und wie anders es noch einmal bei uns war. Ja, ich hab Euch
alle sehr lieb gehabt und hab Euch weiterhin lieb. Aber so über-
schwenglich sein wie Euer Vater, die Liebe so zu zeigen wie er, das

konnte ich nie. Gewiß, auch der Zorn, auch den konnte er besser zeigen als mancher andere, wie oft mußt' ich ihn, gerade in den letzten Jahren, zur Bedächtigkeit mahnen, wenn er gar zu arg dreinschlagen wollte.

Er ist anders gewesen, Euer Vater, anders als die anderen. Nicht allein, weil er ein großer, ein von Gott geschickter Mann war — das scheue ich mich nicht zu sagen —, der Stadt und Land, ja der ganzen Welt viel gedient hat, nein, Euer Vater war auch daheim mit Weib und Kindern anders als andere. Freilich, er hat auch gepoltert, wie der Nachbar Cranach, er hat einen Dickschädel gehabt, Euer Vater, und hat Euch, besonders Deinen Bruder Johannes, hart angefaßt, wenn's nottat, wie er selber hart angefaßt worden ist, zu hart — und es war nicht recht, daß er ihm drei Tage scharfe Rutenstreiche verabreichen ließ in Torgau, weil er seines Bruders Messer mitgenommen hatte.

Aber da war noch etwas anderes, etwas, das ich bei andern nicht so gefunden hab, eine so milde Sänftigkeit, bis dahin, daß er selber fast wieder ein Kind werden konnte. Wenn ich an das Lied denke, das er für Deine großen Geschwister geschrieben hat, »Vom Himmel hoch, da komm ich her«, wenn ich an den Brief denke, in dem er Hänschen vom Paradiesgarten erzählte, von den köstlichen Früchten, den Pferdlein mit silbernen Sätteln, den güldenen Pfeifen und Trommeln, wenn ich an all dies denke, muß ich weinen; nein, nicht vor Traurigkeit, weil das alles schon so lange vorbei ist, sondern vor Freude, weil er so war. Selten hab ich ihn vielleicht so herzlich lieb gehabt, wie wenn er mit Euch am Boden saß und spielte, Euch erzählte, mit Euch sang, Euch neckte. Wer von seinen Feinden hätte sich vorstellen können, daß er so sehr sich selbst und alle Streitigkeiten und Händel vergessen könnte! Und hätten sie's gewußt, wie hätten sie's ihm bitter gemacht. Ich werde nun wohl bald Eurem Vater nachfolgen, und ich bin froh, daß das so sein wird. Ja, ich habe ihn sehr lieb gehabt und tief geachtet, und manchmal war die Achtung stärker als die Liebe.

Aber es gab auch Zeiten, wenn ich es recht bedenke, da war es umgekehrt, da war er wie eins meiner Kinder, schwach und hilflos, verstrickt in seiner Traurigkeit, daß ich um ihn bangte und ihn nur noch liebhatte, fast wie eine Mutter. Er hat das wohl auch gespürt, selbst wenn ich's schwer zeigen konnte. »Dein Herzliebchen« hat er seine Briefe oft unterschrieben, oder »Dein altes Liebchen«, und manchmal mußt' ich lachen, wenn ich danach nochmal auf die Anrede schaute.

»Herr Käth«, das klang für Fremde wohl mehr wie Scherz, denn wer nennt sein Weib schon Herr! Aber die Freunde, die vielen, die Tag für Tag mit uns zu Tisch saßen – wo sind sie jetzt alle geblieben –, die Freunde hörten auch die Achtung, den Stolz, wußten wie er, daß ohne mich vieles ganz anders wäre, ganz anders geworden wäre, der Herr Doctor vielleicht gar nicht mehr... aber ich will das nicht fortdenken, der gnädige Gott hat alles nach seinem Wohlgefallen gelenkt. »Herr Käth«, ich hab dabei schließlich noch einen anderen Ton als Achtung und Stolz (gewiß auch Spaß und Scherz) gehört, ich hab auch die kleine Bitterkeit manchmal gehört. Ich weiß wohl, daß das nicht immer nur gut und angenehm war, ein Weib, das ein Herr ist. Einmal hat er bei Tisch erzählt, er habe mich zuerst gar nicht zum Weib haben wollen, weil er mich für hochmütig hielt, und Aurifaber hat's bestätigt. »Sicut est!« – so ist es, hat er gemurmelt. Er hat wohl gedacht, ich versteh's nicht. Ich hab ihn nur lange nachdenklich angesehen, da ist er ganz rot geworden, der Herr famulus. Aber ich habe darüber nachgedacht. Immer wieder ist es mir durch den Kopf gegangen – hochmütig? Ja, vielleicht. Ich wußte, was ich aufgegeben und verlassen hatte, und ich wußte auch, warum ich's getan hatte; es war gut und richtig bis heute, und auch in meiner Todesstunde werde ich's nicht bereuen. Und doch: achtzehn Jahre Kloster, das legt kein Mensch, keine Frau, einfach ab wie ein altes Kleid, das zerschlissen ist, auch Martinus hat's ja niemals ganz abgelegt, und sein Leben ist von Anfang an so anders verlaufen als meins.

Er ist nicht aufgewachsen im Kloster, wie ich, sondern mit 21 Jahren erst hat er sich selber dafür entschieden. Ich wurde als Kind bereits dorthin gebracht, nachdem meine gute Mutter gestorben war; habe mit sechzehn die heilige Profeß abgelegt, habe nichts anderes gekannt als das Kloster und habe dennoch gewußt, daß es mir gut ging, verglichen mit vielen anderen, denn ich hatte nicht allein Nahrung, Kleidung und Wohnung, sondern durfte lernen – ja, auch Latein, wie die Buben, wenn auch nicht so viel. Fast muß ich lachen, auch wenn's mir damals eher zornig zumute war, wenn ich daran denke, wie Euer Vater mir fünfzig Gulden versprach, wenn ich bis Ostern die ganze Heilige Schrift gelesen hätte. Nahezu zwanzig Jahre hab ich mit Gottesdienst zugebracht, und dann hab ich's auch nicht liegengelassen, hab Euch das Beten, das Singen, den Katechismus gelehrt, auch aus der Bibel vorgelesen, der Vater hat's nur noch bei Tisch abhören brauchen. Den Psalm 31 aber, den er mir besonders nahegebracht hat, den bet ich jetzt oft, er ist mir eine rechte Hilfe: »Herr, laß mich nicht zuschanden werden; denn ich rufe dich an. Die Gottlosen müssen zuschanden werden und schweigen in der Hölle. Verstummen müssen falsche Mäuler, die da reden wider den Gerechten, frech, stolz und höhnisch. Herr, auf dich traue ich, laß mich nimmermehr zuschanden werden.«

Nein, bereut hab ich's nie, daß ich das Kloster verlassen habe. Der Zwang, der falsche Zungenschlag auch oft, das Eingesperrtsein und dagegen: die neue Freiheit, die aus Wittenberg gepredigt wurde. All das unendlich viele Schuldbewußtsein über die Jahre, die Gewissensqualen, die uns gebeugt hatten, und nun plötzlich aufstehen können, Schritte tun, aufrecht gehen – ich spüre noch heute, wie ich's, ungläubig fast, versucht habe, zuerst mit schier unerträglichen Gewissensbissen und dann bald mit großer, nahezu überströmender Freude.

Manchmal versuch ich mich zu erinnern, wie das war damals, als ich mit den acht andern in Torgau ankam, aus Nimbschen, mit dem alten Koppe, Gott hab ihn selig. Mit steifen Gliedern vom Planwagen steigen, alles so fremd, so unwirklich fast. Daheim im Kloster die Schwestern bei der Ostervigil. Ob sie über unser Fehlen erschreckt, enttäuscht waren? Ich weiß noch, ich zitterte, nicht nur vor Morgenkälte, ich hatte auch – tief drinnen – Angst, war erschreckt über das, was ich getan hatte. Einen Weg zurück gab es ja nicht, aber ob es wirklich einen vorwärts gab? Ich hatte ja niemanden. Angefüllt war ich mit Unsicherheit. Wer hätte auch damals geahnt, daß der große Dr. Martinus Luther, der uns zwei Tage später in Wittenberg die Hand zum Gruß reichte, einmal Euer Vater werden würde. Er hat mir gefallen, ich habe Respekt vor ihm gehabt, große Achtung vor dem Herrn Doctor, von dem alle Welt sprach, aber an Heiraten, nein, an Heiraten hab ich damals nicht gedacht.

Wohin ich aber sollte, wußte ich nicht. Es hat sich dann alles zum Besten gefügt, es war eine gute Zeit im Haus des Magisters Reichenbach, im Haus der Cranachs, wo ich so viel von der guten Frau Barbara gelernt habe, die mir später zur treuen Freundin wurde. Wie bitter war's nur, als Hieronymus nicht mehr von Nürnberg zurückkehrte, sein Wort nicht hielt, der erste, den ich in meinem Leben liebhatte. Martinus hatte schon recht, wenn er in späteren Jahren ihm Grüße von seiner »alten Flamme« schrieb – er hatte schon recht, das brannte wie Feuer. Es war so neu für mich, so schön und süß und schrecklich zugleich. – Aber er mußte in Nürnberg bleiben, sie haben ihn nicht

mehr zu mir gelassen; eine Nonne, die das Kloster bei Nacht und
Nebel verlassen hatte, das war nichts für einen Baumgärtner.
Und dann heiratet die geflohene Nonne den Mönch, der nicht mehr
Mönch sein kann. Ach, Margarethe, wüßtest Du, wie mir dabei zumu-
te war!

Später hatte ich große Angst, als ich Deinen Bruder Johannes unter
dem Herzen trug, er könnte beschädigt sein, krank oder vielleicht
gar nicht ganz bei Sinnen. Wie hätten sie triumphiert, alle, die so
genau wußten, daß Mönch und Nonne den Antichrist zeugen müßten. Wieviel Mut, wieviel Zuversicht hat Martinus mir zusprechen
müssen. Ein gesundes, ein schönes Kind war's, das der gnädige Gott
uns geschenkt hat, aller Welt und böser Nachrede zum Trotz. Und
dann noch fünf weitere im Laufe der Jahre.
Nein, bereut hab ich's nie, daß ich das Kloster verlassen hab'. Erst
viel später hab ich dann gemerkt, was ich auch verloren hatte, auf
was ich verzichten mußte. Zeiten der Stille, der Zurückgezogenheit,
des Alleinseins, des Nachdenkens, ja, auch des ungestörten Betens,
des Bei-mir-selber-seins, das hat mir, je länger je mehr, bitter gefehlt.

Welch ein Glück, daß es dann endlich Zülsdorf gab, das Landgut, das
ich mir erkämpft habe. Du weißt, die letzte Erinnerung an meine
Familie. Endlich ein Ort, an den ich mich zurückziehen konnte, wenn
ich es mußte, um weiter leben zu können. Ich weiß, viele haben es
nicht verstanden, wenn ich von Zeit zu Zeit diesen Bienenstock in
Wittenberg verließ und allein nach Zülsdorf reiste; ›herrisch, hochmütig‹ haben sie gesagt. Mag sein. Wenn ich dort war, ja, dann war
ich hohen Mutes, hochmütig. Dann konnte ich auch den Herrn ablegen, der ich in Wittenberg so oft sein mußte.
Ich weiß, es war manchmal nicht leicht für Martinus, für Euren Vater,
ich meine, die Frau Doctorin, wie er mich auch oft genannt hat. Ich
hab ihn sein Leben lang mit Ehrfurcht als Herrn angeredet, nicht so
vertraulich Du, wie er zu mir. Ich hab das getan, weil ich viel Achtung
vor ihm hatte, aber auch, weil ich wußte, er liebte es, weil ich's ihm
leichter machen wollte, mit seinem ›Herrn Käth‹ zu leben und sich
trotzdem stark zu fühlen, als der wahre ›Herr‹ im Haus.
Wie nötig er's hatte, hat mir manche Bemerkung gezeigt, die er bei
Tisch machte, flugs mit eifrigem Nicken des Kopfes von den Herren
Mitschreiberlingen notiert, die nicht mal so viel im Kopf hatten, wie
Deinem Vater leichthin zwischen zwei Bissen aus dem Munde ging.

Wie willst Du das verstehen: »Gott hat den Mann geschaffen und ihm eine breite Brust gegeben, nicht breite Hüften, daß der Mann an diesem Ort die Weisheit fassen kann, aber der Ort, da der Unflat herausgehe, klein sei, welchs an einem Weib umgekehrt ist. Drum haben Weiber viel Unflats und wenig Weisheit.« Den Spott, nein, den hat der närrische Cordatus, dem solche Worte wohlgefielen, mit seiner breiten Mannesbrust gar nicht begriffen, viel Weisheit war nicht drin.

Oft hat mich Martinus die »Nachtigall von Wittenberg« genannt, weil ich früh auf war, mein großes Tagwerk früh begann, aber ich weiß, manchmal ist's ihm auch sauer geworden, daß ich nicht nur die Nachtigall von Wittenberg war, früh auf, um für Hausstand, Kinder, Gesinde, Gärten, Vieh zu sorgen, sondern auch sonst manches Wörtchen mitredete. Die bald so berühmte Schrift gegen Erasmus hätte es ohne mein Drängen, mein Mahnen kaum gegeben. Die Drukker hätten wohl auch in manchem nachlässiger gearbeitet, und wovon wir alle hätten leben sollen ohne mein Rechnen und Planen, Gott weiß es.

Martinus selber hat einmal die ›wunderliche Rechnung‹ aufgemacht, über die ich recht lachen mußte, schreibt er doch: »Ich habe eine wunderliche Haushaltung, ich verzehre mehr als ich einnehme, ich muß jedes Jahr 500 Gulden in der Haushaltung für die Küche haben, zu geschweigen der Kleider, anderen Zierats und Almosens, da doch meine jährliche Besoldung sich nur auf 200 Gulden beläuft.« Ach, Margarethe, was hat Dein kluger, frommer Vater schon von Haushaltung verstanden, soviel wie die Kuh vom Singen. Wie hätten wir wohl alle von seinen 200 Gulden leben sollen, und dazu noch große Geschenke machen, denn Dein Vater hatte immer eine weite, offene Hand, viel zu offen oft.

Die Herren Drucker, die sind an ihm und seinen vielen Schriften fett und reich geworden, aber für uns, für die vielen Gäste, die Kranken, die Habenichtse, das elend Gesindlein, die vielen Mönche und Nonnen, die nicht wußten, wo bleiben, für die alle mußte ich sorgen. Da hat er dann wohl manchmal bei Tisch wie Salomo das Lob des tugendsamen Weibes gesungen, und − ich geb's ehrlich zu −, manchmal hab ich mir gewünscht, es sollt ihm die Gurgel ein wenig verstopfen. »Der Mann verläßt sich auf sie und vertraut ihr alles. Da wird's an Nahrung nicht mangeln. Sie arbeitet und schafft gern mit ihren Händen, zeuget ins Haus und ist wie ein Kaufmannsschiff, das aus fernen Landen viel Ware und Gut bringt. Frühe stehet sie auf, speiset ihr Gesinde und gibt den Mägden ihr bescheiden Teil. Sie denkt einem Acker nach und kauft ihn und lebt von der Frucht ihrer Hände. Sie verhütet Schaden und siehet, was Frommen bringt. Ihr Schmuck ist, daß sie reinlich und fleißig ist«, hat er gern zitiert. Das ist nun alles lang her, die Wirtschaft ist klein geworden im Schwarzen Kloster.

Gar manches Mal hat er sich lustig gemacht über mich und meine Besorgnis, Euer Vater. Hätt ich ihn nur nicht fahren lassen ins Mansfeldische, mitten im bittern Winter. Die Brüder, die haben kaum drauf geachtet, daß der harte Wind nicht durch den Wagen pfiff, daß der Vater gleich einen heißen Trunk bekam, eine warme Stube. Ich hatte schon recht mit meiner Besorgnis, auch wenn er's nicht gelten lassen wollte, mir vorhielt. Nur acht Tage vor seinem Tod schrieb er noch:

Katharina von Bora, verheiratete Luther

1499–1552

Katharina wurde am 29. Januar 1499 in Lippendorf in Sachsen geboren. Die Familie stammte aus einem alten meißnischen Adelsgeschlecht, war aber verarmt, Katharina hatte keine Aussicht auf eine reiche Aussteuer. Als die Mutter starb, gab der Vater das Kind ins Kloster Nimbschen. Dort wurde sie Nonne.

Als sie 24 war, floh sie mit acht anderen Nonnen über die Klostermauer und kam nach Wittenberg, wo der berühmte ehemalige Mönch Dr. Martin Luther predigte und theologische Vorlesungen hielt. Die wittenbergische Nachtigall wurde er genannt, weil er in ganz neuen Tönen von Gott zu reden und zu singen verstand.

Zwei Jahre später heiratete Katharina diesen Doktor Luther. Für eine fast besitzlose, entflohene Nonne, mochte sie noch so gebildet, klug und tüchtig sein, gab es kaum eine andere Möglichkeit als eine Heirat. Luther war 41, Katharina 26 Jahre alt.

Bald saßen eine Schar Kinder mit den Eltern um den Tisch, zwei Töchter und drei Söhne, dazu meist Luthers Gäste, Gelehrte, Studenten.

Als Luther starb, war Katharina 47 Jahre alt. Oft war sie in Geldnot. Mit 53 mußte sie zum wiederholten Mal Wittenberg verlassen und starb unterwegs in Torgau an den Folgen eines Sturzes.

Ihr Grab ist in Torgau.

Der heiligen, besorgten Frau, Frau Katherin Lutherin, Doktorin, Zülsdorferin, zu Wittenberg, meiner gnädigen, lieben Hausfrau.
Gnad und Friede in Christo! Allerheiligste Frau Doctorin! Wir danken Euch ganz freundlich für Eure große Sorge, vor der Ihr nicht schlafen könnt. Denn seit der Zeit, seit der Ihr für uns gesorgt habt, wollte uns das Feuer verzehrt haben in unserer Herberge, hart vor meiner Stubentür. Und gestern, ohne Zweifel aus Kraft Eurer Sorge, wäre uns schier ein Stein auf den Kopf gefallen und hätte uns zerquetscht wie in einer Mausefalle. Denn es rieselte in unserem heimlichen Gemache wohl zwei Tage über unserem Kopf Kalk und Lehm, bis wir Leute dazu nahmen, die den Stein anrührten mit zwei Fingern: Da fiel er herab, so groß wie ein langes Kissen und eine große Hand breit, der hatte im Sinn, Euer heiligen Sorge zu danken, wenn die lieben Engel nicht gehütet hätten. Ich habe Sorge, wenn Du nicht aufhörst zu sorgen, es könnte uns zuletzt die Erde verschlingen und alle Elemente verfolgen. Lernst Du so den Katechismus und das Glaubensbekenntnis? Bete Du und lasse Gott sorgen. Dir ist nicht befohlen, für mich oder Dich zu sorgen. Es heißt: »Wirf dein Anliegen auf den Herrn, der sorget für dich«, Ps. 55, 23, und an vielen Stellen mehr. Hiermit Gott befohlen. Wir wollten nun fortan gern los sein und heimfahren, wenn's Gott wollte, Amen. Am Tag Scholasticae 1546.
Euer Heiligkeit williger Diener
Martin Luther

Nein, leicht hat's der Martinus auch nicht gehabt mit mir, dem Herrn Käth, der Frau Doctorin, ich weiß, aber er hat's so wollen.
Aber die Herren Famuli und Magister, die mit uns lebten, mit am Tisch saßen, wie oft sind sie unwillig geworden, haben mir böse Blicke zugeworfen, wenn ich im Gespräch etwas sagte, etwas Kritisches vor allem, wenn's wieder zu hochfahrend wurde. Ich muß mich immer noch freuen, wenn ich daran denke, wie einer von ihnen einem Gast, der zum ersten Mal zwischen uns saß, erbost zuflüsterte: ›Beständig unterbricht sie ihn, wenn er das Beste sagt.‹ Ja, manchmal war's schon nötig.
Aber ›hochmütig‹, das geht mir nicht aus dem Sinn. Ja, es war wohl als hochmütig zu verstehen, daß ich den Doctor Glatz ausschlug, nachdem Baumgartner sich schon so schwach gezeigt hatte. War's nicht besser, allein zu bleiben — wenn's auch sehr schwer werden würde —, als einen Menschen wie Glatz zu heiraten? Was hätte ich dort tun, wie denken, wie leben sollen? Dann schon lieber Amsdorf

oder Luther, hab ich mir gesagt, es mußte ja nicht sein – sie waren
beide auch eigentlich schon zu alt zum Heiraten.

Wenn ich mir's heute überlege, dann war es wohl gut, dann hat's
wohl der liebe Gott so gewollt, daß der Herr Doctor mich nicht aus
Liebe geheiratet hat, wie er auch später noch kaum müde wurde zu
sagen – aber ich war auch nicht verliebt, hab's ihm nur nicht gesagt.
Geheiratet hat er mich ›dem Teufel zum Trotz‹, ›dem Ehestand zur
Ehr‹, ›dem Vater zu lieb‹ und was noch Gründe mehr sind. Ja, und
vielleicht war daran auch was Gutes, weil er mir so die Freiheit lassen
konnte, die ich brauchte. Ich konnte sein, die ich war und werden
wollte, und er konnte lernen, mich so, wie ich war und wurde, lieb
zu haben. Und er hat mich lieb gehabt, sehr. Und ich ihn mit der
Zeit auch. Du weißt es, Margarethe, und Deine Brüder auch.

Es hat ihm keine Ruhe gelassen und hat ihm manche Beschwernis
und Bekümmernis gemacht, was einmal aus seiner Käthen werden
sollte, wenn sie Witwe sein müßte. Er hat es geahnt, ja er hat seine
Wittenberger gut gekannt, er hat gewußt, wie's mir ergehen würde
nach seinem seligen Heimgang.

Und ich hab nicht gesehen, wie recht er hatte, hab nicht denken
können, wie schwer sie's mir machen hier, wenn er einmal nicht
mehr ist. Was ist schon die Frau von einem großen Mann, auch wenn
sie ihr Leben lang dazu geholfen hat, daß er zu dem werden konnte,
was er war. Wäre schließlich nicht der gnädige Herr, der Kurfürst,
gewesen, sie hätten mir nicht einmal Haus und Güter gelassen. Einer
Witwe, so heißt es, soll nach dem Tod ihres Mannes ein Stuhl und
ein Spinnrocken bleiben, vielleicht gerade noch ein Bett und die
Kleider, die sie am Leib trägt. Nein, Euer Vater hat das nicht leiden
mögen, er hat mir schon vor langer Zeit gesagt: »Ich weiß kein Testament zu stellen. Meine Bücher sind vorhanden, die hinterlasse ich
meinen Kindern; mögen sie sehen, daß sie nicht klüger seien, als die
Väter waren. Dich, Käthe, setze ich zur Erbin von allem ein. Du hast
die Kinder getragen, hast ihnen die Brust gereicht; nicht zu ihrem
Nachteile wirst Du ihre Sache führen. Den Vormunden bin ich feind,
sie machen's selten gut.«

Er hat dann doch sein Testament auch schriftlich hinterlassen, der
Dr. Pommer, Kruziger und Melanchthon waren Zeugen, und hat mir
alles Hab und Gut als Leibdinge hinterlassen. Nur, Rechtskraft hat
es nicht gehabt, ein solches Recht gab's nicht in Sachsen, da sollten
Witwen an den Bettelstab, ihren Vormund, den Kindern untertan
sein. Unser Gnädiger Herr hat's dann für Recht und gültig erklärt,

nur um den Vormund hat's noch Streit gegeben. Aber ich will das ruhen lassen, Du weißt es auch.

Du wirst, meine liebe Tochter Margarethe, nun bald selber heiraten. Dein Mann wird in vielem sehr anders sein, als es Dein Vater war, und Du wirst das sein, was man ein ›braves Weib‹ nennt. ›Herr Margareth‹ wird er Dich nicht nennen, 's ist auch gut so, Du hast's bei Deiner Mutter schon schwer genug ertragen können, mochtest immer anders sein und bist's auch geworden. Und das muß wohl so sein. Vielleicht wirst du eine Tochter haben, bei der Du plötzlich ›Herr Käth‹ denken wirst. Wie merkwürdig, wie fremd und wie vertraut wird Dir das vorkommen. Aber lebe Du getrost, wie Du mußt. Keiner wird Dich hochmütig nennen, und so wirst Du vielleicht auch nicht den Kleinmut kennenlernen, der mich von Zeit zu Zeit heimgesucht hat. Stärke ist teuer erkauft.

Magdalena, Deine Schwester, wäre wohl einen anderen Weg gegangen als Du, sie hat keine Ruhe gehabt, hat gefragt, hat immer wissen wollen. Aber Euer Vater hätt' es wohl kaum gelitten, daß sie mehr lernt, als Du gelernt hast, denn Lernen und Studieren, das ist ja nur wichtig für die Brüder, hat er immer gesagt, für die Knaben, damit die Männer recht regieren. Nur, daß die Frauen in Wirklichkeit oft mehr das Regiment führen, ich weiß nicht, ob er's überhaupt richtig gesehen hat, hat sehen können. Manchmal, das will ich Dir auch nicht verhehlen, jetzt wo's aufs Ende zugeht, manchmal hab ich schon merkwürdige Gedanken gehabt, und ich hab mich auch ein wenig geschämt dafür. Ich hab mir gedacht, wie das eigentlich wäre, wenn der Heilige Paulus sich vielleicht geirrt hätte mit seinem Befehl, daß Weiber in der Kirche schweigen sollen, was dann Martinus und die anderen vorbringen wollten dagegen, daß auch Frauen predigen. Und dann hab ich mir weiter gedacht, wie das wohl klingen würde, wenn eine Frau, wenn *ich* da oben auf der Kanzel stünde, nein, gewiß nicht immer, aber dann und wann. Manches Wort in der Heiligen Schrift hab ich ganz anders verstanden, als ich's dann aus dem Mund von Martinus oder Pommerus gehört hab. Und dann auch: die Schwestern in Nimbschen, im Kloster, sind nicht dumm gewesen, auch nicht einfältig, gewiß nicht dümmer als die Herren studiosi, die Herren famuli und magistri, die kluge Reden bei Tisch geführt haben und mir den Mund stopfen wollten. Nein, dümmer sind sie gewiß nicht gewesen, nur anders. Aber das mag denn wohl auch entscheidend sein vor der Welt. In den Kopf hinein will es mir freilich nicht. Ich habe, meine liebe Margarethe, ein gutes Leben gehabt, alles in allem, und ich will nicht, daß jetzt, wo es dem Ende zugeht, Bitterkeit aufsteigt über die mancherlei Unbill und Leiden. Es ist schwer, Du weißt es, hast es miterlebt, so oft auf die Flucht gehen zu müssen, so viel Kriegsgeschrei zu hören und bei all dem ein armes, verlassenes Weib zu sein. Hätte ich nicht immer wieder Deine Brüder und Dich gehabt, ich lebte wohl nicht mehr. Und gar bitter ist mir's auch, meine armen verwüsteten und verheerten Güter zu sehen, und keiner, der mir hilft, alle sehen nur zu, wo sie mir schaden können. Meine liebe Margarethe, das Licht geht zur Neige, ich habe Dir einen langen Sermon geschrieben und werde mich freuen, bald wieder zu hören, wie es Euch ergeht.

Wolle der gnädige Gott mir recht bald ein seligs Stündlein bescheren. Ich grüße Dich, und gib Grüße auch an Hanna und die Ihren, Deine alte Mutter
Katharina Lutherin

Angelika Schmidt-Biesalski

Zum Nachdenken und Diskutieren

- Was erfährt die erwachsene Tochter über das Leben und den Glauben ihrer Mutter? Über Katharina als Ehefrau, Hausfrau, Mutter, als gebildete Frau, einstmalige Nonne?
- Frauen berühmter Männer wurden und werden oft unterschätzt in ihrem Anteil am Schaffen des Mannes. Wie sehe ich das bei Katharina Luther?
- „Hinter jedem erfolgreichen Mann stehen drei Frauen." Was steckt hinter diesem Ausdruck?

Lesevorschläge

A. Scheib: Kinder des Ungehorsams (Historischer Roman über Martin Luther und Katharina von Bora), München 1985
B. Beuys: Martin Luther (Gut lesbare Biographie), Hamburg 1983
Ingelore M. Winter: Katharina von Bora. Ein Leben mit Luther, Düsseldorf 1991

Teresa von Avila

Ganz Avila ist außer sich: »Die Frau spinnt!« Ganz Avila ist einer Meinung: »So etwas darf eine Frau nicht.«
Avila ist eine kleine spanische Stadt westlich von Madrid. Die Frau, der die Aufregung gilt, heißt Doña Teresa de Ahumada. Sie ist eine Nonne aus dem Karmelitinnen-Kloster »De la Encarnación – Zur Menschwerdung Jesu Christi«. Mehr als einmal schon ist sie der Inquisition aufgefallen durch ihre eigenwilligen Berichte über Erlebnisse in der Meditation. Am 24. August 1562 stürzt sie Avila in den Skandal.
Unter dem Vorwand, sie müsse ihrer verheirateten Schwester Juana beim Umzug helfen, entweicht Doña Teresa im ersten Schein der Morgendämmerung aus dem Kloster »Zur Menschwerdung«. Am anderen Ende der Stadt trifft sie sich mit vier jungen Nonnen. Gemeinsam besetzen sie im Quartier San Roque ein ärmliches Haus, an dessen Instandsetzung sie seit Wochen heimlich gearbeitet haben. Dann sehen die fünf Frauen einander an. Sie wissen, was ihnen bevorsteht. Beherzt zieht Doña Teresa am Strick.
Die Glocke – aus zweiter Hand billig gekauft – hat einen Sprung. Das Gebimmel jagt ganz Avila aus dem Bett. Im Nu verbreitet sich die Kunde: Doña Teresa hat mit vier Freundinnen ein eigenes Kloster gegründet. Ein Reformkloster. Sie nennt es »Zum heiligen Josef von Avila«. Das klingt weiß Gott harmlos.
Es dauert ein paar Stunden, bis den Bürgern von Avila klar wird, was es bedeutet: Das neue Kloster hat keine Rente! Kein Vater, kein Bruder hat eine Versorgungs-Zusage unterschrieben. In völliger Bedürfnislosigkeit wollen die fünf Frauen sich der Meditation widmen. Mit eigener Arbeit, mit Weben und Nähen, wollen sie sich durchbringen. Aber weiß man nicht, in welche moralischen Tiefen Frauen fallen, wenn sie sich selber durchbringen wollen?
Der zuständige Mönch, Pater Angel, wird aus dem Bett geholt. Er hat keine Ahnung. Die fünf Frauen haben völlig eigenmächtig gehandelt. Den Ehrwürdigen Pater Provinzial der Karmeliten haben sie übertölpelt!
Jetzt machen die Händler und die Handwerker von Avila ihre Läden zu. In Scharen ziehen Männer und Frauen vors Rathaus: »Schützt unsere Kinder!« Ein Krisenstab tritt zusammen, bestehend aus den Spitzen aller kirchlichen und politischen Behörden der Stadt.

Das zuständige Gericht, das Consistorio, wird einberufen. Es beschließt, das illegale Kloster zu räumen und die aufsässigen Frauen auseinanderzujagen – wenn nötig mit Gewalt.

Um die Gewalt kümmert sich bereits das gesunde Volksempfinden von Avila. Männer und Frauen wälzen sich durch die engen Gassen hin zum winzigen Frauenhaus »Zum heiligen Josef«. Die einen werfen Steine. Die anderen rammen die Tür. Im Chor erklingt das Hohngelächter: »Loca! Loca! Spinnerin!«

Spinnerin? Heute, vierhundert Jahre danach, gilt Teresa von Avila als große Heilige der katholischen Kirche und als Klassikerin der christlichen Meditation. Papst Paul VI. hat ihr 1970 den höchsten katholischen Ruhmestitel verliehen: »Doctor Ecclesiae – Lehrerin der Christenheit«. Warum war sie dann für so viele ihrer Zeitgenossen eine Spinnerin?

Nur eine Tagesreise ist's von Avila nach Salamanca, zur glanzvollsten Universität des Jahrhunderts. Dort hat Professor Domingo de Soto (1495–1560) gerade gelehrt: »Von allen kirchlichen Würden auszuschließen sind Frauen, ferner Zwitter, die eher Frauen sind als Männer, sowie Mißgeburten, Scheusale und unheilbar Geisteskranke.«

Dem mächtigsten Heiligen der Epoche, dem Gründer des Jesuiten-Ordens, Ignatius von Loyola, fällt in den »Geistlichen Exerzitien« kein frömmeres Bild ein als dieses: »Der Satan verhält sich wie eine Frau.«

In eine solche Welt wird am 28. März 1515 Teresa de Ahumada geboren. »Wenn ich daran denke«, schreibt sie in ihrer Autobiographie, »daß ich als Frau geboren bin, dann fühle ich mich wie gelähmt.«

Sieben Brüder hat sie. Alle sieben brechen auf nach Amerika, hinter Columbus her. Einer nach dem andern. Fernando, der älteste, landet in Peru und erobert mit Francisco Pizarro das Reich der Inka. Rodrigo, ihr Lieblingsbruder, bricht auf zum »Silberstrom«, zum Rio de la Plata. Alle sieben werden zurückkehren auf Schiffen voller Silber und Gold. Und mit Geschichten von den größten Abenteuern, die Europäer je erlebten.

Und sie? Bevor Rodrigo aufbricht zum Silberstrom, vermacht er der Schwester sein Teil vom väterlichen Erbe. Damit sie gut versorgt zurückbleibt.

Daheim sitzt sie und liest die gleichen Kitsch-Romane wie schon ihre Mutter: über »Amadis« und »Lisuarte«. Darin erfährt sie, daß einer jungen Frau auch ein kurzes Abenteuer zusteht. Das ist die Romanze, die zur Heirat führt.

»Sobald ich spürte«, schreibt Teresa von Avila in ihrer Autobiographie, »daß ich einem Mann gefiel und er mir, erfaßte mich eine solche Zuneigung zu ihm, daß ich ohne Unterlaß an ihn denken mußte.« Pedro heißt er. Für ihn parfümiert sie sich mit Muskat und Bergamotte. Für ihn bindet sie ihre Haare hoch nach der Mode des Hofes in Madrid. Für ihn schmückt sie sich mit einer Kette aus Gagat, weil das so gut zum dunklen Feuer ihrer Augen paßt. Eines Nachts steckt Pedro der Magd ein paar Dukaten zu, damit sie ihn auf Teresas Zimmer läßt.

Und dann? Es geht Teresa mit Pedro wohl, wie es vielen jungen Frauen geht: Er hinterläßt in ihr mehr Verachtung als Sehnsucht. Heiraten? »Nie ist es mir gelungen«, erinnert sich die Nonne, »meinen Verstand jemandem unterzuordnen, dem es daran fehlt.« Die Ehe aber ist Unterordnung. Intrigieren, ja. Aber offen dem Ehemann widersprechen? Das ist undenkbar für eine spanische Frau ihrer Zeit. Sie denkt an ihre Mutter: mit 15 verheiratet und geschwängert, von einem Kindbett ins andere geworfen, immer leidend, immer lächelnd, mit Kitsch-Romanen getröstet, mit jedem Kindbett schwächer, mit 27 tot.

»Welche Gnade«, schreibt Teresa, »wenn Gott einer Frau die Tyrannei eines Ehemannes erspart. Sehr oft richtet er ihren Körper zugrunde. Und manchmal auch die Seele.«

Alle Skandale der Teresa finden statt im ersten Morgenlicht. In der fahlen Dämmerung eines Novembermorgens steht 1535 eine junge Frau vor der Pforte des Karmelitinnen-Klosters »Zur Menschwerdung«. Sie zittert vor Todesangst. Nicht nur fühlt sie sich außerstande, sich einem Eheherrn unterzuordnen. Auch ihrem Vater hat sie den Gehorsam aufgekündigt. Trotz des strengen Verbotes dieses spanischen Patriarchen wird Teresa mit 20 Jahren Nonne.

Seit drei Jahren hat sie mit diesem Gedanken gespielt. Denn es gibt ein zweites, ein wirklich großes Abenteuer, das auch der Frau offensteht: die Entdeckungsreise nach innen. Die Kunst, zu sich selbst zu kommen, das Abenteuer der Seele in der Meditation.

Schon im Mittelalter waren die Frauenklöster Schulen der Meditation. Welcher Mann jener Zeit hätte sich an innerer Erfahrung messen können mit der großen Mechthild von Magdeburg, mit der heiligen Hildegard von Bingen? Die braun und weiß gekleideten Karmelitinnen – der Orden stammt ursprünglich vom Berg Karmel in Palästina – gelten schon damals als der Meditation besonders zugewandt. Bei ihnen tritt Teresa ein.

Es ist das Wesen jedes Abenteuers, daß es scheitern kann. Der Aufbruch der Teresa zu Gott endet in der Katastrophe. Es geht ihr, wie es auch heute jedem Anfänger in der Meditation geht: Sie entdeckt in sich gar nichts. Nichts außer Angst und Langeweile. Keiner kommt in der Meditation voran, wenn er sich nicht zuerst in diese Erfahrung fügt. Aber Teresa und sich fügen? Sie geht mit ihrer Seele, sie geht mit Gott um wie ihre Brüder mit dem Gold der Inka. Alles will sie haben und sofort. Sie stürzt ins Leere. Ihr Vater, der sie im Kloster besucht, ist über ihren Gesichtsausdruck entsetzt.

Zuerst bekommt sie Schwindelanfälle und Magenkrämpfe. Sie leidet unter Schlaflosigkeit. Dann verschlimmert sich der psychische Krampf. Neun Monate lang ist sie am Körper gelähmt. Die Ärzte geben sie auf. Am 15. August 1539 geht die Nachricht durch Avila: »Doña Teresa de Ahumada ist tot.«

Kein Atem trübt den Spiegel vor ihrem Mund. Heißes Wachs wird auf ihre Augenlider geträufelt – sie bewegen sich nicht. Sie wird gewaschen, in Leinentücher gehüllt und aufgebahrt. Es beginnen die langen spanischen Totenwachen. Am vierten Morgen – ihr Grab ist schon ausgehoben – schlägt Teresa die Augen auf.

»Auferstanden von den Toten?« So himmlisch ist das nicht. Sie hat die Nervenkrankheit überlebt. Aber ihr Lebensmut ist gebrochen. Sie gibt sich auf. Zum erstenmal in ihrem Leben paßt sie sich an. Hilflos, willenlos bemüht sie sich, nur noch zu sein wie alle anderen. Hundertachtzig Nonnen hat das Kloster »Zur Menschwerdung«. Die meisten heiratsfähigen jungen Männer sind ja nach Amerika gezogen. Viele kommen dort um. Von den in Spanien verbliebenen Männern ist schätzungsweise jeder vierte Priester oder Mönch.

Hohe Schule der Meditation? Ach Gott. Das Kloster »Zur Menschwerdung« ist nicht mehr als eine Kaserne zur Versorgung von möglichst vielen unverheirateten Frauen aus gutem Hause. Indes eine komfortable Kaserne.

Teresa de Ahumada ist aus gutem, aus adeligem Hause. Ihr Vater hat sich nachträglich doch zu einer standesgemäßen Rente verpflichtet. Viel bequemer, aber auch viel deprimierender, als wenn sie geheiratet hätte, ist Teresa jetzt in ihrem Zwei-Zimmer-Appartement im Kloster »Zur Menschwerdung« versorgt. In einem nutzlosen Monsterbetrieb voller Intrigen und Geschwätz. »So«, schreibt sie, »lebte ich viele Jahre.«

Die Lebensmitte ist oft eine gute Zeit für Menschen, die in der Jugend unter unerträglich starker Angst gelitten haben. Mit 38 erst fängt

sich die Nonne von Avila. Vor einem Bild des Gekreuzigten löst sich ihre Verkrampfung in Tränen. Sie erlebt ihre »zweite Bekehrung«. Gibt es nicht einen deutschen Mönch, dem es ähnlich ergangen ist? Von dem wortwörtlich der Satz stammen könnte, den sie niederschrieb: »Nicht so sehr aus Liebe zu Gott bin ich Nonne geworden; es geschah vielmehr aus der Angst eines unfreien Menschen.« Martin Luther. Gewiß, er ist ein deutscher Ketzer und sie eine spanische Heilige. Aber in der radikalen Besinnung auf Gott sind die beiden einander ähnlich wie Bruder und Schwester. »Durch den Glauben allein«, sagte er. »Gott allein ist genug«, sagt sie. Und wie er erlebt sie die göttliche Gnade: »Die Kräfte wachsen mir zu, ich weiß nicht wie. Sie sind mir geschenkt. Ich strenge mich nicht an, sie zu erlangen.«
Aus dem hysterischen Fräulein wird eine souveräne Frau.

Was tut sie an jenem dramatischen 24. August 1562, als die Stadtpolizei von Avila aufmarschiert, um ihre Klostergründung, das Josefsklösterchen, zu stürmen und die fünf unbotmäßigen Nonnen zu verjagen? Papier gegen Papier. Ungerührt hält sie dem richterlichen Räumungsbefehl eine päpstliche Verfügung entgegen, die jeden, der ins Kloster eindringt, mit der Exkommunikation bedroht. Diese Verfügung (Reskript) hat sie sich in Rom besorgen lassen, unter Umgehung des gesamten spanischen Amtsweges. Und sie nützt fürs erste. Die Polizei zieht ab. Etwa ein halbes Jahr später fängt Avila an, sich an die religiöse Frauenkommune zu gewöhnen.

Nach dem Muster von Avila gründet Teresa nacheinander in ganz Spanien siebzehn Klöster. Immer ist es eine Hausbesetzung im frühen Morgengrauen, wenn die Christenheit schläft. Bei Verhandlungen mit Behörden und Geldgebern ist sie schlau und zäh wie eine Geschäftsfrau.
Als wichtigste Reform führt sie in ihren Klöstern zwei Stunden stille Meditation am Tag ein. Eine unglaubliche Kühnheit, bedenkt man, daß an der Universität in Salamanca die Lehrmeinung vorherrscht, eine Frau sei von Natur aus unfähig zur Meditation.

1575 hat Teresa wieder mit den Hütern der Ordnung zu tun. Aber diesmal ist es nicht mehr die harmlose Stadtpolizei von Avila. Es sind die allmächtigen Väter von der Heiligen Inquisition zu Sevilla. Teresa maße sich, so der Vorwurf, Dinge an, die nur ein Mann, nur ein Priester oder Mönch, tun dürfe. Zum Beispiel predige sie und höre Beichte.

In dieser großen Gefahr verkriechen sich alle männlichen Freunde. Teresa aber stellt sich dem Verhör gelassen und voll souveräner Freundlichkeit. Nur dadurch kommt sie davon. Um sich vor der Inquisition zu schützen, wechselt sie häufig die Beichtväter und sonstigen Aufpasser, die Berichte über ihre Visionen an die Kirchenbehörden liefern.

Hat Teresa Schwierigkeiten mit den Jesuiten, hält sie sich an die Dominikaner. Hat sie Streit mit den Dominikanern, hält sie sich an die Franziskaner. Hat sie Streit mit allen Männerorden, dann hält sie sich an den heiligen Johannes vom Kreuz.

Ganz kleingewachsen ist der Karmeliter-Mönch aus Salamanca und siebenundzwanzig Jahre jünger als sie. Große schwarze Augen hat er

Teresa von Avila

1515–1582

Teresa de Capeda y Ahumade, wie sie mit vollem Namen hieß, wurde am 28. März 1515 in Avila geboren. Sie hatte elf Geschwister. Im Alter von vierzehn bis achtzehn dachte und lebte sie wie alle adligen Spanierinnen ihrer Zeit, sie plante zu heiraten.

Doch 1535 trat sie überraschend in das Kloster der Karmeliterinnen in Avila ein, wollte Gott dienen mit aller Leidenschaft. Aber der Konflikt zwischen ihrer Liebe zu Gott und der Liebe zur Welt stießen sie in tiefe Krisen und lebensbedrohende Krankheit.

Erst nach achtzehn Jahren, nach tiefen mystischen Erlebnissen, erfuhr sie innere Befreiung und wurde nach außen aktiv.

Mit ihrer Klosterreform schuf sie Zentren der Meditation, die eine neue Hinwendung zu Gott bewirkten – und zu tatkräftigem christlichem Handeln führten.

Innerhalb von zwanzig Jahren gründete Teresa siebzehn Klöster. Daneben verfaßte sie sprachkräftige Lehrschriften, die von ihren Visionen berichteten.

Teresa starb am 4. Oktober 1582 im Kloster in Alba de Tormes, bis heute wird dort ihr Herz verehrt.

Vierzig Jahre später wurde sie heiliggesprochen.

1970 bekam sie von Papst Paul VI. den Titel einer Kirchenlehrerin zuerkannt, wie damals neben ihr als Frau nur Katharina von Siena.

und eine poetische Seele. Von Anfang an hat sie ihn gemocht. »Es ist unmöglich«, schreibt sie, »mit Johannes vom Kreuz über Gott zu reden, ohne daß er nicht sofort in Ekstase fällt und ich mit ihm.« An ihrer Seite wird er zum größten Mystiker der katholischen Kirche. Es gibt nur eines, was Teresa Gott nie verzeihen wird. Das ist die Folterung, die der heilige Johannes vom Kreuz im Kirchen-Gefängnis zu Toledo aus Treue zu ihr erduldet. Laut schreit sie vor Entsetzen, als sie ihn wiedersieht: »Er war abgezehrt und entstellt wie ein Toter.«

1568 übergibt sie ihm als erstem die Kutte für einen neuen Zweig des männlichen Karmeliter-Ordens, der nach ihren Reformregeln lebt. Ganz Spanien schlägt die Hände überm Kopf zusammen: Eine Nonne hat ihren eigenen Mönchsorden gegründet!
Hat nicht die französische Atheistin Simone de Beauvoir recht, wenn sie die spanische Heilige als die große Wegbereiterin der modernen Frauen-Emanzipation feiert?

Vor allem die Briefe der Teresa sind ein Beispiel der Aufsässigkeit gegenüber dem herrschenden Geschlecht. »Wenn ich mir überlege, in was für einer verfahrenen Situation Sie mich sitzengelassen haben, und wie Sie sich dann um nichts mehr gekümmert haben, dann fällt mir nur noch der Satz ein: Verflucht sei der Mann!« So schreibt sie an Pater Ambrosio Mariano de San Benito.
»Ich mußte lachen, als ich hörte, daß Sie schon wieder leiden wollen«, schreibt sie dem Pater Jerónimo Gracián, »um Gottes willen lassen Sie das! Ihre Umgebung müßte ja mit Ihnen leiden. Ruhen Sie sich lieber ein paar Tage aus.«
Nicht einmal vor dem mächtigsten Mann der damaligen Welt mildert sie ihren Ton: »Sire«, schreibt sie an König Philipp II. von Spanien, »erinnert Euch an König Saul. Auch er war gesalbt – und wurde dennoch verworfen.«
Unter ihrer Respektlosigkeit leidet zum Schluß Gottvater selbst. In einer Vision zeigt er ihr seinen Sohn am Kreuz mit den Worten: »So behandle ich meine Freunde.« – »Ach mein Gott«, antwortet die respektlose Teresa, »deshalb hast du ja auch so wenige.«

Nicht alle Männer Spaniens begegnen dieser souveränen Frau so souverän wie der Erzbischof von Sevilla, Christóbal de Rojas, der vor ihr auf der Straße niederkniet und sich vor allem Volk von ihr segnen läßt. Die meisten halten es mit dem päpstlichen Nuntius in Madrid,

Felipe Sega, der sie beim Papst denunziert als »unruhiges, umher-
schweifendes, ungehorsames und verstocktes Weib«, als »Landstrei-
cherin«.

Der päpstliche Nuntius hat gar nicht einmal so unrecht. Im Ochsenkarren ist Teresa zwei Jahrzehnte lang auf den unsicheren Landstra-
ßen Spaniens unterwegs, um im endlosen Streit mit Bürgermeistern
und Prälaten ihre Reformklöster vor der drohenden Vernichtung zu
retten.

Sie übernachtet in Herbergen neben Betrunkenen und Prostituierten.
Sie weiß, wovon sie redet, wenn sie sagt: »Dieses Leben ist wie eine
schlechte Nacht in einem schlechten Wirtshaus.«

Teresa verirrt sich in der wüsten Sierra Morena und wird knapp vor
dem Verdursten gerettet. Auf einer losgerissenen Fähre treibt sie die
Stromschnellen des Guadalquivir hinunter. Mit ihrem Ochsenkarren
gerät sie in Venta de Albino in eine Straßenschlacht. Vierzig Caballe-
ros stürzen mit blanken Degen aufeinander los. Die Nonnen auf dem
Karren geraten in helle Panik. Teresa aber lacht.

In all dem Getümmel bewahrt sie sich die Gelassenheit, die innere
Sammlung, um die klassischen Bücher der katholischen Meditation
zu schreiben: den »Weg zur Vollkommenheit« und die »Burg der
Seele«.

Für Teresa von Avila kommt es, wie für die großen japanischen Meister des Zen, bei der Meditation darauf an, die Fesseln der Logik zu
sprengen. Zum Beispiel durch das Paradox: »Willst du alles werden,
so verlange, nichts zu sein.«

Zugleich ist der Himmel der Visionen der Teresa so voll von verliebten Farben und Figuren, als hieße ihr Gott nicht Jesus, sondern Kri-
schna. Nichtsdestoweniger benutzt Teresa aber auch ihre handfeste
Vernunft.

Etwa, wenn sie Leuten, die an Depressionen leiden, davon abrät, die
Heilung ihrer Seele in der Meditation zu suchen. Solche Menschen,
so Teresa wörtlich, »brauchen mehr Zerstreuung«. Und sie rät zur
Arbeit. Als höhere Tochter hat sie sich in ihrem Appartement im
Kloster »Zur Menschwerdung« bedienen lassen. Jetzt, im Josefsklo-
ster, näht und wäscht, kocht und putzt sie wie eine Arbeiterfrau. In
ihre Ordensregel setzt sie den Satz der Heiligen Schrift: »Wer nicht
arbeitet, der soll auch nicht essen.«

67 Jahre ist sie alt, als sie am 4. Oktober 1582 im Kloster zur Verkün-
digung in Alba die letzte Schwäche überkommt. Sie legt ihren Kopf in

die Hände einer kastilischen Bauerntochter. Dann verklärt sich das Gesicht der Sterbenden in einer unbeschreiblichen Ekstase.

Im Gebüsch hinter dem väterlichen Haus, so berichtet der Bruder Rodrigo, habe sie als kleines Mädchen ein Spiel erfunden und mit ihm geprobt, das ihm damals seltsam vorgekommen sei. Es hieß: »Wir werden Nonnen.«

»Schwör Gott die Treue, Rodrigo, auf ewig. Para siempre!«

Hans Conrad Zander

Zum Nachdenken und Diskutieren

- Ein neuer Anfang mit 38 Jahren – wie sieht das aus für Teresa?
- Kenne ich vergleichbare Beispiele?
- Teresas Leben hat zwei Pole: die Versenkung im Gebet und die tatkräftige christliche Lebenspraxis – wie erlebe ich das bei mir?

Frauen zwischen 1600 und 1900 n.Chr.

Aus der Zeit zwischen 1600 und 1900 wird von sechs Frauen erzählt (siehe nächste Seite). Der vorangestellte Bildteil (S. 131–143) gibt Einblicke in den sehr unterschiedlichen Alltag von Frauen der frühen Neuzeit bis zum späten 19. Jahrhundert. Für diesen Teil zeigt *Brigitta Stoll* mit Bildern, wie durch die Reformation die Frau als Ehefrau und Mutter einerseits aufgewertet, wie aber gleichzeitig ihr Leben auf Haus und Familie konzentriert wird. Andere Formen eigenständigen Lebens, die Frauen sich geschaffen hatten, treten in den Hintergrund. Bildungschancen und Mitgestaltung des Lebens außerhalb der Familie müssen immer neu eingefordert und durchgesetzt werden. Das zeigen die Erfahrungen der Frauen, von denen vor der Kulisse dieser Bilder erzählt wird.

Anna Maria van Schuurman S. 144
1607–1678

Zur Zeit des Dreißigjährigen Krieges setzt die Tochter einer aus Glaubensgründen mehrfach vertriebenen Familie an der Universität in Utrecht ihre Zulassung und ihr Studium der Theologie durch. *Marianne Oehlmann-van Nes* läßt Anna Maria van Schuurman selbst erzählen, wie sie sich traute, allen Widerständen zum Trotz, ihren Wissensdurst zu stillen und zu lernen und zu studieren, wie es nach allgemeiner Ansicht nur Männern zustand, und wie sie schließlich, wenn auch hinter einen Vorhang verbannt, zu einer anerkannten Gelehrten wurde.

Maria Sybilla Merian   S. 147
1645–1717

Charlotte Kerner-Kömpf erzählt, wie die Naturforscherin unbeirrt ihren Weg geht, obwohl noch immer die meisten nur ein Lächeln übrig haben für wissenschaftlich arbeitende Frauen. Und der geschärfte Blick der Künstlerin für die Wunder der Schöpfung in den kleinsten Lebewesen nimmt auch Ungerechtigkeiten gegenüber wehrlosen Menschen wahr. Maria Sybilla Merian hat sich getraut, öffentlich darüber zu schreiben. Und sie hat sich getraut, ihre Ziele als selbständige Wissenschaftlerin konsequent zu verfolgen – trotz Spott, Unverständnis, finanzieller Not und größter Strapazen.

Dorothea Christiana Erxleben S. 153
1715–1762

Die erste promovierte Ärztin in Deutschland hat sich mit fünfzehn getraut, für sich die gleiche Bildung wie für Jungen zu fordern und mit 38 Jahren, als Mutter von neun Kindern, ihre Doktorprüfung abzulegen. Sie hat sich direkt an Friedrich den Großen gewandt, hat Recht für Vater und Brüder und für sich die Studienerlaubnis erbeten und erhalten. Sie hat sich für Mädchen- und Frauenbildung eingesetzt und für berufliche und wissenschaftliche Tätigkeit auch von Ehefrauen und Müttern. *Dorothea Wettlaufer* erzählt, wie Dorothea Erxleben diese Ziele im eigenen Leben verwirklicht.

Elizabeth Fry S. 161
1780–1845

Mit 37 Jahren traut sich die behütet aufgewachsene Bankiersfrau, Mutter von elf Kindern, in die vorher unvorstellbare, unmenschliche Welt der Londoner Frauengefängnisse im frühen 19. Jahrhundert. Sie begegnet den Frauen als Frau, den Müttern als Mutter, aktiviert die Gefangenen und setzt Verbesserungen ihrer Lebensbedingungen durch. Die kleine, zarte Frau im grauen Kleid der Quäkerin wagt es, im britischen Unterhaus zu reden und Gesetzesänderungen in Gang zu bringen. *Susanne Graffam* erzählt von Elizabeth Frys weltweit wachsendem Einfluß – und auch von ihrem Konflikt zwischen Mutterpflichten, christlichem und politischem Engagement.

Friederike Fliedner   S. 170
1800–1842

Ele Schöfthaler erzählt von dieser Frau, die in keinem Lexikon erwähnt ist; der Frau des Mannes, der für unverheiratete evangelische Frauen des 19. Jahrhunderts eine neue, sinnvolle Lebensform ermöglicht: als berufstätige Frau, als Diakonissin. Jahre davor hat Friederike sich getraut, für ein selbständiges Berufsleben zu kämpfen. Und setzt dann alle Kraft ihres kurzen Lebens ein für eine Chance, die andere nutzen können; ihr eigenes Leben bleibt aufopferungsvoll in den Grenzen ihrer Zeit.

Josephine Butler   S. 176
1828–1906

Als Kind hat sie von der Mutter gelernt, für andere dazusein, und vom Vater, unbestechlich nach den Hintergründen von Not und Ungerechtigkeit zu fragen und dagegen zu kämpfen. *Elisabeth Achtnich* erzählt nach Tagebuchaufzeichnungen und Briefen, wie die schöne und sensible Schuldirektorsfrau allmählich immer mutiger ein Tabuthema ihrer prüden patriarchalischen Gesellschaft aufgreift, wie sie für die wehrlosen Opfer der staatlich reglementierten Prostitution eintritt und in einem siebzehn Jahre dauernden Kampf die Abschaffung des diskriminierenden Gesetzes erreicht. Josephine Butler hat sich getraut, im Geist Jesu, des »gefährlichen Befreiers«, Frauen aller Schichten politisch zu aktivieren und sich im gemeinsamen Einsatz für die unterdrückten Geschlechtsgenossinnen durchzusetzen.

Ein Blick in den Alltag

Der Alltag von Frauen der frühen Neuzeit sah sehr unterschiedlich aus – je nach gesellschaftlichem Stand, Wohnort, Zugehörigkeit zu einer Konfession, Bildung. Die Quellen, aus denen wir den Frauenalltag rekonstruieren – Bilder, literarische Werke, theologische Abhandlungen – zeichnen oft eher Idealbilder von Frauen als deren wirklichen Alltag. Zudem stammen Maler, Dichter und Theologen häufig aus *einer* sozialen Schicht, dem Bürgertum. Ihre Darstellungen von Frauenleben aus anderen sozialen Ständen, etwa dem Bauerntum, sind aus der Sicht ihres eigenen Standes geschrieben und zeichnen nicht in jedem Fall ein originalgetreues Bild der Realität.

Andere Quellen, die genauer über das Leben von Frauen Auskunft geben, wie Haushaltungsbücher, Nachlaßinventare, Tagebuchaufzeichnungen, sind für die Zeit zwischen 1600 und 1900 bisher nur ungenügend erforscht.

Die Ehefrau und Mutter

Direkt oder indirekt werden die Lebensumstände aller Frauen geprägt durch die Folgen der Reformation und besonders durch Luthers Schriften über die Ehe. In allen Ländern, die die Reformation und ihre Lehren angenommen haben, gilt die verheiratete Frau und Mutter als neues weibliches Ideal, nicht mehr die unverheiratet im Kloster lebende Nonne. Das Verhältnis von Mann und Frau in seiner engsten Form, der Ehe, wird vor allem von Luther ausführlich bedacht. In seinen Schriften vertritt er eine Hochschätzung der Leiblichkeit. Alle Bereiche, die mit der Geschlechtlichkeit des Menschen verbunden sind, der sexuelle Trieb, Zeugung und Geburt, werden aufgewertet und als grundlegend wichtige Bestandteile menschlichen Lebens verstanden. Allerdings gilt dies immer im Blick auf die Ehe. Die verheiratete Frau – aber nur sie! – wird in dieser Sicht entscheidend aufgewertet. Dadurch gehen andere Formen eigenständigen Lebens, die Frauen sich geschaffen hatten, wieder verloren.

In Ländern reformierten Bekenntnisses ist nun der Lebenslauf einer durchschnittlichen Frau aus allen sozialen Ständen geprägt von den traditionellen Stationen Ehe und Mutterschaft. Die Mädchen werden durch Mütter und Erzieherinnen auf ihre künftige Rolle vorbereitet.

Die Ordensfrau

Die römisch-katholische Kirche grenzt sich auf dem Konzil von Trient (1545–1563) scharf gegen die reformatorischen Lehren von der Ehe ab. Sie verteidigt den Priesterzölibat. Im 17. Jahrhundert entstehen zahlreiche neue Frauenorden, die Frauen aus allen sozialen Ständen offenstehen. In katholischen Gebieten haben die Frauen dadurch mehrere Möglichkeiten der Lebensgestaltung. Hier gilt nicht nur das Leben der verheirateten Frau und Mutter als ein erfülltes Leben. Allerdings wird zu Fragen der Leiblichkeit und Geschlechtlichkeit des Menschen wenig Neues gesagt und geschrieben.

Das bürgerliche Leben

Neben der Führung des Haushalts, der Beaufsichtigung der Dienstboten und der Kindererziehung nehmen im bürgerlichen Haus Handarbeiten wie Nähen, Sticken, Klöppeln und Spinnen breiten Raum ein. Diese Arbeiten gelten als typisch weibliche Beschäftigungen und werden auch als Freizeitbeschäftigung empfohlen. (Abb. 1)

Die Hausgemeinschaft besteht aus Eltern, Kindern und Dienstboten. Häufig wohnen auch alte Eltern und weitere Verwandte im selben Haus. Diese Hausgemeinschaften sind Zweckgemeinschaften, die zur Versorgung der dort lebenden Menschen dienen: Nahrung und Kleidung werden teilweise im Haus selber hergestellt. Jede Frau und jedes Mädchen arbeitet mit. (Abb. 2)

Abb. 1

Geertruyt Rogman
pinxit et Sculpsit.
L Visscher Excudebat.

Abb. 2

Abb. 3

Das Haus ist das Reich der Bürgersfrau, in ihm spielt sich ihr Dasein ab. Es bietet ihr den schützenden Rahmen, den ihr die Gesetzgebung außerhalb der Familie verweigert: Bis ins 19. Jahrhundert ist die Frau juristisch der Vormundschaft des Mannes unterstellt. Ihr Vermögen wird in der Regel vom Vater, Ehemann oder Bruder verwaltet. Zur selbständigen Lebensgestaltung fehlen den meisten Frauen die finanziellen Mittel und die Ausbildung. Frauen sind darauf angewiesen, durch Eheschließung finanziell versorgt zu werden. So ist das Dasein der meisten Mädchen auf ein einziges Ziel gerichtet: die Eheschließung. Das Bild der »Drei Damen am Fenster« läßt etwas von der Geborgenheit, aber auch vom Eingeschlossensein des Lebens spüren. (Abb. 3)

Abb. 4

Abb. 5

Außer Haus steht bürgerlichen Frauen die Mitarbeit in wohltätigen Institutionen offen. Das Bild zeigt die Vorsteherinnen des Amsterdamer Aussätzigen-Hospitals. Sie sind Angehörige des Patriziates der Stadt und haben durch die Verfügungsgewalt über die finanziellen Angelegenheiten des Spitals durchaus eine gewisse Machtposition inne. (Abb. 4)

Einzelne Frauen sind auch in der frühen Neuzeit selbst berufstätig. Anerkannte Frauenberufe sind zum Beispiel die Händlerin (Abb. 5) und die Schulmeisterin (Abb. 6). So finden auch unverheiratete Frauen ein Auskommen. Häufiger beteiligen sich allerdings Frauen am Gewerbe ihres Mannes.

▲ *Abb. 6*

Abb. 7 ▼

Im 18. Jahrhundert beginnt die Idealvorstellung der Familie als große Hausgemeinschaft sich zu wandeln. Familie gilt jetzt als privater Raum, der gegen den öffentlichen Bereich abgegrenzt wird. Der Frau fällt die Aufgabe zu, den häuslichen Rahmen zu schaffen, innerhalb dessen sich das Familienleben abspielt. Sie ist verantwortlich für das emotionale Klima in der Familie.

Intime Szenen im Familienkreis sind ein beliebtes Motiv der zeitgenössischen Malerei. Typisch ist die stark gefühlsbetonte Bindung unter den Familienangehörigen. Eine der berühmtesten Darstellungen zeigt den Künstler D. N. Chodowiecki in seiner Familie. (Abb. 7) Als Illustration eines Traktats über die Ehe stellt er die neue Auffassung von emotionaler Verbundenheit und häuslichem Glück dar. (Abb. 8) Seine Radierung »Die gute Mutter« versinnbildlicht das neue Ideal: die enge exklusive Bindung von Mutter und Kind. Der Vater scheint von dieser Bindung ausgeschlossen. (Abb. 9)

Die Gemeinschaft von Mutter und Kind steht für den ursprünglichen Zustand der Menschheit. Begriffe wie Mutterschaft und Mutterliebe werden hoch gepriesen.

▲ *Abb. 8*　　　　　　　　　　　　*Abb. 9* ▼

Bürgerliche Frauen werden aufgerufen zur Pflege und Ernährung der Säuglinge ohne Hilfe von Ammen oder synthetischer Säuglingsnahrung. Ein Beispiel dafür ist die Karikatur »Alt-Athen und Isar-Athen«. (Abb. 10)

Von der Mutter gehen besonders in der Erziehung der Mädchen wichtige Impulse aus. Sie vermittelt schon der kleinen Tochter durch ihr Vorbild und später durch die Überwachung der Lektüre entscheidende Werte und Vorstellungen. Weitverbreitet war das Bild der Mutter mit dem Katechismus in der Hand; die Tochter sagt die auswendig gelernten Texte. (Abb. 11)

Abb. 10   Lebensbilder aus Alt-Athen und Isar-Athen: Die Ernährung

Abb. 11

Prostitution und Hexenwahn

Die neue Hochschätzung der Ehe durch die Reformatoren hatten die Prostitution zunächst zurückgedrängt. Bereits im 16. Jahrhundert aber breitet sie sich rasch wieder aus. Bordelle sind in vielen Städten üblich. Sie werden in der Regel von der Obrigkeit geduldet. (Abb. 12)
Seit dem 17. Jahrhundert kümmern sich im katholischen Bereich einzelne Frauenorden um die Prostituierten. Im 19. Jahrhundert gründen Frauen in mehreren Ländern Organisationen und kämpfen für die Abschaffung der Prostitution.
Kriege, religiöse Spannungen, umwälzende Entdeckungen in der Astronomie und anderen Wissenschaften verursachen zu Beginn der Neuzeit allgemeine Angst und Unsicherheit. Verdächtigungen und Schuldzuweisungen an bestimmte soziale Gruppen sind die Folge:

Abb. 12

Abb. 13

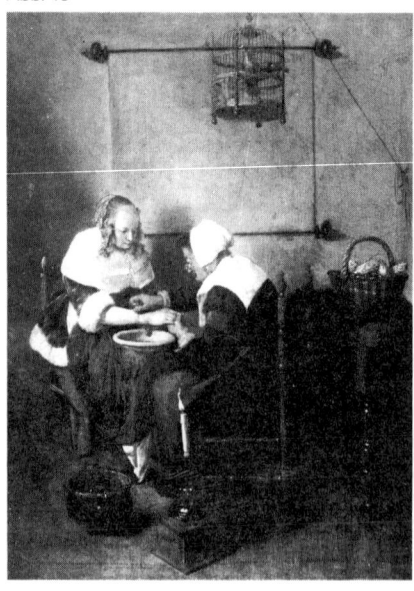

Vor allem Juden, Vertreter nonkonformistischer Glaubenslehren und Frauen sind die Opfer. Zwischen 1560 und 1630 erreichen der Hexenwahn und die daraus entstehenden Verfolgungen einen Höhepunkt. Bis ins 18. Jahrhundert sterben in katholischem und reformiertem Gebiet zahllose Frauen.
Besonders gefährdet sind Hebammen und Frauen, die in der Heilkunde tätig sind. Abbildung 13 zeigt eine solche heilkundige Frau beim Aderlaß.

Bildung und Erziehung

An der Frage der Frauenbildung entzünden sich bis ins 20. Jahrhundert die Gemüter. In den Mädchenschulen, die seit der Reformation existieren, werden nur elementare Fähigkeiten vermittelt. Die Mädchen lernen lesen und schreiben mit Hilfe von Katechismus und Gebetbuch. Mit diesen Büchern wachsen Frauen zwischen dem 16. und 18. Jahrhundert in allen Konfessionen auf; aus ihnen beziehen sie die Werte und Normen, nach denen sie sich auszurichten haben. Im 17. Jh. wird von Philosophen und Theologen diskutiert, ob die Frau grundsätzlich bildungsfähig sei. Von zahlreichen Gelehr-

ten wird die Meinung vertreten, Frauen seien aufgrund ihrer Natur nicht in der Lage, sich das Wissen anzueignen, das zum Erlernen eines Berufes nötig wäre. Nicht jede Lektüre ist für wohlerzogene Mädchen und Frauen statthaft. Vor allem Romane und Theaterstücke sind als Lesestoff bürgerlicher Frauen verpönt. In der Erziehungsliteratur, in Jahrbüchern und Traktaten verbreitet die Aufklärungsbewegung im 18. Jahrhundert ihre Ideale. Ein Bild aus dem verbreiteten Göttinger Taschenkalender 1778 (Abb. 14) zeigt den Anfang von zwei weiblichen Lebensläufen: Der eine, vorbildliche, wird von

Abb. 14

Abb. 15

der oberen Frauengestalt verkörpert; den schlechten Weg zeigt die untere, häßliche Frauengestalt. Links sind die wichtigsten Attribute beider Lebensläufe dargestellt: Theatermaske, Kartenspiel, Novelle und Distel verweisen auf unanständige Beschäftigungen, dagegen gehören Bibel, Sanduhr, Handarbeitszeug und Olivenzweig zum Alltag der vorbildlichen Frau. Wichtig in der Erziehung von adeligen und bürgerlichen Mädchen ist die Einübung in gesellschaftliche Fähigkeiten

Abb. 16

wie Tanz, Musik und Zeichnen. Der Alltag »höherer Töchter« ist bis ins frühe 20. Jahrhundert durch diese Betätigungen ausgefüllt. Auch das Klavierspiel ist im 18. und 19. Jahrhundert sehr beliebt. Ein Klavier besitzt fast jede Bürgerfamilie, und Klavierspielen gehört zum geselligen Beisammensein. (Abb. 15)

Intellektuelle Bildung dagegen ist Mädchen und Frauen kaum zugänglich. Ob eine Frau über die einfachsten Kenntnisse in Lesen und Schreiben hinaus Bildung erwerben kann, hängt in allen sozialen Ständen davon ab, ob Väter oder Ehegatten die ihnen unterstellten Frauen intellektuell fördern. Die unter Gelehrten und Ungelehrten verbreitete Meinung, Frauen seien von Natur aus intellektuell weniger befähigt als Männer, behauptet auch die Karikatur zur Leichtgläubigkeit von Frauen aus der »Deutschen Reichsbremse« von 1850. (Abb. 16)

Bauersfrauen und Dienstmädchen

Abb. 18

Der Alltag von Frauen aus dem Bauerntum verändert sich in dieser Zeit kaum. Die Bäuerin hilft bei der Feld- und Stallarbeit und führt den Haushalt, alles unter oft sehr harten Bedingungen. In kleineren und ärmeren Gehöften leben Menschen und Tiere auf engstem Raum zusammen. (Abb. 17)

Auch die Situation der unverheirateten Frauen aus den unteren sozialen Ständen bleibt bis ins 19. Jahrhundert fast unverändert. Auf dem Land und in der Stadt sind sie als Dienstmägde in fremdem Haushalt tätig und oft gänzlich der Willkür ihres Brotherrn ausgeliefert. Die Ausbeutung der Dienstmädchen und ihr sexueller Mißbrauch sind verbreitet. Die Karikatur »Wie man in Dresden Dienstzeugnisse schreibt« hat die zynische Bildunterschrift: »Hierdurch bescheinige ich, daß Louise Niedlich mir ein Jahr lang mit der größten Treue gedient hat und daß ihr freundliches entgegenkommendes Wesen sie jeder Herrschaft empfehle.« (Abb. 18)

„Hierdurch bescheinige ich, daß Louise Niedlich mir ein Jahr lang mit der größten Treue gedient hat und daß ihr freundliches entgegenkommendes Wesen sie jeder Herrschaft empfiehlt

Abb. 17

Industrialisierung

Die Folgen der Industrialisierung im späten 18. und frühen 19. Jahrhundert treffen besonders die Frauen hart. Kinder und Frauen arbeiten ohne gesetzlichen Schutz zu unmenschlichen Bedingungen in den Fabriken. Nacht- und Sonntagsarbeit sind an der Tagesordnung. Das hat schwere gesundheitliche Schäden zur Folge, die häufig zum frühzeitigen Tod führen. Die Kirchen stehen den Problemen lange tatenlos gegenüber, weil sie nicht wahrhaben wollen, daß die gesellschaftlichen Strukturen schuld sind am Elend der Arbeiter und Arbeiterinnen und nicht deren moralische Verkommenheit. So begnügt man sich lange mit Mahnungen zu einem sittlichen Lebenswandel, statt die Gesetzgebung zu verbessern (Abb. 19)

Die Slums der großen Städte, wo Arbeiterfamilien hausen, sind gekennzeichnet durch soziales Elend, Alkoholismus und Zerrüttung von Familien. Die Hauptlast tragen die Frauen, die häufig allein für ganze Familien aufkommen müssen.

Das Elend der Großstädte hat der französische Zeichner und Maler Gustave Doré dargestellt — hier am Beispiel der »Bishopsgate Street« in London. (Abb. 20)

Brigitta Stoll

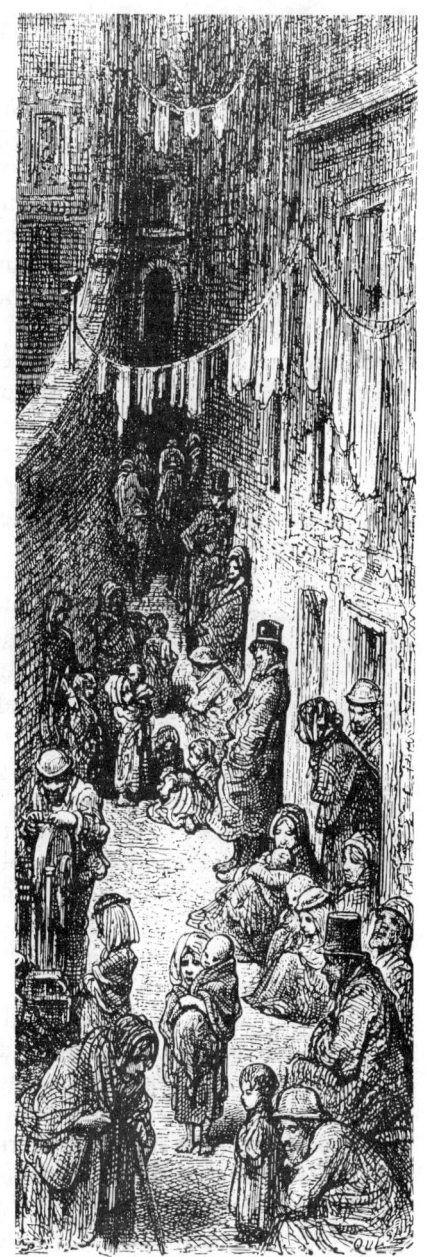

◀ *Abb. 19*   *Abb. 20* ▶

Anna Maria van Schuurman

Anna Maria van Schuurman erzählt von ihrem Weg, der hinter einen Vorhang führte und doch die Welt für sie öffnete:

Ich wurde 1607 als Flüchtlingskind geboren. Meine Eltern waren aus Flandern nach Köln geflohen, denn in ihrer Heimat hatte man sie ihres Glaubens wegen verfolgt, und sie mußten erleben, wie viele Mitglieder ihrer reformierten Gemeinde auf dem Scheiterhaufen starben.

Doch auch in Köln erfuhren wir Verfolgung. So mußte meine Familie wieder ins Unbekannte aufbrechen. Ich war noch klein. Wir zogen in die Niederlande, nach Utrecht.

Die Niederlande waren damals Republik und weithin als Zufluchtsort für Verfolgte bekannt, die ihren eigenen Staaten aus religiösen oder politischen Gründen unbequem geworden waren. Der junge niederländische Staat hatte nach achtzig Jahren Krieg die spanische Herrschaft abgeschüttelt und sich dem Einfluß der römisch-katholischen Kirche entzogen. So wuchs ich in einem ziemlich liberalen Klima auf.

Schon als Kind wollte ich alles wissen, lernen, ausprobieren. Zum Glück begriff mein Vater, daß mein Wissensdurst ein Geschenk Gottes war. Er dachte nicht wie ein Bekannter unserer Familie, der sagte, es sei wirklich schade, daß ich als Mädchen geboren sei – denn was solle ein Mädchen mit so viel Verstand anfangen? Und wer wolle schon eine intelligente Frau?

Nein, mein Vater begriff, daß Gott mich als Mädchen mit Verstand geschaffen hatte und so haben wollte. Er verschaffte mir alle Bücher, die sonst nur den Knaben zugänglich waren.

So lernte ich viele Fremdsprachen: Deutsch, Französisch, Latein, Griechisch, Hebräisch, Chaldäisch, Syrisch, Arabisch, Samaritanisch, Äthiopisch.

Am meisten interessierte mich die Theologie. Ich wollte die Bibel im Urtext studieren. Aber auch die Kunst war mir sehr wichtig – malen, dichten, modellieren, Glas gravieren, sticken – leider hatte ich nie genügend Zeit, um allen meinen Interessen nachzugehen. Hätte doch der Tag mehr als vierundzwanzig Stunden gehabt!

Im Lauf der Zeit wurde mein Wunsch, wie die Männer an der Universität zu studieren, immer stärker: Theologie wollte ich studieren, bei Professor Voetius, der mir bereits seine Bibliothek und sein Studierzimmer zur Verfügung gestellt hatte. Wir diskutierten oft und lang; doch zwischen dem privaten Gelehrtenzimmer und der öffentlichen Universität blieb eine Schranke, die ein Mädchen nicht übersteigen durfte.

Ich aber beharrte darauf: Ich wollte an seinen Vorlesungen teilnehmen. Warum denn nicht, rief ich. Von den Gegenargumenten konnte mich keines überzeugen: Frauen hätten keinen wissenschaftlichen Verstand, könnten nicht logisch denken, sie „paßten" nicht in die Männerwelt der Universität, es sei gegen die christliche Moral, sie zuzulassen und so weiter...

Ich gab nicht auf und ging daran, mit all meinem Wissen und meiner Überzeugungskraft diese Argumente zu entkräften. Zum Schluß war „mein" Professor ein fast so entschiedener Befürworter meiner Ideen wie ich selbst. Er empfahl mir, meine Beweisführung schriftlich niederzulegen. Ich tat es, logisch und mit wissenschaftlichem Verstand. – Später, glaube ich, hat diese Schrift auch vielen anderen Frauen bei der Verwirklichung ihrer Pläne geholfen.

Und ich erreichte es tatsächlich: Ich durfte an den Vorlesungen der Universität teilnehmen!

Es war eine Sensation. Denn nie zuvor in diesem Land hatte eine Frau es gewagt, in die Welt der Wissenschaft, die den Männern gehörte, einzudringen.

Ich aber trat ein. Allerdings in eine eigens für mich angefertigte Loge, die mit Gardinen verhängt werden mußte! Nur ein kleiner Schlitz in Augenhöhe erlaubte mir, den vortragenden Professor zu sehen. Mich selbst sollte niemand zu Gesicht bekommen.

Meine Loge hatte einen separaten Eingang, und ich konnte Gäste mit hineinnehmen, wann immer ich wollte.

Es war eine schöne Zeit für mich. Ich erhielt viel Anerkennung. Bekannte Künstler, Denker, Fürsten und Gelehrte kamen, um mich zu besuchen und Gespräche mit mir zu führen.

Dann aber starben meine Eltern. Plötzlich erschien mir das Leben, das ich führte, selbstsüchtig und eitel. Ich hatte kaum Zeit für die Pflege meiner alten Tanten. So beschloß ich, mein Leben zu ändern. Ich verzichtete darauf, mit meinem Wissen zu glänzen, empfing keine Gäste mehr und zog mich zurück. Nur mit meinen engsten Freunden kam ich noch zusammen.

Ich war nie verheiratet – ein Gelübde, das ich meinem Vater gegeben hatte, verbot es mir. Mehr und mehr wandte ich mich religiösen Fragen zu und habe in der Glaubensgemeinschaft von Jean de Labadie ein geistiges Zuhause gefunden. Meine alten Freunde verstehen das nicht, aber ich fühle mich jetzt, da mein Leben sich dem Ende zuneigt, in dieser Gemeinde wohl und möchte dabeibleiben.

Nach Marianne Oehlman-van Nes

Zum Nachdenken und Diskutieren

• Wie könnte Anna Maria auf die Bemerkung antworten: Schade, daß du ein Mädchen bist!?
• „Du hättest ein Junge/ein Mädchen werden sollen" — woher kommen noch heute derartige Aussagen, und was bedeuten sie für die Betroffenen?
• Wie begründeten wohl Professoren und Studenten die Notwendigkeit des Vorhangs? Welche Gründe vermuten wir aus heutiger Sicht?
• Kennen wir heute neue Angst- und Trenn-Linien in Ausbildungs- und Berufswelt, Öffentlichkeit, Politik, Kirche?
• Welche Gründe, unser Leben zu ändern (auf Ruhm und Glanz zu verzichten), könnten wir uns vorstellen?

Anna Maria van Schuurman

1607–1678

Die Eltern stammten aus Flandern, wurden aus religiösen Gründen verfolgt und flüchteten nach Köln, wo 1607 Anna Maria geboren wurde. Erneute Verfolgung und Flucht brachte die Familie in die Universitätsstadt Utrecht in den Niederlanden.
Der Vater unterstützte die intellektuelle Begabung der Tochter. Sie erhielt eine umfassende Bildung, lernte zwei neue und acht alte Sprachen. Mit Hilfe eines Professors setzte sie als erste Frau Mitteleuropas ein Theologiestudium an der Universität durch, allerdings versteckt hinter einem Vorhang. Sie wurde zu einer gesuchten Gesprächspartnerin für Künstler, Gelehrte, Fürsten.
Nach dem Tod der Eltern zog sie sich aus der Öffentlichkeit zurück und wurde Mitglied der Glaubensgemeinschaft von Jean Labadie, die versuchte, wie die Urchristen zu leben.
Sie blieb bei dieser Gemeinschaft bis zu ihrem Tod 1678.

Maria Sibylla Merian

Nach fast dreimonatiger Reise ankert das holländische Segelschiff im Sommer 1699 im Hafen von Paramaribo. Zwei Frauen stehen glücklich, aber erschöpft an der Reling, die ältere ist 52, die jüngere 21 Jahre alt. Sie sind wohlbehalten in der niederländischen Kolonie Guyana angekommen, die nördlich von Brasilien liegt. Guyana bedeutet in der Sprache der Indianer »Land ohne Namen« oder »Göttliches Land«.

Hundert Jahre bevor der Naturforscher Alexander von Humboldt zu seinen Entdeckungsreisen in die Neue Welt aufbricht, wagt Maria Sibylla Merian mit ihrer Tochter Dorothea Maria diese abenteuerliche Reise. Nur dafür hat sie acht lange Jahre Geld verdient und gespart, gelernt und gelebt. Jetzt endlich ist sie am Ziel, die Falter und Blumen der Tropen erwarten die berühmte Insektenforscherin und Malerin, die einmal gesagt hat: »Patiencya ist ein gut Kräutlein« – Geduld ist ein gutes Kraut.

Die letzten zwanzig Kilometer hat das Schiff auf dem Fluß Suriname zurückgelegt, der dem Land seinen Namen gibt. Den Wasserlauf säumen riesige Zuckerfelder, und hier wohnen auch die reichsten Europäer. Für diese Leute hat Frau Merian Empfehlungsschreiben des Amsterdamer Bürgermeisters im Gepäck. Die Plantagenbesitzer, die in weißen herrschaftlichen Holzvillen residieren, helfen den Frauen zwar bei der Wohnungsbeschaffung, aber sie belächeln Maria Sibylla Merian auch, weil sie in Surinam kein Geld sucht, sondern Schmetterlinge! »Die Menschen haben dort auch keine Lust, so etwas zu untersuchen, ja sie verspotten mich, daß ich in dem Land etwas anderes suche als Zucker«, schreibt sie in ihr Notizbuch.

Die Weitgereiste läßt sich nicht entmutigen und verliert keine Zeit. Mit der Tochter ordnet sie in dem kleinen Holzhaus die mitgebrachten Pergamente und den Farbkasten, die Staffelei und das Schmetterlingsnetz, die Spannbretter und die Botanisiertrommel. Ausgerüstet mit Tropenhelmen und Mückenschleiern beginnen die Frauen ihre Streifzüge zunächst in den Feldern um die Hauptstadt. Am Fort von Paramaribo entdecken sie schon wenige Tage nach der Ankunft die erste Raupe.

Die Sonne brennt, die Durchschnittstemperatur liegt bei 28 Grad im Schatten. Kakerlaken bevölkern die Wohnung, wilde Bienen und Wespen belästigen Frau Merian auf den Plantagen: »Wenn ich malte,

flogen sie mir um den Kopf.« Entschädigt für diese Widrigkeiten wird
sie durch die ungeahnte Üppigkeit duftender Pflanzen und die Viel-
zahl bisher nie gesehener prächtiger »Sommervögelein«; so nennt sie
die Schmetterlinge seit ihrer Kindheit.

Die Plantagen überziehen nur einen 20 bis 80 Kilometer breiten Kü-
stenstreifen, den größten Teil von Surinam überwuchert der tropische
Regenwald, das eigentliche Ziel der Reise. Im April des Jahres 1700
trauen sich Mutter und Tochter zum ersten Mal »in die Wildnis
hinaus«. Der Zugang zu diesem unerforschten Paradies ist schwierig:
»Der Wald ist so dicht mit Disteln und Dornen verwachsen, daß ich
meine Sklaven mit Beilen in der Hand vorwegschicken mußte, damit
sie für mich eine Öffnung hackten, um einigermaßen hindurchzu-
kommen, was doch ziemlich beschwerlich war.«

Unter dem grünen Dach des Regenwaldes baut die Forschungsreisen-
de ihre Staffelei auf und zeichnet die tropischen Pflanzen und Tiere
»getreu nach dem Leben auf Pergament«. Mutter und Tochter sammeln fremdartige Raupen und fangen leuchtende bunte Schmetterlinge. Um der mörderischen Hitze zu entkommen, stehen Maria Sibylla
und Dorothea Maria mit der Sonne auf und arbeiten ohne Pause, bis
sie zu müde sind oder die Schwüle unerträglich wird. Die feuchte
Gluthitze und die stechenden Moskitos plagen die Frauen in den
langen Baumwollröcken.

Manchmal benutzt die Forscherin auch ein Vergrößerungsglas, um
zum Beispiel die Schwingen des Tagfalters genau zu betrachten, den
sie auf dem Granatapfelbaum gefunden hat. Sie notiert in ihrem
Studienbuch, sie sähen aus wie blaue Dachziegel, »... die sehr ordent-
lich und regelmäßig liegen. Es sind breite Federn wie die Federn der
Pfauen, von wundersamem Glanze, wert anzuschauen, da sich dieser
nicht beschreiben läßt.« Was sie nicht in Worte fassen kann, fängt
Maria Sibylla in ihren Zeichnungen ein, für die sie die schönsten
Farben mischt.

Durch das jahrelange Beobachten in der Heimat hat sie nicht nur die
Geduld gelernt, die diese Arbeit erfordert, auch ihre Augen sind ge-
schult. Sonst hätte sie viele Raupen, Puppen und Schmetterlinge nie
entdecken und ordnen können. Die Dschungelbewohner sind nämlich Meister der Tarnung, weil zahlreiche Feinde ihr Leben bedrohen:
Manche Raupen sehen aus wie ein ungenießbares Stück Holz, Puppen
spinnen sich in Kokons ein, die einem dicken Regentropfen täuschend
ähnlich sehen. Falter narren ihre Freßfeinde durch Farben und Formen, die an Blätter oder Blüten erinnern.

Im Haus der Merians in der Umgebung von Paramaribo stapeln sich bald die Zuchtkäfige für die Raupen – wie früher zu Hause in Nürnberg und Amsterdam. Auch in diesem fremden Land interessiert Frau Merian sich besonders für »der Raupen wunderbare Verwandlung«, die Metamorphose der Schmetterlinge. Doch fasziniert beobachtet und konserviert sie auch Kröten und Käfer, Schlangen, Leguane und kleine Krokodile.

Außer der Tochter helfen ihr Indianer und schwarze Sklaven, die ihr die Kolonialisten zur Seite geben. Diese Helfer paddeln mit ihr auf verschlungenen Wasserarmen an neue Beobachtungspunkte. Sie tauchen auch für ihre Herrin nach Muscheln und sammeln die Futterpflanzen der Raupen.

Maria Sibylla Merian befriedigt in Surinam nicht nur ihre wissenschaftliche Neugier, hat Augen und Ohren nicht nur für die Tiere, sondern auch für die Menschen des Landes. Die Indianer spüren das ernsthafte Interesse, und Frau Merian macht sich eifrig Notizen, wenn sie ihr bereitwillig von ihren Bräuchen und Sitten erzählen. Die beiden Frauen aus Holland probieren »das gewöhnliche Brot«, das die Bewohner von Surinam aus der geriebenen Cassava-Wurzel backen. Maria Sibylla Merian und ihre Tochter sehen und kosten zum ersten Mal in ihrem Leben Früchte, die heute jeder kennt, Bananen, Pampelmusen und eine Frucht, die sie so beschreibt: »Wenn man sie essen will, wird sie geschält. Die Schale ist einen Daumen dick. Wenn sie zu dünn geschält wird, bleiben scharfe Härchen daran sitzen, die beim Essen in die Zunge eindringen und viele Schmerzen verursachen. Der Geschmack dieser Frucht ist, als ob man Trauben, Aprikosen, Johannisbeeren, Äpfel und Birnen miteinander vermengt hätte, die man alle gleichzeitig darin schmeckt.« – Es ist die Ananas.

Sie beobachtet auch, daß die Eingeborenen die Würmer, die das Mark des Paklmytbaumes bevölkern, auf Holzkohle braten und »als delikate Speise verzehren«. Frau Merian betrachtet die Menschen, die solche für einen Europäer absonderlichen Leckerbissen verzehren, jedoch nicht mit Ekel und niemals von oben herab. Sie bleibt auch in Surinam ihrem Grundsatz treu, jedes Geschöpf Gottes und seine Lebensart zu achten.

So erfährt sie vieles, was den Kolonialherren, die die einstigen Besitzer des Landes als billige Arbeitskräfte ausbeuten, verborgen bleibt. Sie lernt, wie die Indianer die Naturschätze ihres Heimatlandes nutzen: Aus Pflanzen brauen sie wirksame Heilmittel gegen Verstopfung und

Maria Sibylla Merian

1647–1717

Maria Sibylla wurde am 2. April 1647 in Frankfurt am Main geboren. Ihr Vater war der berühmte Kupferstecher Matthäus Merian d. Ä.
Als Maria Sibylla drei Jahre alt war, starb der Vater.
Ein Jahr danach heiratete die Mutter den Blumenmaler Jacob Morell.
Maria Sibylla lernte lesen, schreiben, rechnen, vor allem aber mußte sie Bibelzitate auswendig hersagen und täglich kochen, sticken, nähen; die Mutter wollte eine brave, fleißige Hausfrau aus ihr machen.
Der Stiefvater aber entdeckte die heimlichen Tierbeobachtungen und Malereien, die Begabung des kleinen Mädchens, und unterrichtete sie in seiner Malwerkstatt.
Mit dreizehn machte Maria Sibylla erste selbständige Entdeckungen bei der Beobachtung einer Seidenraupe.
Mit achtzehn war sie eine ausgebildete Malerin und Kuperstecherin – und hatte sich daneben außergewöhnliche Kenntnisse über die Entwicklung von Insekten und Schmetterlingen erworben.
Die Achtzehnjährige heiratete den Nürnberger Maler Johann Andreas Graff. Im Abstand von zehn Jahren bekam sie zwei Töchter, dazwischen setzte sie ihre Insektenbeobachtungen fort, gründete eine Mal- und Stickschule, einen Farbenhandel, eine Tuchmalerei, schrieb und illustrierte ihr drei-bändiges »Blumenbuch«. Nach der Geburt der zweiten Tochter studierte sie das in den Naturwissenschaften so wichtige Latein, schrieb und illustrierte zwei Bände »Der Raupen wunderbare Verwandlung und sonderbare Blumennahrung«.
1685 trennte sich Maria Sibylla von ihrem Mann Johann Andreas Graff. Sie forschte weiter, unterrichtete die Töchter, arbeitete für den Lebensunterhalt. Sie schloß sich den Labadisten an, einer Glaubensgemeinschaft, die wie die Urchristen leben wollte. Über Missionare entstanden erste Kontakte zu Surinam in Südamerika.
1691 gab Maria Sibylla die deutschen Bürgerrechte auf, zog nach Amsterdam. Sie verdiente den Lebensunterhalt mit den Töchtern durch Malaufträge, Farb- und Tierhandel.
Mit 52 Jahren brach Maria Sibylla Merian 1699 mit der jüngeren Tochter zu einer Forschungsreise nach Surinam auf. Nach zwei Jahren erkrankte sie dort an Malaria und kehrte zurück nach Amsterdam.
Drei Jahre arbeitete sie an ihrem Buch über Surinam, das 1705 erschien. Noch zehn arbeitsreiche Jahre folgten, dann erlitt Maria Sibylla wahrscheinlich einen Schlaganfall. Am 13. Januar 1717 wurde ihr Ableben im Totenregister unter den Unvermögenden registriert.

Lungenleiden, gegen Würmer und Kopfläuse. Dagegen empfindet Frau Merian die Kolonialisten als pure Ignoranten, die nur an Pfeffer und Zucker denken!

Entsetzt notiert sie, was ihr die Frauen über den Gebrauch der »Flos Pavonis« zutragen: »Die Flos Pavonis ist eine neun Fuß hohe Pflanze, sie trägt gelbe und rote Blüten. Ihr Samen wird gebraucht für Frauen, die Geburtswehen haben und dabei weiterarbeiten. Indianerinnen, die bei den Holländern im Dienst stehen, treiben damit auch ihre Kinder ab, damit diese nicht Sklaven werden müssen, wie sie es sind.« Ob die weißen »Herrinnen« eine Ahnung haben von diesen Leiden ihrer Dienerinnen? Frau Merian fragt danach, hört zu – und berichtet später in der holländischen Heimat erschüttert darüber.

Im Januar des Jahres 1701 brechen Mutter und Tochter zu einer Exkursion in ein noch unbekanntes Gebiet des feuchtwarmen Regenwaldes auf. Sie erspähen auf einem Baum eine rote Raupe mit blauen Punkten, aus denen Haare in der Form kleiner, schwarzer Federn wachsen. Aus der Raupe wird eine »seltsame Puppe«, aus der dann am 14. Januar ein prächtiger tiefblauer Caligo-Tagfalter schlüpft.

Den Baum, auf dem Maria Sibylla Merian die Raupe gefunden hat, schmücken wunderschöne rote, hängende Blüten. Doch selbst die Einheimischen kennen den Namen dieser Pflanze nicht. Frau Merian wird mit dieser geheimnisvollen Dschungelblüte ihr späteres Surinambuch beenden. Es ist auch eine ihrer letzten Beobachtungen, denn im Frühjahr des Jahres 1701 erkrankt sie an Malaria, »und hatte ich dasselbe beinahe mit dem Tod bezahlen müssen, … auch sich … alle Menschen verwunderten, daß ich noch mit dem Leben davon bin kommen.«

Die von Mücken übertragene Malaria schwächt sie so sehr, daß sie nach Holland zurückkehren muß. Maria Sibylla Merian, die inzwischen 54 Jahre zählt, trennt sich nur schweren Herzens von diesem Land. Auf das Segelschiff, das sie nach Amsterdam zurückbringen wird, nimmt sie sogar die Eier einer blauen Eidechse mit, die sie kurz vor der Abreise in ihrem Haus gefunden hat. Als sie den Fluß Suriname hinunterfährt, hofft sie, daß sie wiederkommen kann. Doch dieser Wunsch wird nicht in Erfüllung gehen.

Vier Jahre nach der Rückkehr – nach Zeiten der Geldnot und harter, zäher Arbeit – erscheint im April 1705 in Amsterdam Maria Sibylla Merians prächtigstes Werk. Es trägt den Titel: »Metamorphosis Insectorum Surinamensium«, die Verwandlung der surinamischen Insekten. Die Autorin entführt die Leser in das ferne, unbekannte Land. Und wer die sechzig großen, von ihr eigenhändig kolorierten Kupferstiche betrachtet, hat das Gefühl, daß die Sommervögel des Regenwaldes vor seinen Augen zum Leben erwachen und sich verwandeln. Stolz kann Maria Sibylla Merian verkünden: »Das Werk ist getan.« Die erfolgreichen Kolonialherren aber haben wohl kaum mehr als ein Lächeln übrig für diese Wissenschaftlerin und Künstlerin, die so fremd erscheint in ihrem Revier. Und noch weniger interessieren sie lästige Raupen, nutzlose Schmetterlinge und das Leiden und die Weisheit von Menschen, deren Sprache sie nicht einmal verstehen.

Maria Sibylla Merian aber hat die geduldige Beobachtung kleinster Lebewesen den Blick geschärft für die Wunder der Schöpfung – und für Ungerechtigkeit der Menschen gegenüber allen Wehrlosen.

Charlotte Kerner-Kömpf

Zum Nachdenken und Diskutieren

- Lebenszweck und Lebensziel der holländischen Kaufleute – und der Maria Sybilla Merian.
- Situationen, in denen meine Wertvorstellungen und Ziele anderen lächerlich vorkommen – und meine Reaktion.

Lesevorschlag

Ch. Kerner-Kömpf: Seidenraupe, Dschungelblüte, Weinheim 1988

Dorothea Christiana Erxleben

1754

Im Frühsommer 1754 ist das kleine Universitätsstädtchen Halle in heller Aufregung. Eine Sensation bahnt sich an. Zum ersten Mal in der deutschen Geschichte hat sich eine Frau zum Doktorexamen an einer Universität gemeldet – und das zu einer Zeit, zu der in Deutschland noch Hexen verbrannt werden und man allerorten darüber streitet, ob Frauen überhaupt Verstand hätten!

Aber sie, die sich da meldet, ist durchaus keine, die von jugendlicher Hitze hingerissen ist, wie der Professor, der sie prüft, später über sie schreibt, sondern eine würdige Matrone von bald 39 Jahren, eine Pfarrfrau und Mutter von neun Kindern. Sie erscheint am Arm ihres Stiefsohns, der selbst schon Student in Halle ist, zur Doktorprüfung, beantwortet alle an sie gerichteten Fragen mit großer Sachkenntnis und bedient sich dabei eines »so schönen und zierlichen Lateins«, daß alle glauben, »eine alte Römerin in ihrer Muttersprache reden zu hören«.

Das Ereignis dieser so glänzend bestandenen Prüfung verbreitet sich in Deutschland wie ein Lauffeuer, dennoch ist es offenbar für die Zeitumstände so kurios und außergewöhnlich, daß sich lange Zeit kaum Frauen finden, die in Frau Erxlebens Fußstapfen treten wollen.

1731

»Warum soll ich denn nicht zur Schule gehen, ich bin fünfzehn und viel besser in Latein und Französisch als die Jungen von der Nachbarschaft. Und die Naturwissenschaften beherrsche ich ebenso gut wie Christian!« Mit gerunzelter Stirn steht Dorothea Leporin vor ihren Eltern.

»Es ist nun mal nicht üblich für Mädchen«, entgegnet die Mutter, »außerdem nützen dir die Bücher bei der Haushaltsführung später gar nichts, du hast schon genug Flausen im Kopf!«

»Laß Dorothea doch lernen, wenn es ihr Spaß macht«, widerspricht der Vater. »Sie kann mir auch in der Praxis behilflich sein.«

»Die Leute reden schon über unsere gelehrte Tochter, wie sollen wir sie nur unter die Haube bringen?«

»Anna, das ist doch Unsinn«, sagt Herr Leporin energisch. »Leider gibt es viel zu viele Dumme, die an Vorurteilen festhalten. Verstand hat noch keiner Frau geschadet, auch im Haushalt und im Familienleben nicht. Ich habe meinen Kindern nicht viel Geld zu vererben, aber Wissen kann ich ihnen viel mit auf den Weg geben. Das brauchen sie ebenso wie Nahrung und Kleidung. Und nun laß uns davon aufhören.«

1732–1738

Die Universität Halle in der Nähe Quedlinburgs ist Ende des 17. und Anfang des 18. Jahrhunderts das Zentrum zweier großer geistiger Strömungen, nämlich des Pietismus und der Aufklärung. Die Anhänger dieser Bewegungen setzen sich für eine gründliche Allgemeinbildung aller Volksschichten, auch der Frauen, ein. Der Pietist August Hermann Francke gründet Anfang des 18. Jahrhunderts eine höhere Mädchenschule, das Gynäceum, die die erste ihrer Art in Deutschland ist.

Dorotheas Vater und ihre beiden Privatlehrer hatten in Halle bei Francke studiert und sind von dessen Ideen angeregt worden. So hat Dorotheas Vater neben vielen medizinischen Artikeln auch sozialreformerische Schriften veröffentlicht. Der Rektor des Quedlinburger Gymnasiums und der Konrektor, die Dorothea in Sprachen und anderen Fächern unterrichten, machen sie 1732 auf die Promotion der italienischen Gelehrtentochter Laura Bassi aufmerksam und ermutigen sie, ebenfalls zu promovieren, also Doktorin zu werden.

Neben der Italienerin hat die junge Dorothea Leporin noch andere weibliche Vorbilder. Da sind zum Beispiel in Quedlinburg die sehr gelehrten Frauen im Kanonissenstift. Die derzeitige Äbtissin, Maria Elisabeth von Holstein, ist der jungen Arzttochter sehr gewogen. Sie macht sie später zu ihrer Leibärztin, und Dorothea widmet ihr aus Dankbarkeit die 1755 erscheinende Übersetzung ihrer Doktorarbeit. Vorbilder aber hat Dorothea auch aus der Vergangenheit. In Deutschland gab es seit dem 16. Jahrhundert heilkundige Frauen. Einige haben ihr Wissen auch in Büchern veröffentlicht. Dorothea liest sie alle. Kluge Frauen, die promovierten oder öffentlich lehrten, gab es auch in der Antike und im Mittelalter: Sokrates war Schüler einer Frau, der Griechin Aspasia in Athen; an der Universität von Alexandria lehrte Hypathia Mathematik, Naturwissenschaften und Philosophie; Aristoklea war die Lehrerin des Phythagoras, und nach dessen Tod setzten seine Frau, seine Schwester und seine Tochter das Werk des

Gelehrten fort. Auch in neuerer Zeit gab es in Italien Frauen, die vor Dorothea ihren Doktorhut in Theologie oder Philosophie erwarben und große medizinische Kenntnisse besaßen – wie Laura Bassi, auf die Dorothea von ihren Lehrern aufmerksam gemacht worden ist. Und in Bologna besaß schon um 1436 ihre Namensschwester Dorothea Buca vierzig Jahre lang den Lehrstuhl für Medizin und Ethik.

Die Namen und Werke dieser Frauen und noch vieler anderer nennt Dorothea Leporin mit 23 Jahren in einem Aufsatz, der später veröffentlicht und weithin bekannt wird. Er heißt: »Gründliche Untersuchung der Ursachen, die das weibliche Geschlecht vom Studiren abhalten, darin deren Unerheblichkeit gezeiget, und wie möglich, nöthig und nützlich es sey, dass dieses Geschlecht der Gelahrtheit sich befleisse.«

Witzig, klug und mit Leidenschaft erörtet Dorothea hier das Für und Wider der Mädchen- und Frauenbildung. Unerschrocken setzt sie sich mit den Vorurteilen ihrer Zeit auseinander, auch wo sie Spott und Neid ernten wird.

1740–1742

Im Jahre 1740 kommt die Familie Leporin in große Not. Christian, der Älteste, der in Halle Medizin studiert, soll zum preußischen Militär eingezogen werden, weil ein Krieg mit Schlesien droht. Dem entzieht er sich durch die Flucht ins nahe Kursachsen. Nun will man sich an den jüngeren Bruder Johannes und den Vater halten. Da fliehen auch diese beiden Hals über Kopf.

Plötzlich muß die Tochter Dorothea die restliche Familie über Wasser halten. Sie, die den Vater so häufig bei Krankenbesuchen begleitet hat, übernimmt nun seine Patienten. Aber leben kann die Familie von dieser Tätigkeit nicht, denn zu Leporins kommen vor allem die ärmsten der armen Kranken. Sie wissen, daß Vater und Tochter ihren Beruf in den Dienst christlicher Nächstenliebe stellen und auch dann behandeln, wenn ein Patient nicht zahlen kann.

Dorothea verzweifelt aber nicht, sondern beginnt, des Vaters neueste wissenschaftliche Schriften für den Druck fertig zu bearbeiten, und bemüht sich um eine Neuauflage derer, die sich gut verkaufen. Sie weiß nicht, wann Vater und Brüder wiederkommen.

Da hört sie, daß königliche Gesandte nach Quedlinburg in das Stift St. Servatius kommen wollen, damit man dem neuen König Friedrich II. huldigen kann. Sie faßt all ihren Mut zusammen, schreibt ein

Huldigungsschreiben an den König und fügt diesem einen weiteren Brief hinzu, in dem sie für ihren Bruder die Freistellung vom Militärdienst und für sich die Zulassung zum Studium beantragt.

Und das große Wunder geschieht: Ende März 1741 werden beide Anträge genehmigt. Ihrem Wunsch zu studieren entspricht Friedrich II., »da der gleichen Exempel (Beispiele) bey dem weiblichen Geschlechte insonderheit in Deutschland etwas rar sind und demnach dieser Casus (Fall) demselben zu nicht geringer Ehre gereichen würde.« Gleichzeitig empfiehlt er der Universität Halle, ihr alle Kosten zu erlassen und Freitisch zu gewähren.

Die Familie ist wieder beieinander und glücklich, Dorothea geht – *nicht* nach Halle zum Studium!

In Quedlinburg ist infolge einer Überschwemmung eine Epidemie ausgebrochen. Doktor Leporin erkrankt, und Dorothea unterstützt den Vater viele Monate. Sie kann nun einmal nicht anders handeln, als es ihrem Charakter entspricht, und das bedeutet zu helfen, wo sie gebraucht wird.

1742 will sie zum zweiten Mal nach Halle aufbrechen. Da stirbt ihre Freundin und Base Sophie, die 25jährige Frau des Pfarrers Erxleben. Als »Tante Dörthe« vertritt sie zunächst Mutterstelle bei den fünf kleinen Kindern. Und als der Pfarrer sie bittet, seine Frau zu werden, sagt sie ja.

Hat Dorothea eine historische Chance vertan? Wäre der Kampf um die Zulassung von Frauen an die Universitäten anders verlaufen, wenn Dorothea damals ihr Studium an der Universität in Halle aufgenommen hätte?

Vorerst mußten sich jedenfalls weiterhin Frauen in Männerkleidung in Vorlesungen einschmuggeln. Im 17. Jahrhundert durfte das Universalgenie Anna van Schuurman die Universitätsvorlesungen in Utrecht nur hinter einem Vorhang, der sie von den Studenten trennte, verfolgen. Fünfundfünfzig Jahre nach Dorotheas Tod war die Promotion der Dorothea Erxleben längst wieder vergessen. So überlegte man 1817 in Gießen, ob und wie man zum ersten Mal in der Geschichte des Landes eine Frau promovieren sollte. Und noch 1902 schrieben Medizinstudenten in Halle, dem Ort, an dem Dorothea anderthalb Jahrhunderte zuvor den Doktorhut erworben hatte, einen Aufruf, in dem sie die Zulassung von Frauen zum Studium beklagten: »In den Stätten ehrlichen Strebens ist mit den Frauen der Zynismus eingezogen, und Szenen, für Lehrer und Schüler wie für die Patienten in gleichem Maße anstoßerregend, sind an der Tagesordnung.«

_1753/1754_

Dorothea ist Pfarrfrau an der Nicolaikirche in Quedlinburg. Mit der Entscheidung für Pfarrhaus, Ehe und Kinder gibt Dorothea aber ihre Berufsarbeit nicht auf. Jetzt tritt sie den Beweis für die Behauptung an, die sie in ihrem Aufsatz über das Frauenstudium aufgestellt hat: daß es nämlich sehr wohl möglich sei, Haushalt, Familie, eine glückliche Ehe und wissenschaftliche Studien miteinander zu verbinden.

Außer den Professoren von Halle studiert sie alle medizinischen Kapazitäten ihrer Zeit; nicht als Studentin an der Universität, sondern als Pfarrfrau, Hausfrau, Mutter zu Hause. Daneben kommen immer mehr Patienten zu ihr, die sie oft unentgeltlich behandelt. Ja, manchmal gibt sie armen Leuten das Geld für die Arznei noch dazu – und das, obwohl die große Familie bei dem geringen Einkommen des Pfarrers selbst wenig genug zum Leben hat. Als dann bekannt wird, daß Dorothea ihren Mann von einer schweren Krankheit heilen konnte, wird der Zulauf in ihre Praxis noch größer. Voller Warmherzigkeit, Selbst- und Gottvertrauen meistert sie die vielfältigen Aufgaben ihres Lebens. Und der verständnisvolle, liebende Ehemann hilft ihr dabei.

Die entscheidenden Schwierigkeiten kommen von anderer Seite: Drei Quedlinburger Arztkollegen mißfallen die Heilerfolge der Pfarrfrau sehr. Die Konkurrenzsituation für Ärzte ist groß. Die drei zeigen Frau Erxleben an, weil sie ohne akademischen Grad praktiziert, und stellen sie auf eine Stufe mit Quacksalbern, Kurpfuschern und selbsternannten Heilkundigen, die trotz gerichtlichen Verbots großen Zulauf haben. Die Praxis Dorotheas ist dagegen nicht ungesetzlich; es gibt zu ihrer Zeit viele ausgezeichnete Ärzte in Deutschland, die wie sie ohne Universitätsabschluß praktizieren und fraglos anerkannt sind. Aber Dorothea Erxleben ist eben eine Frau!

Die Anklage der Kollegen bringt den Stein ins Rollen. Dorothea kann zwar alle gegen sie gerichteten Vorwürfe entkräften, aber sie soll und will nun die Doktorprüfung ablegen – mit 38 Jahren.

Mit der ihr eigenen Unerschrockenheit und Geradlinigkeit scheut Dorothea Erxleben sich auch in dieser Situation nicht, sowohl in ihrer Doktorarbeit als auch in ihrer mündlichen Prüfung unpopuläre und ganz neue Ansichten zu vertreten. Da aber alles, was sie sagt, durch ihr großes Wissen und ihre langjährige Erfahrung belegt ist, besteht sie die Prüfung mit großem Lob und Beifall.

Der Titel ihrer Doktorarbeit lautet »Academische Abhandlung von
der gar zu geschwinden und angenehmen, aber deswegen öfters unsi-
chern Heilung der Krankheiten«. Hier äußert sie Prinzipien der Na-
turheilkunde und der ganzheitlichen Medizin, wie wir sie heute wieder entdecken. Sie betont, daß bei der Diagnose der Krankheit
unbedingt die Ursachen und die Lebensumstände des Patienten mit
zu berücksichtigen seien, und warnt vor Arzneimitteln, die nur Sym-
ptome kurieren. Sie kritisiert den Arzneimittelmißbrauch und meint,
die Geschicklichkeit des Arztes hänge nicht von der Länge des Re-
zepts ab, außerdem sollten nicht zu viele teure und ausländische
Medikamente verschrieben werden, oft würden inländische und einfache dieselbe oder bessere Wirkung haben. Sie wendet sich vor allem
gegen den Gebrauch der damals wichtigsten Heilmittel, der Abführ-,
Brech- und schweißtreibenden Mittel, weil ihrer Meinung nach die
natürlichen Abwehrmechanismen des Körpers, die sich in Erbrechen,
Durchfall oder Schweißausbrüchen ausdrücken, vollkommen ausreichend seien.

Dorothea Christiana Erxleben, geb. Leporin

1715–1762

Dorothea Christiana Erxleben promovierte 1754 an der Universität Halle
zum Doktor der Medizin und erwarb damit als erste Frau in Deutschland
den Doktorgrad.
Sie wurde am 17. 11. 1715 als drittes Kind des Arztes und Naturwissen-
schaftlers Christian Polycarp Leporin und dessen Frau Anna Sophia, jüngste Tochter des Pastors Albert Meinecke, in Quedlinburg geboren.
Dorothea Christiane war in ihrer Kindheit und Jugend oft kränklich und
bettlägerig. Zu ihrer Zerstreuung unterrichtete der Vater seinen ältesten
Sohn an ihrem Krankenbett, merkte jedoch bald, daß sie dem Unterrichts-
stoff genauso aufmerksam folgte wie der Bruder, und begann daraufhin,
auch sie in den Grundlagen der Naturwissenschaften und Medizin zu
unterweisen. Zusätzlich erhielt sie Privatunterricht von den besten Lehrern
Quedlinburgs.
1738 verfaßte sie eine der frühesten Emanzipationsschriften von Frauen
in Deutschland, in der sie sich gründlich mit dem Thema Frauenbildung
und Frauenstudium auseinandersetzte, den vielbeachteten Essay »Gründliche Untersuchung der Ursachen, die das weibliche Geschlecht vom Studieren abhalten.«

1762

Von Frau Erxlebens weiterem Leben gibt es nur sehr spärliche Nachrichten. So schreibt der Vater des 1724 in Quedlinburg geborenen Dichters Klopstock 1755 an seinen Bruder: »Sonsten weiß ich nichts merkwürdiges, außer daß auch der hiesigen Princesse von Holstein-Ploen Durchl. mit denen Blattern ohne Gefahr befallen und von der Frau (!) Doct. Erxleben, eines hiesigen Diaconi Eheliebsten, glückl. curiret worden.«
In einer Quedlinburger Familienchronik heißt es über sie, daß sie mit besonderem Glück bei Frauen und Kindern kurierte und ihren ältesten Sohn in Medizin unterrichtete. Und kurz vor ihrem Tode wird in einer Hannoverschen Zeitung bemerkt, »die Frau Doctorin stehet... zu Quedlinburg am Hartz-Gebirge in einer weitläuftigen und sehr glücklichen Praxis«.
Im siebenjährigen Krieg ist auch die Stadt Quedlinburg stark betroffen. Frau Dr. Erxlebens Kollegen werden eingezogen. Sie muß viele

1741 beantragte Dorothea Leporin bei dem soeben an die Macht gelangten Friedrich II. die Zulassung zu Studium und Promotion und erhielt die Genehmigung dazu. Zweimal hinderten familiäre Umstände sie jedoch, ihr Studium aufzunehmen: Sie mußte zunächst den kranken Vater in dessen Praxis vertreten, dann heiratete sie 1742 den verwitweten Quedlinburger Pfarrer Erxleben und bekam zu den fünf Stiefkindern vier weitere Kinder hinzu.
Neben ihrer Arbeit als Mutter und Pfarrfrau setzte sie ihre medizinische Tätigkeit und Studien fort.
1753 wurde sie von ihren drei studierten Quedlinburger Kollegen wegen Kurpfuscherei angezeigt. Um ihre Praxis weiter ausüben zu können, meldete sie sich – mit dem vierten Kinde schwanger – zur Promotion und bestand die Prüfungen sehr erfolgreich.
Nach nur wenigen Jahren unermüdlichen Wirkens starb sie 1762, drei Jahre nach dem Tod ihres geliebten Mannes.
Ihre Söhne studierten Philosophie, Jura, Theologie, zwei wurden bekannte Professoren. Die Töchter hatten wohl Frauenschicksale, denn von ihnen ist nichts überliefert.
Das Bildnis der Mutter aber ist auf den deutschen 60-Pfennig-Briefmarken zu sehen.

Verwundete versorgen, behandelt Kinder und Frauen mit Mangel-
krankheiten, die durch den Krieg bedingt sind. In dieser Zeit verliert
sie ihren zweiten Sohn, dann die Mutter, und 1759 stirbt ihr Mann.
Körperlich und seelisch erschöpft wird sie selbst krank. Sie stirbt
1762 im Alter von siebenundvierzig Jahren.

In einem Nachruf heißt es:
Quedlinburg bedauert den Verlust einer Seltenheit des schönen Ge-
schlechts, den sie durch den frühzeitigen Tod der Hochgelehrten und
Hocherfahrenen Frau, Frau Dorothea Christiana Erxlebin, geborenen
Leporinin, der Arzeneygelahrtheit Doctor, erlitten. Diese sowohl
durch ihren edlen Charakter und ungeheuchelte Gottesfurcht würdige, als durch schöne und gründliche Wissenschaften berühmte Frau,
schrieb mit gleicher Leicht- und Gründlichkeit in Deutscher, Französischer und Lateinischer Sprache... und erhielt den Doctorhuth den
12. Jun. 1754 auf der Universität Halle. Unermüdet das Elend des
armen Nächsten zu lindern, exercirte sie praxin medicam mit Ruhm,
Glück und göttlichem Segen.«

Dorothea Wettlaufer

Zum Nachdenken und Diskutieren

- Dorothea verzichtet auf eine ungebrochene Karriere zugunsten „weiblicher
  Pflichten und Freuden".
- Welche Konsequenzen nimmt sie für ihre Dennoch-Karriere auf sich?
- Dorotheas Erfahrungen mit Männern (Brüdern, Vater, Ehemann, Kollegen...)
- Ich vergleiche ihre 250 Jahre zurückliegenden Erfahrungen und Entscheidun-
  gen mit den heutigen Entscheidungen und Erfahrungen von Mädchen und
  Frauen.

Lesevorschläge

W. Quednau: Die Ärztin Dorothea Christiana, Würzburg 1970 (nur noch in
Bibliotheken)
D. Chr. Leporin: Gründliche Untersuchung der Ursachen, die das weibliche
Geschlecht vom Studieren abhalten, 1742, Nachdruck Ohms, 1976
H. Böhm: Dorothea Christiana Erxleben — ihr Leben und Wirken. Nach Doku-
menten zusammengestellt zum 250. Geburtstag 1965, Museumsbücherei
Quedlinburg 1965

Elizabeth Fry

Elizabeth Gurney stand am Fenster ihres elterlichen Hauses in Earlham und schaute hinaus auf den kurz geschnittenen Rasen und die hohen Bäume des Parks. Die Nachmittagssonne hatte alles golden gefärbt, und Elizabeth sah nichts lieber als dieses goldene Nachmittagslicht. Sie wartete auf James, ihren Verlobten.

»Immer, wenn ich dieses goldene Licht auf dem Rasen sehe, werde ich an James denken«, dachte sie. »Ich denke ja immerzu an James. Aber bei diesem goldenen Rasen denke ich daran, wie sehr ich ihn liebe. Ich liebe ihn mehr als alles auf der Welt und werde es auch noch tun, wenn ich längst eine alte Frau geworden bin.«

Elizabeth sah zu, wie die Schatten bläulicher wurden und das Gold auf dem Rasen blasser. Hinter ihr tickte die Uhr auf dem Kamin, und unten im Hause schlug eine Tür. Sie hörte einmal Hufeklappern auf dem Pflaster des Hofes, und dann bellte hinten am Parktor der Hund, einmal, zweimal. Es wurde wieder still. Die Sonne war untergegangen.

Elizabeth verließ das Zimmer und stieg die Treppe hinab. Unten in der Halle sah sie den Vater in der Tür zur Bibliothek stehen.

»Elizabeth«, sagte er und schaute sie traurig an, »Elizabeth, mein Kind«, und weiter nichts. Aber Elizabeth wußte genug: James war nicht gekommen und würde nie wieder kommen. Elizabeth weinte so, wie sie seit dem Tode ihrer Mutter nicht mehr geweint hatte. Der Vater erzählte ihr, daß James seine Liebe aufgesagt habe und nach London abgereist sei. Für den reichen Bankierssohn war die Partie mit einem englischen Landedelfräulein nicht glänzend genug. Er wollte freibleiben und sich umschauen, was London zu bieten hätte.

Ein Jahr später. Niemand im Haus Earlham wußte mehr so recht, was er mit Elizabeth anfangen sollte. Der Vater war ein frommer, aber auch ein freier Mann, und die Verwandlung seiner Tochter in ein in sich gekehrtes, ernstes Wesen kam ihm fremd und unheimlich vor. Sie hatte in Norwick, einer größeren Stadt nahe bei Earlham, den Quäker William Savary bei einer Predigt gehört, und seine Worte hatten sie tief ins Herz getroffen.

Die Quäker, das heißt »Zitterer«, hatten sich als eine Gruppe innerhalb der englischen Kirche gebildet, weil sie dort die vielen Äußerlichkeiten der Kirche ablehnten. Sie wollten nur den Heiligen Geist Gottes wirken lassen, der jeden Menschen bewegen oder »zittern« machen konnte. Sie kannten keine höhere oder niedrigere Geistlichkeit, jeder konnte predigen, wenn der Geist ihn trieb, und alle nannten sich Du und »Freunde«. Sie wurden an vielen Orten sehr gehaßt und verfolgt, und einer von ihnen, William Pen, wanderte nach Amerika aus, um im neuen Staate Pennsylvania eine freie Welt für die Quäker zu schaffen.

Der Vater, selbst ein überzeugter Quäker, hätte sich eigentlich freuen müssen über die Wandlung seiner Tochter, die früher nur widerwillig bei den täglichen Hausandachten gesessen und oft mit den Schwestern über die komischen alten Quäkerfreundinnen des Hauses gelacht hatte. Aber er zweifelte daran, daß Elizabeths Bekehrung echt sei, und hielt sie mehr für eine Flucht in die religiöse Welt, nachdem ihre Liebe zerstört worden war.

Auch die Schwestern Elizabeths trauten dieser plötzlichen Bekehrung nicht. »Elizabeth kommt nicht von ihren Gedanken an James los«, sagten sie. »Der hat solchen Gram gar nicht verdient. Er hat längst eine andere gefunden und lacht mit ihr über das fromme Landblümchen in Earlham, das hier sitzt und seine Jugend beweint.«

Der Vater schickte Elizabeth zu einer Verwandten nach London, um sie auf andere Gedanken zu bringen. Aber so oft auch Mrs. Barcley, Elizabeths Gastgeberin, sie auf Bälle oder ins Theater mitnahm, um sie abzulenken und mit anderen jungen Menschen zusammenzubringen, Elizabeth war nicht mit dem Herzen dabei. Sie dachte aber nicht mehr sehr oft an James.

»Ich will Jesus dienen, so wie William Savary es gesagt hat. Wenn ich nur schon wüßte wie! Jesus hat mich lieb, das habe ich verstanden. Ob ich ihn jetzt plötzlich auch wiederliebe, weil ich James' Liebe verloren habe? Lieber Gott, ich weiß es nicht. Zeige mir nur, wie ich dir dienen kann!«

Elizabeth kehrte nach Hause zurück. Sie wollte christlich leben. Aber das war nicht so einfach, wenn man morgens in einem warmen Bett aufwachte, in frische Kleider stieg und ein reichliches Frühstück vorfand; wenn die Kamine im Hause geheizt waren und die Bedienten einem in allem zur Hand gingen. Hier waren alle satt und mit ihrem Schicksal zufrieden.

So ging Elizabeth jetzt öfter in die umliegenden Dörfer von Earlham. Als sie eines Tages aus dem Hause einer lungenkranken Frau trat, der sie eine Suppe gebracht und die Stube ein wenig aufgeräumt hatte, sah sie Sammy, den ältesten Sohn, neben der Haustür sitzen. Sie gab ihm einen freundlichen Gruß und drückte ihm ein kleines Büchlein in die Hand.

»Hier, Sammy, das ist für dich. Daraus kannst du deiner Mutter etwas vorlesen, wenn sie traurig ist. Es ist ein Neues Testament.«

Sammy schaute verlegen drein.

»Vielen Dank, Madam«, sagte er höflich, »aber ich kann es nicht gebrauchen.«

»Warum nicht?« Elizabeth sah den Jungen befremdet an.

»Ich kann nicht lesen.«

Elizabeth richtete eine Schule für die Dorfkinder von Earlham und Umgebung ein in einer unbenutzten Waschküche. Das ging alles so energisch und zielbewußt vor sich, daß Elizabeth sich selber wundern mußte. »Ich bin eigentlich gar nicht so energisch von Natur aus«, dachte sie erstaunt. »Aber so kann es kommen, wenn man etwas nicht für sich selber tut.«

Ebenso tatkräftig lernte sie, Schutzimpfungen selbst zu spritzen, und setzte sie gegen Kinderepidemien durch, auch wenn sie damit zuerst auf manchen Widerstand bei den Eltern stieß. Aber man merkte, daß durch diese Schutzimpfungen viel weniger Kinder in der Umgebung Earlhams starben als früher.

Elizabeth war zufrieden. »Ich habe Menschen gefunden, die ich lieben kann um Jesu willen«, dachte sie. Wenn sie abends von ihren vielen Gängen im Dorf heimkehrte und die späte Sonne auf dem großen Rasen des Parkes lag wie Gold, dann fühlte sie die Wunde in ihrem Herzen nicht mehr so stark brennen. »Es ist alles gut so, wie Gott es gemacht hat. Man soll sich nichts zurückwünschen. Man soll versuchen, Gott heute zu dienen, so schlecht und recht man es eben kann.«

Im Hause ihres Vaters, der stets viele Freunde zu sich einlud, verkehrte auch seit einiger Zeit ein junger Bankier, der zunächst nur geschäftlich im Hause von Earlham verhandelte, dann aber mehr und mehr ohne besonderen Grund erschien, um bei der Familie seinen Besuch zu machen.

»Ich vermute beinahe, die guten Möglichkeiten zur Jagd hier haben es Joseph Fry angetan«, bemerkte Elizabeth einmal arglos. Aber da brachen ihre Schwestern in schallendes Gelächter aus.

»Du weißt gar nicht, wie recht du hast«, sagten sie, »und der Hase, den er jagen will, der bist du.«

Elizabeth erschrak. Joseph Fry wollte sie heiraten? Das konnte doch gar nicht sein! Nicht deshalb, weil er nicht so schön und geistvoll wie James Lloyd war. Mit Joseph konnte man es sicher viel leichter ein Leben lang aushalten als mit manchem anderen, der nicht so gleichmäßig und freundlich im Wesen war wie Joseph. Aber ihr Platz war hier! Warum sollte sie jetzt auf einmal aus diesem Leben herausgerissen werden? Das konnte doch nicht Gottes Wille sein!

So sagte Elizabeth zweimal nein, als Joseph Fry sie bat, seine Frau zu werden, und arbeitete weiter in den Dörfern um Earlham. Nach zwei Jahren fragte Joseph Fry sie noch einmal. Diesmal legte er Elizabeth eine kostbare goldene Uhr in die Hand.

»Wenn du sie mir bis morgen nicht zurückgegeben hast, nehme ich das als Zeichen, daß du auch mich angenommen hast.«

Elizabeth behielt die goldene Uhr. Im August 1800 war die Hochzeit in Norwich, und danach siedelte das junge Paar nach London über. Elizabeth war damals zwanzig Jahre alt.

Bis zum Jahre 1808 lebte sie als Frau Fry in London und schenkte fünf Kindern das Leben. Danach siedelte die Familie auf den Fry'schen Familiensitz in Plashet über. Hier kamen die nächsten drei Kinder zur Welt.

Es sah so aus, als hätte Elizabeth Fry nun endgültig ihren Wirkungskreis gefunden, wo sie als Frau und Mutter so vieler Kinder helfen und dienen konnte. Es gab auch hier wieder Gäste genug und Menschen im Umkreis des Gutes, die sie versorgen und pflegen konnte. Doch dann begegnete sie Stephen Grellet, einem Quäker, der als erster Privatmann Besuchserlaubnis in Londoner Gefängnissen für sich durchgesetzt hatte.

Starr vor Schrecken hörte Elizabeth seinem Bericht über den Besuch im Londoner Frauengefängnis zu. Sie hatte nicht gewußt, in welch unbeschreiblichem Elend und Schmutz die gefangenen Frauen leben mußten. Das große Gefängnis von Newgate hatte keine Fenster; sie hätten die prächtige Barockfassade des Hauses gestört. Wozu auch brauchten Strafgefangene Licht! Sie waren durch ihre Taten vom normalen Leben ausgeschlossen und in die Finsternis gestoßen. Zu Dutzenden in einen Raum eingepfercht, hausten die Frauen auf schlechtem Stroh zwischen feuchten, kalten Wänden in Gestank und Kälte und bei ungenügendem Essen. Rohe und hämische Gefängniswärter waren die einzigen Menschen, die mit ihnen umgingen. Die Frauen kannten kaum eine andere Unterhaltung als Zank, Flüche und Haß gegeneinander. Am schlimmsten aber traf es die Kinder, die im Gefängnis geboren oder mit den Müttern eingesperrt waren.

»Helfen Sie mir, diesen Menschen zu helfen«, bat Stephen Grellet.

»Ich brauche jemanden, dem ich diese Sache ans Herz legen kann, denn ich selbst muß England wieder verlassen.«
Elizabeth ging gleich am nächsten Tag zum Gefängnis. Sie brachte Kleider, Wolldecken und Essen mit für die gefangenen Frauen. Aber man ließ sie nicht hinein. Unverrichteterdinge kehrte sie nach Hause zurück.
Die Ereignisse in der Familie nahmen sie sehr in Anspruch. Sie verlor eines ihrer Kinder und noch andere nahe Angehörige.
Finanzielle Nöte stellten sich ein und nach der Geburt ihres neunten und zehnten Kindes auch allerlei persönliche Beschwerden.
So dauerte es vier Jahre, bis sie einen neuen Versuch unternahm.
Erst 1817 stand sie wieder vor den Gefängnistoren von Newgate, diesmal entschlossen, auch hineinzugehen. Der Wärter unten am Tor wollte sie nicht ins Gebäude und erst recht nicht zu den Frauen lassen.
»Das dürfen Sie nicht wagen, Madam«, sagte er abwehrend. »Die Frauen sind keine Menschen mehr. Sie würden sich auf Sie stürzen und Gott weiß was mit Ihnen tun.«
»Machen Sie nur auf, ich fürchte mich nicht«, entgegnete Elizabeth.
Der Wärter versuchte, ein letztes Bedenken zu äußern.
»Dann lassen Sie wenigstens Ihre goldene Uhr hier«, sagte er.
»Von meiner goldenen Uhr trenne ich mich nicht, lassen Sie mich jetzt hinein.«
Elizabeth schritt hinter dem schlüsselklappernden Wärter durch die muffigen Gänge des Gefängnisses. Nur ein paar schwelende Fackeln erleuchteten die Finsternis. Eine Tür wurde aufgesperrt.
»Achtung, ihr Frauen, ihr kriegt vornehmen Besuch, benehmt euch! Sonst passiert euch etwas.«
Elizabeth trat in die düstere Zelle. Hinter ihr fiel die Tür ins Schloß, wurde ein Schlüssel umgedreht. Sie war mit den gefangenen Frauen allein. Nach dem vorherigen Lärm, den man durch die Wände gehört hatte, herrschte nun plötzliche Stille. Elizabeth stand einsam an der Tür, und ihre Angst wurde klein gegenüber dem tiefen Erschrecken darüber, was diesen Menschen angetan wurde. Sie hatte das Gefühl, als trügen diese Frauen und Kinder alles Elend, alle Ungerechtigkeit der Welt auf ihren Schultern.
»Liebe Freundinnen«, sagte sie leise, »viele von euch sind Mütter. Auch ich bin eine Mutter. Ich bin besorgt um eure Kinder.« Dabei streichelte sie einem der elenden Kinder das graue kleine Gesicht.
»Könnten wir nicht etwas für diese Kinder tun?«
Mehrere Frauen umdrängten Elizabeth. Hier fragte ein Mensch zum

ersten Mal, seitdem sie im Gefängnis waren, nicht nach ihren Taten oder nach ihrer Reue. Hier fragte ein Mensch nach ihrer Not und traf sie damit mitten ins Herz. Hier brachte ein Mensch nicht Urteile, sondern Liebe mit. Ein paar der Frauen taten ihre verarmten Herzen auf und brachten ihr letztes Vertrauen. Es waren Diebinnen darunter, Süchtige und Mörderinnen. Aber hier sah ein Mensch sie nur von Mutter zu Mutter an.

Nach kurzer Zeit saß ein Häuflein Gefangener um die Frau, und sie schmiedeten Pläne. Eine Schule wollten sie hier im Gefängnis für die Kinder einrichten. Ein altes Gelaß säubern und zum Schulzimmer machen. Elizabeth wollte Putzzeug, Schulbücher, Tafel und eine Glocke mitbringen. Ja, eine Glocke, damit alles seine Ordnung hätte. Eine Frau lachte. Wie fremd klang das von den Wänden, die schon so viel Jammer und Flüche gehört hatten. Eine andere, die lesen konnte, sollte die Lehrerin werden. Die Aussicht auf diese neue Aufgabe gab den Frauen eine Hoffnung, zum ersten Mal seit langer Zeit, ja vielleicht zum ersten Mal in ihrem Leben.

»Morgen komme ich wieder«, versprach Elizabeth.

»Sie war wie ein Engel«, sagte eine Frau, als sie gegangen war.

Als Elizabeth Fry nach dieser Stunde aus dem Gebäude trat, glänzte die regennasse Straße in der späten Nachmittagssonne wie kühles Gold. Elizabeth mußte wieder an James denken, aber er war nur ein unwirklicher Schatten. Vor ihm standen die jammervollen Gestalten von Newgate und schauten sie an: Sie waren es, die Liebe brauchten.

Was Elizabeth in den nächsten Tagen und Wochen angriff und fertigbrachte, ging ins Wunderbare. Sie richtete nicht nur eine Schule für die Gefängniskinder ein. Sie half auch den Frauen, mit der Einrichtung einer Nähstube Beschäftigung zu finden und sich saubere Kleider zu nähen. Sie ließ Fenster in die Fassade brechen; Licht und gute Luft drangen in die Finsternis. Sie las mit den Frauen regelmäßig in der Bibel, tröstete die Verzweifelten, pflegte die Kranken und verhalf den Entlassenen zu einer neuen Arbeitsstelle. Sie lief in Amtsstuben, Pfarrhäuser und zu Fabrikbesitzern, um Geld, Arbeitsstellen oder auch nur Verständnis für die Notlage dieser Menschen zu finden. Vor ihrer Tatkraft brachen Kritik, männliche Eitelkeit, moralische Entrüstung und starre Tradition haltlos zusammen. Elizabeth war unwiderstehlich.

Schon ein Jahr später, 1818, geschah das Unerhörte. Im englischen Unterhaus, dem britischen Parlament, in dem die Vertreter des Vol-

kes Beschlüsse und Gesetze verfassen, sollte zum ersten Mal in der
Geschichte Englands eine Frau sprechen. Im ganzen »House of Commons« summte es vor Erregung und Spannung. Viele Journalisten
der großen englischen Zeitungen waren vertreten, die Minister und
Volksvertreter lasen erstaunt den Namen der Sprecherin: Elizabeth
Fry, Frau des Bankiers Joseph Fry, Quäkerin.
Was würden sie zu hören bekommen? Mrs. Fry sollte eine Wohltäterin besonderer Art und tatkräftig sein. Man hat allerlei Erstaunliches
und auch manches Amüsante über diese Frau gehört. Dann betrat
Elizabeth den Saal. Sie ist niemals eine besonders schöne oder imponierende Frau gewesen. Sie war von kleiner Gestalt, hatte keine besonders faszinierende Stimme und war in ihre schlichte graue Quäkertracht gekleidet. Sie begann zu sprechen. Sie sprach von den
unsagbaren Zuständen in den Londoner Gefängnissen, so wie sie es
mit ihren Augen gesehen hatte, von der völligen Verelendung dieser
Menschen an Seele, Körper und Geist. Sie sprach davon, daß man
diesen Menschen nicht nur ihre Strafe zumessen dürfte, oft viel zu
hohe Strafen für kleine Vergehen, sondern sie an Seele, Körper und
Geist bessern müßte. Sie erzählte den Männern im Parlament, daß
diese Menschen oft zu Verbrechen getrieben worden waren, weil sie
vor Armut und Trostlosigkeit nicht mehr ein noch aus wußten und
keine Liebe, Güte und Schönheit sie je erreicht hatte.
»Und das ist nicht ihre Schuld«, rief Elizabeth Fry, »sondern unsere
Schuld, die wir auf der Sonnenseite des Lebens stehen und von der
finsteren Seite nichts wissen wollen!«
Klar sagte sie, was sie für nötig hielt: Gottesdienst, Unterricht und
Seelsorge in den Gefängnissen und auf den »Verbrecherschiffen«,
beständige Beschäftigung für die Gefangenen, nur weibliche Gefängniswärterinnen für die Frauen, ausreichendes Essen und Kleidung,
Abschaffung der schweren Ketten, Beschränkung der Todesstrafe auf
schwerste Fälle.
»Strafe darf nicht Rache sein; sie muß dem Vergehen entsprechen
und soll den Verbrecher bessern und Verbrechen mindern. Der Dienst
an der Seele ist die Seele allen Dienstes.«
Als sie geendet hatte, herrschte atemlose Stille. Elizabeth hatte gesiegt und viele Männer für ihre Arbeit gewonnen. Königin Charlotte
von England lud sie wenige Tage später zu einem Empfang ins Schloß,
um sich über Elizabeths Pläne unterrichten zu lassen. Noch im gleichen Jahr reiste Elizabeth Fry nach Schottland, um dort über Verbesserungen in den Frauengefängnissen zu verhandeln.

Bald war sie im ganzen Land bekannt. »Engel der Gefangenen« nannte
man sie. Bis 1828 war viel erreicht. Die Gefängnisreformen waren
wirklich in ganz England und in den Kolonien durchgeführt. Auf den
Auswanderungsschiffen, die Sträflinge in die neue Welt wegbrachten,
wurde eine Betreuung eingerichtet.
Dieses selbe Jahr brachte ihr noch ihr letztes und elftes Kind und am
gleichen Tage ihr erstes Enkelkind. Ein Jahr später verlor Joseph Fry
den größten Teil seines Vermögens und mußte mit seiner Familie in
ein kleineres Haus nach Upton Lane ziehen. Diese Ereignisse zogen
Elizabeth immer wieder in ihren alltäglichen Pflichtenkreis zurück,
wenn die großen Aufgaben sie zu überwältigen drohten.
Und doch arbeitete und kämpfte sie weiter, erreichte neue Gefängnis-
gesetze, gewann mehr und mehr Einfluß auf das ganze sozialpoliti-
sche Leben Englands. Es hatte bis dahin keine soziale Fürsorge gegeben. Sie hatte viele Freunde, darunter auch Theodor Fliedner aus
Deutschland. Es gab aber auch viele, die ihr feind waren, selbst in
der Kirche. Den einen war sie zu fromm, den anderen zu weltlich.
Schließlich reiste sie über den Kanal auf den Kontinent. Sie war nicht
mehr jung, fast sechzig bei der ersten und dreiundsechzig bei der
letzten großen Reise.
Tagelang fuhr sie auf holprigen Straßen, in eine enge Postkutsche
eingepfercht, übernachtete auf den kargen, nur für Männer eingerich-
teten Poststationen. Das bedeutete viel Mühsal für diese Frau, die
elf Kinder geboren hatte, von zarter Gesundheit war und außerdem
fast immer an quälenden Zahnschmerzen litt, wie sie öfter in ihrem
Tagebuch erwähnte.
Aber sie ließ sich von allen äußeren Schwierigkeiten nicht zurückhal-
ten und kam nach Paris und Südfrankreich, in die Schweiz, nach
Deutschland, Belgien und Holland und noch einmal nach Deutschland, wo sie überall für die Reformen in den Frauengefängnissen
eintrat. Man hörte auf ihren Rat, ihre Vorschläge. Elizabeth Fry war
berühmt geworden über die Grenzen ihres Landes hinaus.
Dann kehrte sie nach Earlham zurück ins Haus ihres Vaters, wo sie
schwere Krankheitstage und manche Anfechtungen erlebte. Hatte
sie Mann und Kinder nicht doch oft vernachlässigt um der Arbeit in
der Öffentlichkeit willen? Und hatte sie nicht auch viel zu satt und
gesichert gelebt, während sie die Reichen Englands wegen all der
sozialen Mißstände anklagte? War ihr Glaube wirklich immer lebendig geblieben bei ihrem vielen Predigen von Jesus, bei ihrem Bibel-
lesen und ihrer Seelsorge an den Gefangenen?

»Nichts, was wir tun in dieser Welt, ist rein und lauter«, dachte sie traurig. »Es ist alles mit Schuld durchsetzt, auch das Gute, das wir tun. Gott allein kann unsere Taten recht messen, und er wird unseren Glauben ansehen.«
Im Jahre 1844, bei einem Kuraufenthalt in Ramsgate am Meer, starb Elizabeth Fry.

Susanne Graffam

Zum Nachdenken und Diskutieren

- Elizabeths Erfahrungen mit Liebe.
- Was unterscheidet die Haltung der Elizabeth Fry gegenüber den inhaftierten Frauen von der Haltung der Wärter, Richter, Politiker und der Haltung der bürgerlichen Gesellschaft?
- Vergleich mit verschiedenen Ansätzen von Sozialarbeit heute.

Lesevorschlag

W. Graffam: Die Anfechtung der Elizabeth Fry – Laienspiel, Deutscher Theater-Verlag Weinheim

---

Elizabeth Fry, geb. Gurney

1780–1845

Elizabeth Gurney wurde am 21. Mai 1780 in Norwich geboren. Mit zehn Geschwistern wuchs sie trotz des frühen Todes der Mutter unbeschwert auf dem Landgut Earlham auf. Wie der Vater wurde auch Elizabeth überzeugte Quäkerin.
Mit zwanzig Jahren heiratete sie den Bankier Joseph Fry, bekam elf Kinder und hatte oft große Schwierigkeiten zu überwinden in der Sorge für die zahlreiche Familie. Trotzdem setzte sie sich daneben immer für andere ein, besuchte regelmäßig das Frauengefängnis in Newgate.
1817 gründete sie den »Frauenverein zur Besserung weiblicher Sträflinge«. Ihr politischer Einfluß wuchs, sie erkämpfte neue Gesetze, die zuerst die englischen, später die Frauengefängnisse in Europa und den Kolonien veränderten.
Elizabeth Fry starb am 12. Oktober 1845 in Ramsgate.

Friederike Fliedner

Friederike ist nicht mehr die Jüngste, als die Wahl Theodors auf sie
fällt. Mit 28 Jahren ist sie für ihre Zeit über das Alter hinaus, in dem
man sich verliebt, verlobt, verheiratet. Mag sein, sie ist nicht die
Schönste. Doch häßlich ist sie allemal nicht. Sie hat einfach zu gern
gearbeitet, ein zu selbständiges Leben geführt, als daß sie wie ihre
Freundinnen mit siebzehn schon nur von Mann und Kindern hätte
träumen wollen.
Zur Jahrhundertwende, 1800, ist Friederike Münster geboren. Das ist
nicht die Zeit, in der Frauen ihren eigenen Kopf durchsetzen können.
Solange Mädchen zu Hause leben, bestimmen Vater und Brüder über
ihr Leben, ihre Liebe, ihre Arbeit. Das elterliche Haus verlassen »an-
ständige« Frauen nur, wenn sie heiraten. Und dann hat der Ehemann
über die Frau zu bestimmen. Frauen haben kein Wahlrecht − in der
Politik und im Privaten nicht.
Allerhand für diese Zeit, daß Friederike einem eigenen Beruf nach-
geht! Jahrelang arbeitet sie als Fürsorgerin in einem Heim für schwer
erziehbare Mädchen. Vater und Brüder hätten sie gerne vor dem
schlechten Einfluß der Heim-Mädchen bewahrt − doch Friederike
hat sich nicht behüten lassen. Ihr ist die Herausforderung durch die
oft frechen, ungezügelten Mädchen im Heim gerade recht. Nur nicht
zu Hause sitzen und Wäsche säumen, Deckchen häkeln und sticken.
Nur nicht nutzlos-brave Bürgerstochter sein!
Nicht genug damit. Friederike beschwert sich auch darüber, daß der
Leiter des Heimes allein das Sagen hat. Immer und immer wieder
hat er ihr und den Kolleginnen in die Arbeit hineingeredet. Erst haben
die Erzieherinnen leise gegen den Chef gemurrt, dann haben sie sich
zusammengetan. Sie haben von Mitbestimmung gesprochen − lange
bevor in Deutschland die ersten Gewerkschaften Mitbestimmung in
Betrieben eingeklagt haben.
Friederike ist gekündigt worden. Eine vergleichbare neue Arbeitsstel-
le ist so schnell nicht in Sicht. Ein Angebot, in der Gefangenenfürsor-
ge zu arbeiten, haben Vater und Brüder für sie ausgeschlagen. Die
Familie Münster will sich und ihren Namen nicht in Verruf bringen.
Widerstrebend sagt Friederike einer Frau Geheimrätin zum nächsten
Ersten zu. Bei ihr soll sie als Haustochter arbeiten, der Frau Geheim-
rätin im Haushalt zur Seite stehen, den Töchtern des Hauses beim
Kleidermachen helfen. Die Aussicht mag Friederike wenig froh ge-

stimmt haben. Doch was könnte sie gegen den Beschluß der Familie unternehmen? Sie ist ja nicht rechtsfähig. Ihre Unterschrift gilt von Amts wegen nicht. Um über ihr Leben selbst entscheiden zu können, hätte sie von zu Hause fliehen müssen, in völlige Unsicherheit. Aber das kann Friederike nicht. Den eigenen Willen gegen den Willen des Vaters zu setzen, das käme ihr als große Sünde vor.

Gut vierzehn Tage hat die junge Frau noch Zeit – dann ruft die Frau Geheimrätin. Genau da kommt der Werbebrief des Pastors Theodor Fliedner. Der Pastor wünscht sie sich als Frau und Gehilfin an seine Seite. Er hat von ihr gehört, von ihrer engagierten Arbeit mit den Heim-Mädchen, von ihrer Fähigkeit, um eine sinnvolle Arbeit zu kämpfen. Und er nimmt an, daß die junge Frau fromm ist, daß sie bereit ist, mit ihm zu arbeiten. Keine Liebesbriefe, keine romantischen Stelldicheins. Ein sachlicher Brief gibt Auskunft über den Charakter, die Lebensweise, die beruflichen Pläne eines Mannes. Und dieser Mann möchte sich gerne für seine Arbeit »Stärkung holen an der liebenden Teilnahme, an der Fürbitte, an dem freundlichen Mitraten und Mitsorgen einer erheiternden, sanften Gattin«.

Die eigene selbständige Berufstätigkeit sieht Friederike nicht mehr erreichbar. Da erscheint ihr das Angebot Fliedners verlockend. Wenn sie schon nicht für sich stehen kann, dann kommt ihr das Mitraten und Mitsorgen im Beruf eines Ehemanns lohnender vor als das Haustochter-Dasein. Was Fliedner von sich sonst noch schreibt, nimmt Friederike hin, vermutlich erscheint es ihr als gottgegeben: »Eine Eigenschaft von mir darf ich nicht unberührt lassen, daß ich nämlich das Recht des Mannes, Herr im Haus zu sein, mit Festigkeit zu behaupten gewohnt bin.«

Fliedner hat Wort gehalten. Friederike darf auch als Ehefrau und Mutter einem eigenen Beruf nachgehen. Sie darf es nicht nur, sie muß es. In Fliedners großem Diakonischen Werk, das er mit Friederikes Hilfe aufbauen kann, gibt es Arbeit genug für die Frau des Hauses. Sie wird Krankenpflegerin, Lehrerin, Geschäftsführerin und Hilfspastorin.

Fliedner verschafft alleinstehenden Frauen einen neuen gesellschaftlich anerkannten Beruf, den Beruf der Diakonisse.

Heute, mehr als 150 Jahre nach den ersten Diakonissen im Rheinischen, in Kaiserswerth, müssen Frauen, die nicht heiraten wollen, sich keiner Lebensgemeinschaft anschließen, um ihr Auskommen zu finden. Aber damals war der neue Frauenberuf eine Befreiung für viele junge Mädchen, die sonst zu Hause hätten sitzen müssen.

Friederike weiß aus eigener Erfahrung, wie schwer es ist, als Frau ohne die Rückenstärkung einer sozialen Institution einem Beruf nachzugehen. Was ihr Mann aufbaut, darin sieht sie großen Sinn. So hilft sie ihm, so gut sie kann. Und läßt sich von ihm auch oft über ihre Kräfte fordern.

In Briefen an die Freundin Amalie stöhnt Friederike manchmal ein wenig auf. Was sie Theodor nicht erzählen kann, vertraut sie der Freundin an. Töchterchen Mina ist gerade ein Jahr alt, als Fliedner ein Haus zur Krankenpflege eingerichtet haben möchte. Friederike will sich zunächst heraushalten aus der Arbeit, mit Haus und Kind hätte sie, wie sie glaubt, genug zu tun. Das hat ihr der Ehemann aber nicht zugestanden. Ob es lange Streitgespräche zwischen Theodor und Friederike gegeben hat, wissen wir nicht. Friederike spricht sich im Brief an die Freundin sehr zurückhaltend aus. Sie hätte den Mann »einige Tage gewiß sehr betrübt«, da sie »nichts tun wollte«.

Ihr Schicksal zu beklagen, kommt Friederike nicht in den Sinn. In ihrem Tagebuch beklagt sie ihr »wankelmütiges Herz«, nicht aber ihr Leben zwischen Küche, Kindern, Schwangerschaften und der Berufsarbeit.

Kaum ein Jahr vergeht nach der Hochzeit, in dem Friederike nicht schwanger ist. Gesundheitlich geht es ihr dabei von Anfang an nicht besonders gut. Fünf Jahre nach der Hochzeit schreibt sie ihrem Hausarzt, »daß ich wahrscheinlich im vierten Monat bin. Der zweimal entronnenen Gefahr einer zu frühen Niederkunft fühle ich mich zum drittenmal entgegengehen. Mein erstes Kind kam tot zur Welt. Ich hatte in der Schwangerschaft schrecklich gelitten.«

Das Krankenhaus ist gegründet. Friederike macht die Buchführung, kauft ein, näht Matratzen. Die Kissen und Decken werden alle von Hand genäht. Friederike betreut die Krankenschwestern, wirbt neue Schwestern. Dazwischen gibt es Ärger mit Ärzten, die auf die Frau nicht hören wollen, wenn der Herr des Hauses auf Reisen ist.

Und Fliedner ist oft auf Reisen. Er besucht Vereine und Gemeinden, um Geld für sein großes Werk zu sammeln. Für drei Monate ist er in England, als Friederike ihm schreibt: »Du. weißt, mein Liebster, wo ich bin. Aber du bist unstet, und ich weiß nicht, wo du lebst, wenn ich deine Briefe lese.«

»Mein Liebster« – mit dieser Anrede traut sich Friederike etwas. So zärtlich, so intim, wagt sie in Briefen sonst nicht mit ihrem Mann zu sprechen. Sie spricht ihn meist mit dem Nachnamen an, während er mit seinem »lieben, teuren Kind« oder seinem »lieben, teuren Riekchen« korrespondiert.

Als Theodor an Pocken erkrankt, muß sie die Kinder aus dem Haus geben – eine andere Pflegerin wünscht der Ehemann nicht, und er braucht die Pflegerin bei Tag und bei Nacht. Bei der Schwiegermutter entschuldigt sich Friederike dafür, so lange nicht geschrieben zu haben. »Ich war in zwölf Tagen nicht aus den Kleidern oder aufs Bett gekommen, da wir keine Hilfe annehmen konnten.«

Einmal stöhnt Friederike richtig auf in der Ehe. Nicht Theodor selbst schreit sie aber ihren Jammer entgegen, heimlich, sich selbst und ihre Kritik noch in der Klage zurücknehmend, schreibt sie an die Freundin. »Meine beste Amalie, ich habe jetzt keine Seele, der ich mein Herz darlegen darf. Du darfst dies nicht als Klage annehmen – ich sage es dir nur, damit du wissen kannst, wie mein Herz gestellt ist. Fliedner sitzt tief in seinen Büchern. Ich muß hart kämpfen gegen mich, daß ich alles zufrieden bin in meinem Innern und mich ganz in Gottes Willen ergebe. Ich habe noch gar nicht die willenlose Aufopferung, meine liebste Hoffnung ganz dahinzugeben, mit meinem lieben Mann in jener innigen Gemeinschaft zu leben, wo einer des anderen Herz in Händen hat. Ich fühle, daß ich mich dunkel ausdrücke. Du hast deine Kämpfe gehabt als Braut, ich habe gar keine gehabt.«

Fliedner kann gar nicht genug Arbeit bekommen. Neben einer Kleinkinderschule gründet er einen Verein für die Bildung evangelischer Krankenpflegerinnen und Lehrerinnen für Kleinkinderschulen. Und dann gibt es ja noch das Krankenhaus.

Friederike Fliedner, geb. Münster

1800–1842

Friederike Münster, später verheiratete Fliedner, wurde 1800 geboren. 1828 heiratete die Erzieherin den Pastor Theodor Fliedner. 1836 gründete sie zusammen mit ihrem Mann den rheinisch-westfälischen Diakonissenverein. Ab 1837 war Friederike Vorsteherin des Vereins. 1842 starb sie an einer zu frühen Entbindung – zehn Schwangerschaften lagen hinter ihr, fünf Kinder waren am Leben geblieben.

Was Fliedner tut und plant, ist bahnbrechend für die Frauen in seiner
Zeit. Unverheiratete Frauen können bis dahin fast nur als Mägde
leben oder, wenn sie aus besseren Kreisen stammen, als Gouvernan-
ten und Haustöchter. Fliedner verschafft ihnen eine richtige Ausbildung. Er unterscheidet dabei nicht zwischen Töchtern aus einfachen
und höheren Schichten.
Von Anfang an hat Fliedner nur unverheiratete Frauen im Blick.
Ihnen will er Ausbildung und Arbeit verschaffen. Ihre brachliegende
Kraft will er für dringende soziale Aufgaben in der Krankenpflege
und in der Kinderbetreuung nutzen. Ehefrauen haben keine Chance,
bei Fliedner angestellt zu werden. In die Ehe will er nicht eingreifen.
Nur seiner eigenen Frau mutet er beides zu – Berufsarbeit und Familie. Friederike bemüht sich, beiden Bereichen gerecht zu werden.
Aber zehn Schwangerschaften in vierzehn Ehejahren hinterlassen
ihre Spuren. Fünf Kinder bleiben am Leben. Als das Jüngste, der
ersehnte »Stammhalter«, gerade zwei Jahre alt ist, stirbt Friederike,
42jährig, bei der Geburt eines toten Kindes an Blutvergiftung und
Entkräftung.

Der Nachruf des Ehemanns klingt sachlich. Theodor streicht die
Eigenschaften Friederikes heraus, die vermutlich ihren frühen Tod
mitverursacht haben: ihre Selbstverleugnung, ihren aufopfernden
Fleiß. »Neben der Führung eines eigenen Hauswesens und der Erziehung der eigenen Kinder hat sie noch die ganze Ökonomie der
Diakonissenanstalt sowie die Bildung und Anweisung der Probe-
pflegerinnen in der leiblichen Krankenpflege und Haushaltung ge-
leitet.«
Der Ehemann – so sehr er unter dem Tod seiner Frau, der Mutter
seiner kleinen Kinder, gelitten haben mag – spricht vom Werk, nicht
von der persönlichen Trauer: »Wie die große Lücke bei der
Diakonissenanstalt ausgefüllt werden soll, das weiß allein der Herr.«
Zwanzig Jahre nach der Gründung des Diakonissenhauses schreibt
er über die Tätigkeit seiner verstorbenen Frau. »Fünfzigmal des Tages
lief sie zwischen dem Pastorat und dem Diakonissenhaus hin und
her, zu raten, zu sorgen, Sachen zu bringen; Stuben und Betten einrichten zu helfen; den Kranken ein freundliches Wort zuzusprechen,
die Probeschwestern anzuleiten…«
Es gibt kein Foto von Friederike. Von Theodor gibt es einige. Die
Kunst des Fotografierens steckte noch in den Kinderschuhen. Da
begnügte man sich damit, die »wichtigen« Menschen abzulichten.

Von Friederike gibt es nur eine nachträgliche Zeichnung, die ihrer Totenmaske nachempfunden ist. Sie trägt die Haube der Diakonissen, die ja damals die Haube der verheirateten Frau gewesen ist. Das Haar ist straff aus dem Gesicht gekämmt und in der Mitte gescheitelt. Der klare Blick, das leichte Lächeln überspielen die Falten des Grams, der Erschöpfung nicht – tief haben sie sich um den Mund und zwischen die Augen gegraben.

Ele Schöfthaler

Zum Nachdenken und Diskutieren

- Welche Opfer hat Friederike Fliedner gebracht, um die neue Berufs- und Lebensform und die segensreiche Arbeit der Diakonissen zu ermöglichen?
- Das Problem der Doppelbelastung damals – und heute?
- Vergl. auch die Überlegungen auf Seite 116

Lesevorschlag

Anna Sticker: „…und doch möchte ich nur meinem Sinn folgen…", Friederike Fliedner, Stifterin der Kaiserswerther Diakonissenanstalt, Gelnhausen/Offenbach 1986

Josephine Butler

Die Uhr auf dem Kaminsims schlug acht. Josephine stand einen Augenblick am Fenster, Oxford lag im abendlichen Dämmerlicht. Dann zog sie die Gardinen zu, schaute noch einmal prüfend über den Tisch mit dem schönen alten Geschirr und den Silberleuchtern, strich eine Falte in der Decke glatt.

Sie lächelte, als sie hinter sich leise Schritte hörte. George trat an die Kommode, blätterte in der abgegriffenen, täglich benutzten Bibel der Butlers, zog seine Frau heran und wies schmunzelnd auf einen Abschnitt in den Sprüchen Salomos. »Sie ist edler als die köstlichste Perle«, las Josephine, »sie tut ihrem Mann Liebes ihr Leben lang – Kraft und Schöne sind ihr Gewand, und sie lacht des kommenden Tages. Sie tut ihren Mund auf mit Weisheit...«

Einen langen Abend saß die Hausfrau dann schweigend auf dem Sofa, stand nur auf, um Tassen zu füllen und Sahne zu reichen, während die beredten Professorenkollegen und Studenten mit George diskutierten, geistreich, mal leichthin und witzig, mal ernsthaft und kritisch, hin und wieder mit einer galanten Seitenbemerkung zu der schönen jungen Frau auf dem Sofa.

Doch dann schien es, als hätten sie Josephine vergessen. Sie eiferten sich über ein neues Buch, das zur Zeit viel Aufsehen erregte, ein Buch über das Problem der Prostitution.

»Unglaublich«, sagte der alte Professor im Kaminsessel, »diese offene Sprache.« »Das Buch geht von Hand zu Hand«, meinte ein Student, und sein Nachbar schüttelte ernst den Kopf: »Entsetzlich, wenn meine Mutter so etwas lesen würde...« Er errötete, verbeugte sich kurz in Richtung Sofa, »Verzeihung, Madam.« »Wechseln wir das Thema.«

Aber sie kamen doch wieder darauf zurück. Unauffällig drückte George seiner Frau die Hand. Er wußte, daß Josephine nicht nur dieses Buch, sondern viele Fachaufsätze gelesen und mit ihm diskutiert hatte, daß sie seit langem ruhelos war bei dem Gedanken an grausame Lebensbedingungen von Mädchen und Frauen, die nicht so glücklich waren wie sie.

»Prostitution entsteht fast immer aus Not«, sagte George ruhig, »und wir dürfen als Christen nicht so tun, als wüßten wir das nicht. Unwissenheit ist Schuld! Wir müßten den Mut haben...«

»Schweigen Sie, schweigen Sie, lieber junger Kollege!« Der alte Professor beugte sich vor. »Prostitution gibt es seit eh und je und wird es immer geben, weil unsere Gesellschaft sie für notwendig hält! Wecken Sie nicht den schlafenden Leu!«

Die Gäste waren gegangen. Bewegungslos stand Josephine an ihrem schönen Tisch. Ohne ein Wort legte George seinen Arm um sie. Plötzlich drehte Josephine sich um, sah ihrem Mann ins Gesicht. »Sie haben keine Ahnung«, rief sie, »keine Ahnung!« Leise fuhr sie fort: »Ich hab sie doch gesehen, George, fünfzehnjährige Mädchen, die Haut voller Striemen, benutzt und verstoßen von Männern, die nicht einmal ein schlechtes Gewissen haben.«
George wartete.
»Sie tun, als gäbe es zweierlei Recht«, sagte Josephine, »die eine nennen sie ein liederliches, verdorbenes Weib, von dem unsereine nicht einmal wissen darf – und der andere bleibt ein unbescholtener Mann, der sich nur normal verhalten hat!«
George nickte und sah auf die Stühle, von denen vor kurzem seine Gäste aufgestanden waren. »Sie wissen es nicht besser«, sagte er.

Eine Woche später. Es war ein kalter Tag. Josephine hatte Besuch von ihren Freundinnen. Sie hatten wie immer in der Bibel gelesen, hatten wieder einmal voller Freude festgestellt, wie Jesus die Frauen behandelt hat. »Er hat sie befreit von ihrer Minderwertigkeit, er hat sie neu über sich selber denken gelehrt«, sagte Jane, »ich sehe ihn als den großen Befreier!«
Nun saßen sie um den Tisch am Kamin, stickten und redeten, auch von den Frauen, die von Jesu Befreiung nichts spürten. Josephine erzählte erregt von den Herrengesprächen an diesem Tisch. »Sie führen kluge Reden, aber wenn es gilt, Unrecht beim Namen zu nennen, dann gibt es nur noch Schweigen.«
»Wir müssen für sie beten, Josephine, nicht nur für die unterdrückten Frauen, auch für diese gedankenlosen Männer.«
»Ja, beten, aber nicht nur beten, sondern schreien, schreien auf allen Straßen!«
Erschrocken sahen die anderen Josephine an. »Du und George, ihr tut mehr als beten und schreien«, sagte Mary sanft und verstummte, denn Jenny, das neue Dienstmädchen, trat ein.
»Sie habe ich gemeint«, fuhr Mary danach fort. Sie kannte Jennys Schicksal: als sie mit vierzehn schwanger wurde, vom Liebhaber verleugnet, ohne Mutter und Vater, wollte sie in die Themse gehen, wurde herausgefischt, bekam ihr Kind und erstickte es in hoffnungs-

loser Verlassenheit; der Vater blieb inkognito und genoß ungeschoren
seine akademischen Ehren; nach Jennys Entlassung aus dem Newga-
te-Gefängnis hatten die Butlers sie in ihr Haus geholt.
»Das ist nicht genug«, sagte Josephine, »in den großen Städten geesche-
hen solche Dinge tagtäglich, auch heute – und gestern – und morgen!
Wir können nicht wirklich befreit sein, solange wir unsere Schwestern in ihren Ketten lassen. Oh Gott, wenn ich nur wüßte, was wir
tun können!«

Zehn Jahre waren vergangen. Josephine war jetzt achtunddreißig.
Allein saß sie in ihrem Wohnzimmer in Liverpool und besserte die
Nähte an Bubenhemden aus.
Durch die Scheiben drang der Lärm der Großstadt. Hier drin dagegen
war es still – zu still. Die drei kleinen Söhne waren in der Schule,
George in seinem College, das er seit kurzem leitete. Er hatte auf
eine Karriere in Oxford verzichtet, weil seine Frau das Klima nicht
vertrug und lebensgefährlich an Rheuma erkrankt war.
Josephine fröstelte. Sie zog das wollene Tuch fester, die Schultern
schmerzten noch immer. Aber schlimmer war der innere Schmerz,
der nie aufhörte zu bohren, der Schmerz über Brutalität und Gemein-
heit, die Menschen an Menschen, Männer an Frauen verübten.
Heute morgen hatte sie ein Mädchen gesehen, nur wenige Straßen
entfernt, ein Kind fast noch, das ihr eine Handvoll zusammengekratz-
ten Sand anbot zum Scheuern des Fußbodens. Angst und Hoffnungs-
losigkeit lagen in den Augen dieses Mädchens.
Es war kaum älter, als Eva jetzt wäre.
Josephine ließ ihre Näharbeit sinken und schloß die Augen. Eva, ihre
einzige Tochter, der Liebling der ganzen Familie. Sie war acht an
jenem Abend, als die Eltern von einer Versammlung nach Hause
kamen und das Kind im Nachthemd vom oberen Stockwerk übers
Geländer rief: »Oh Mama, Papa, ich hab so was Schönes...« und
dann der Schrei, der entsetzliche Aufprall, das Kind lag in der Ein-
gangshalle vor den Füßen der Eltern. Vierundzwanzig Stunden später
war Eva tot. Der Schmerz der Eltern war tiefer, als Worte ausdrücken
konnten.
Josephine nahm ihre Näharbeit wieder auf. Die Trauer um die Tochter
hatte sie über die Jahre immer unwiderstehlicher hingezogen zu anderen Frauen, deren Schmerz um das Schicksal ihrer Töchter viel bitterer war als die ihre. Sie wollte diese Frauen verstehen, mit ihnen
gemeinsam etwas tun gegen Unrecht und hilflose Tränen.

In den letzten Monaten war sie unermüdlich unterwegs gewesen – in den Elendsstraßen, am Hafen, in den Arbeitskellern, in denen Frauen gebeugt und hustend Werg zupften, in Armenhäusern und Gefängnissen. Des Nachts war ihr Haus vollgestopft mit mißhandelten und obdachlosen Mädchen und Frauen. »Sie haben sich eine Lawine elender Frauen auf den Hals geladen«, hatte kürzlich ein Freund gemeint.

Eine Lawine von Frauen... Wieder schloß Josephine die Augen. Das Bild stand vor ihr, das immer wiederkehrte, seit sie die Geschichte aus dem Freiheitskampf der Schweizer Eidgenossen gelesen hatte: Früher Morgen, dichter Nebel in den Bergen. Im Tal lagert das feindliche Heer. Da hebt sich der Dunst, und die entsetzten Soldaten im Tal sehen ein Heer weißgekleideter Engel herabsteigen. Sie stürzen in kopfloser Flucht davon. Nie haben sie erfahren, daß die Engel mutige Bauernfrauen aus den Bergen waren, mit weißen Laken um die Schultern. – Eine Lawine von Frauen.

Ein Lächeln schlich in Josephines Gesicht. In dem Heer der weißgekleideten Engel, die wortlos herabstiegen, sah sie neben dem eigenen das Gesicht von George.

Oh Gott, betete Josephine unhörbar, wir müssen zusammengehen wie diese Frauen aus den Bergen. Wir müssen das abscheulichste Unrecht beim Namen nennen, die demütigende Mißhandlung von Frauen. Wir müssen aussprechen, was andere für unaussprechlich halten. Unsere Feinde werden nicht fliehen, sondern schäumen vor Wut. Uns werden sie mit Dreck bewerfen, wenn wir ihren Sumpf aufdecken. Unser Weg wird mit Haß und Hohn und Demütigungen gepflastert sein. Guter Gott, ich habe Angst...

Josephine richtete sich auf. »Wir müssen es tun«, sagte sie laut und nahm das Hemd ihres Jüngsten zur Hand.

Und dann begann der Kampfzug der Josephine Butler. Siebzehn Jahre hat er gedauert. Die Wegstrecken, die sie dabei zurücklegte, hätten mehrmals die Erde umrundet. Und die Lawine der Frauen verbreitete tatsächlich Fassungslosigkeit und Furcht bei ihren Gegnern, die in Frauen bisher nur willfährige, in ihrem Handeln von den Männern abhängige Geschöpfe gesehen hatten.

Josephine und ihre Freundinnen, auch George saß dabei, sprachen über das Gesetz, das in Frankreich entstanden und schon lange auf dem Kontinent gültig war.

»Die Politiker wollen es nun tatsächlich auch in unserem Land ein-
führen«, sagte George, »als Gesetz zum Schutz gegen die ansteckenden Krankheiten.«

»Wie vernünftig das klingt«, rief Josephine, »ein Paragraph, der vor
Geschlechtskrankheiten schützen soll. In Wirklichkeit aber, ich hab
es in Paris hundertfach gesehen, bedeutet dieses Männergesetz furchtbare Gesetzlosigkeit für Frauen!«

»Wie meinst du das?« fragte Mabel.

»Es gibt der Sittenpolizei das Recht, jede verdächtige weibliche Person
augenblicklich festzunehmen. Ein Mädchen braucht nur abends auf
der Straße angerempelt zu werden – sie sitzt ja nicht geschützt wie
wir im Wagen –, sofort kann ein Polizist sie greifen und zwangsweise
zum Polizeiarzt schleppen. In der demütigendsten Weise wird sie
dort untersucht und danach fast immer in ein staatlich überwachtes
Bordell verbracht!«

»Der bloße Verdacht, sie sei eine Prostituierte, genügt für dieses
Vorgehen«, ergänzte George.

»Dann braucht also jemand eine Frau nur zu provozieren oder zu
denunzieren, um sie ins Bordell zu bringen?«

»Ja, und zwar lebenslänglich. Nach der Zwangseinweisung gibt es
kein Zurück in ein normales Leben.«

»Ich verstehe das nicht«, fragte die sanfte May, »warum tun die das?
Die Sittenpolizei soll doch für Sitte und Ordnung sorgen!?«

»Nein!« Josephines sonst so weiche Stimme klang hart. »Diese Sittenpolizei ist im Auftrag des Staates dazu da, die Bordelle zu füllen
und dafür Nachschub herbeizuschaffen, in den meisten Fällen Waisenmädchen oder Ausländerkinder, manche sind noch nicht zwölf
Jahre alt.«

Die Frauen und ihre männlichen Freunde gründeten einen Verein
zur Verhinderung dieses Gesetzes in England und, als es dennoch
eingeführt wurde, zu seiner Abschaffung hier und in allen Ländern
der Welt.

Von nun an zog Josephine von einer Versammlung zur anderen, von
einer Stadt in die nächste, bei Wind und Wetter, oft mit starken
Gliederschmerzen, aber mit einer Leidenschaft, die unwiderstehlich
war.

In der einen Hand hielt sie die Bibel, in der anderen die Magna Charta,
das Grundgesetz ihres Landes. »Wir wissen«, rief Josephine, »weshalb
wir kämpfen: weil Jesus uns auf den Weg geschickt hat! Aber die

Männer, die uns regieren, berufen sich nicht aufs Evangelium, sondern auf die Gesetze unseres Landes. Wenn wir etwas ändern wollen, gibt es nur einen Weg, den Weg ins Parlament! Und solange uns das Wahlrecht vorenthalten wird, dürfen wir nicht ruhen, unser Recht einzuklagen, indem wir denen, die die Macht besitzen, unaufhörlich in den Ohren liegen!«

In einer Grafschaft fanden Wahlen statt. Der eine Kandidat war für, der andere gegen das Gesetz.

Vor einem Gasthof drängte sich ein Haufe grölender Männer, aufgeputscht von den Bordellbesitzern und Mädchenhändlern der Stadt; die hatten die Gefahr begriffen, die ihrem Geschäft drohte. »Wir zerquetschen das Weib an der Wand«, schrie einer heiser, »die ganze Herde verfluchter Weiber!«

In einem kleinen Zimmer des Gasthofs beteten Josephine und ihre Freundinnen, wie immer vor ihren Veranstaltungen, um Gottes Beistand für ihr Vorhaben – und heute besonders für den Kandidaten, den sie unterstützen wollten.

Leise klopfte es an die Tür. Der Wirt trat ein und sagte gedämpft: »Ich muß das Licht ausschalten, Mrs. Butler, sie werfen sonst die Fenster ein!«

Es nützte nichts. Die Scheiben krachten und splitterten. Ein schwerer Stein flog mitten ins Zimmer.

Die Frauen standen still im Dunkeln.

»Kommen Sie, ich bitte Sie«, flüsterte der Gastwirt, »ich habe eine Dachkammer im Hinterhaus. Dann kann ich dem Pöbel draußen sagen, Sie seien nicht hier!«

Die Frauen schlichen ins Hinterhaus unter das Dach, knieten nieder und beteten weiter.

Die Veranstaltung fand statt.

Als Josephine danach durch eine Seitenstraße zum Gasthof zurückging, mit einem Kopftuch, wie die Arbeiterfrauen es trugen, begegnete ihr ein hünenhafter Mann, ein kraftstrotzender Arbeiter, der von der Baustelle heimwärts schlenderte. An seiner Seite ging eine kleine, dünne Frau, aber mit einem leidenschaftlichen Ausdruck in dem schmalen Gesicht, und sagte: »Nun weißt du, was du zu tun hast, Tom. Wenn du für den anderen stimmst, bring ich dich um.«

In der nächsten Stadt wurde Josephine abgewiesen, wo immer sie um ein Hotelzimmer bat. Angst ging um. Schließlich fand sie doch eine Bleibe und sank erschöpft aufs Bett. Kaum eingenickt, wurde sie geweckt: »Es ist mir außerordentlich peinlich, Madam, aber ich habe eben erst erfahren, daß Sie Mrs. Butler sind.« Josephine nickte und schwieg.

»Draußen droht mir eine aufgebrachte Gruppe Männer mit Brandstiftung, wenn ich Sie nicht herausführe!«

»Dann werde ich augenblicklich gehen.« Josephine erhob sich und griff nach ihrem Mantel.

»Sie sind – Ihre Sache – ich meine, ich würde Sie sehr gern beherbergen, Mrs. Butler! Ich finde Ihren Kampf gegen dieses neue Gesetz gut, ja! Aber diese Männer sind so gefährlich, und ich habe das Haus voller Gäste…«

Josephine packte ihre Sachen zusammen. Unter einem großen Umhängetuch wurde sie, unüberhörbar als Mrs. Johns angeredet, von einem Angestellten durch die Menge geführt und in einen Schlupfwinkel drei Straßen weiter gebracht.

Todmüde und mit zitternden Händen schlug sie dort noch einmal ihre Bibel auf. George hatte ihr, wie so oft, sein Zeichen an eine bestimmte Stelle gelegt. Josephine las: »… du, mein Gott, auf dich hoffe ich. Du rettest mich vom Strick des Jägers… daß ich nicht erschrecken muß vor dem Grauen der Nacht, vor den Pfeilen, die des Tages fliegen, vor der Pestilenz, die im Finstern schleicht… Bei dir habe ich Wohnung genommen, spricht Gott, kein Übel wird sich deiner Hütte nahen. Denn ich habe meinen Engeln befohlen, daß sie dich behüten auf allen deinen Wegen…«

Josephine schlief ein.

Auch der Versammlungssaal wurde am andern Tag verweigert. Schließlich fanden sie außerhalb der Stadt einen Heuboden, auf den man über eine Leiter und durch eine Falltür gelangen konnte. Mr. Stuart, ein treuer Freund ihrer Sache, war vorausgeeilt, hatte selbst die Miete bezahlt und wollte nochmal prüfen, ob alles in Ordnung sei. Er fand den ganzen Boden mit spanischem Pfeffer bestreut und im Raum darunter einige zum Anzünden gestapelte Bündel Stroh.

Eine Frau, die frühzeitig gekommen war, half ihm, den Boden und das Stroh mit Wasser zu überschwemmen und den Pfeffer zusammenzukehren.

Rasch füllte sich der Heuboden. Die Augen tränten, die Hälse kratzten, aber die versammelten Frauen lauschten mit wachsender Entschlossenheit Josephines Plänen, sich mit allen Schwestern, die bereit waren, zusammenzuschließen und nicht eher zu ruhen, bis alle Frauen eingeschlossen wären in den großen Zug der Befreiten, den Jesus in Bewegung gesetzt hatte.

Das Husten wurde stärker. Brandgeruch machte sich bemerkbar. Durch die Ritzen der Holzdielen schlängelte sich Rauch. Von unten ertönte drohendes Gepolter.

Zwei Frauen hoben die Falltür und sahen, Kopf an Kopf, Männer mit roten Gesichtern die Leiter heraufsteigen.Einige trugen elegante Kleidung, andere schienen gedungene Schläger zu sein. Der Heuboden war brechend voll. Die Frauen wurden in den hinteren Teil geschoben.

Die Anführer waren außer sich vor Zorn über diese Frauen, die sich anmaßten, sich in ihre Angelegenheiten zu mischen. Sie konzentrierten sich auf Josephine und eine zweite Rednerin. Mit Fäusten schlugen sie den beiden Frauen ins Gesicht und überschütteten sie mit Fluchsalven.

Josephine und ihre Freundin standen aufrecht und schweigend. Jedes Wort wäre untergegangen in dem Getöse. Hand in Hand standen sie dem blanken Haß gegenüber, dem Abbild der Brutalität, gegen die sie arbeiteten.

Plötzlich stieß eine junge, kräftige Frau mit nackten, sehnigen Armen vorwärts, bahnte sich einen Weg durch den Haufen, erreichte die Falltür und kletterte in Windeseile die Leiter hinunter. Sie holte Mr. Stuart und andere Freunde zu Hilfe.

Sofort richtete sich der Zorn der Schläger gegen die Männer. Sie prügelten auf sie ein, versuchten Mr. Stuart zu würgen und durch die Dachluke zu stemmen.

Da bewegten sich die Frauen. Wie eine Mauer standen sie plötzlich nebeneinander, drückten die Angreifer beiseite und verschafften Mr. Stuart etwas Luft.

Mit vollendeter Selbstbeherrschung und kalter Ruhe bat dieser um Gehör, er habe diesen Raum gemietet, die Männer mögen bitte die Frauen weggehen lassen, dann wolle er mit ihnen reden.

Statt dessen flogen Steine durch die Luke, die Eindringlinge bekamen Verstärkung.

Endlich tauchten in der Falltür nacheinander drei behelmte Schutzleute auf, die Bedrängten schienen gerettet.

Aber die drei sahen die Szene grinsend an und verschwanden wieder. »Recht geschieht ihnen«, brummte einer, »sollen bleiben, wo sie hingehören.«

Josephine flüsterte: »Wir wollen Gott um Hilfe bitten und dann mit aller Kraft zur Türe drängen.«

Die Flucht gelang. Auf offener Straße wagte die Meute ihre Angriffe doch nicht fortzusetzen.
Der Vorfall wurde bekannt, von Haus zu Haus ging die Kunde. Ein Gefühlsumschwung ergriff die Bewohner der Stadt. Die Wahl fiel eindeutig aus für den Gegner des Unrechts-Gesetzes. Eine Grafschaft war gewonnen.

Das Oberhaus ernannte bald danach einen königlichen Ausschuß, der die Hintergründe der unheimlich wachsenden Unruhe prüfen sollte. Josephine wurde vorgeladen.

Josephine Butler, geb. Grey

1828–1906

Josephine Elizabeth Grey wurde am 13. April 1828 in Milfield Hill nahe der schottischen Grenze geboren. Mit acht Geschwistern wuchs sie frei und sehr naturverbunden auf.
Die Mutter, aus einer Hugenottenfamilie stammend, öffnete ihr früh die Augen für Not und Elend anderer und lehrte sie die weibliche Tugend des praktischen Zupackens; der Vater, ein unbestechlicher liberaler Mann, lehrte sie wach und kritisch nach den Hintergründen von Not und Elend zu fragen und dagegen zu kämpfen.
Josephine wurde eine tief fromme, politisch interessierte Frau. Mit 24 Jahren heiratete sie den Theologen und Dozenten George Butler, der ihr von Anfang an deutlich machte, er liebe sie als selbständig denkende und handelnde Partnerin. Eine Tochter und drei Söhne wurden geboren, die sehr geliebte Tochter verunglückte mit acht Jahren tödlich.
Weil Josephine das Oxforder Klima nicht vertrug und lebensgefährlich erkrankte, verzichtete der Ehemann auf eine akademische Karriere und wurde später Schuldirektor in Liverpool.
Nach der geistig anregenden, aber ausschließlich von Männern bestimmten Gesellschaft von Oxford wurde Josephine in Liverpool mit extremen sozialen Mißständen konfrontiert.
Josephines lebenslanges Thema war Jesu Befreiung der Frau zu echter Gleichstellung. Ihr zweites Lebensthema wurde durch den Verlust der Tochter verstärkt: die Solidarisierung mit allen Leidenden und der folgerichtige Kampf gegen jede Form von durch Menschen verursachte Not und Ungerechtigkeit.
In einem Jahrzehnte dauernden politischen Kampf entwickelte die körper-

Die Herren standen vorher beeinander, Adlige, Bischöfe, Ärzte, hohe Offiziere. »Sehr lästig, diese von allen guten Sitten verlassenen Frauen«, bemerkte ein General. »Sie stehlen uns die Zeit für wesentliche Dinge«, meinte der Bischof. Und ein würdiger Medizinprofessor wiegte den silberweißen Kopf: »Es sind wohl überwiegend unbefriedigte, in ihrer Ehe unglückliche Frauen, die auf diese Weise unbewußt sich rächen wollen…« – »Ich kann sie schlecht ertragen, diese harten, unweiblichen Gesichter, die schrillen Stimmen, zum Fürchten, wirklich!« – »Wo kämen wir hin, wenn sie sich tatsächlich ernsthaft in die Politik einmischen würden!« – »Sie sollen ja vehement nicht

---

lich sehr zarte Frau unglaubliche Kräfte. Schon 1867 unterschrieb sie eine Petition zur Erlangung des Frauenstimmrechts. – Sie setzte sich vehement für eine Mädchenbildung ein. – Gleichsam als Parallelzweig ihrer Arbeit entstand der Verein der Freundinnen junger Mädchen, heute: Verein für internationale Jugendarbeit e. V.

Vor allem aber bekämpfte Josephine Butler das 1802 von Napoleon geschaffene Gesetz zur staatlich überwachten Prostitution, das die damals unheilbaren Geschlechtskrankheiten eindämmen sollte, in der Realität aber staatlich sanktionierten Mädchenhandel bedeutete und wehrlose Mädchen und Frauen zwangsweise in Bordelle brachte.

Josephine setzte eine beispiellose Bürgerinnenbewegung in Gang, gewann Mitstreiterinnen und Mitstreiter zuerst in ganz England, später in Europa und der gesamten Welt – nicht nur Christen aller Konfessionen, sondern ebenso Juden, Atheisten, Angehörige östlicher Religionen, darunter z. B. Florence Nightingale im eigenen Land, in Deutschland August Bebel.

Neben der politischen Arbeit richteten Josephine und ihr Mann mit eigenen Mitteln 1882 ein Ruhehaus ein für mißhandelte Mädchen und Frauen und ein Arbeitsheim für Entwurzelte.

Ohne die Begriffe zu kennen, arbeitete Josephine als christliche Sozialistin, Frauenrechtlerin und frühe feministische Bibelauslegerin. Ihr klarer politischer Kampf mit der unermüdlichen Berufung auf die Magna Charta war ebenso klar motiviert von der Befreiungsbotschaft Jesu, des »gefährlichen Gleichmachers«.

Am 13. April 1886, dem 58. Geburtstag Josephines, fand die Abstimmung im englischen Unterhaus statt, die das siebzehn Jahre bekämpfte Gesetz abschaffte.

Josephine starb mit 78 Jahren, am 30. Dezember 1906.

nur die Abschaffung dieses Gesetzes, sondern auch das allgemeine Wahlrecht für Frauen fordern!« – »Unausdenkbar...«
Die Tür wurde geöffnet. Josephine trat ein. Ihre Hand lag über der Tasche im weiten Rock, in der Briefe und Telegramme aus allen Himmelsrichtungen lagen: die Gedanken und Gebete ihrer Schwestern lagen wie ein wärmender Mantel um ihren vor Angst zitternden Körper.
Als Josephine nach Stunden den Raum verließ, stand der Vorsitzende schweigend und bewegungslos an seinem Platz. Endlich sagte er: »Gentlemen – was diese Lady uns gesagt hat – und wie sie es gesagt hat –«, er strich sich über die hohe Stirn. »Es geht nicht nur um dieses Gesetz, Gentlemen – wir werden anfangen müssen, ganz neu nachzudenken über die Frauen in unserem Land.«

London war in dichten Nebel gehüllt. In einen Saal, nur zweihundert Schritte vom Parlamentsgebäude entfernt, strömten Frauen, der Zug aus dem Nebel schien kein Ende zu nehmen.
Zwei Straßen weiter, im Unterhaus, saßen die Männer. Die entscheidende Abstimmung stand bevor über das Gesetz, offiziell noch immer zum Schutz vor Geschlechtskrankheiten, in Wirklichkeit ein Schutzgesetz für solche, die mit wehrlosen Mädchen Handel trieben und sich daran bereicherten.
Josephine hatte Anzeigen aufgegeben in der »Times«, den »Daily News« und im »Standard«. Sie rief alle Frauen auf, da sie selbst kein Wahlrecht hätten, für die gewählten Männer um Einsicht zu beten. »Jeder soll sehen, mit welchen Waffen und in wessen Namen wir kämpfen.«
Nebeneinander knieten Damen des hohen Adels und verhärmte, geplagte Arbeiterfrauen, reiche, gebildete Frauen neben solchen, die anderswo als Ausgestoßene galten.
»Unser Gebet soll nicht abreißen, bis die Entscheidung gefallen ist«, rief Josephine. »Amen«, kam es von allen Seiten, »wir beten Tag und Nacht, wie lange es auch dauern mag.«
Sie machten es wahr. Wenn die einen notwendiger Arbeit nachgingen oder ein paar Stunden schliefen, knieten andere an ihrer Stelle. Manchmal war das leise Weinen einer Frau zu hören.
Einzelne standen auf, wenn sie etwas zu sagen hatten. Eine sehr alte Amerikanerin erhob sich mühsam und sagte: »Tränen, liebe Schwestern, sind gut. Gebete sind besser. Aber am besten wäre, wenn für jede Träne eine Nein-Stimme in die Urne fiele.«

»Unsere Männer und unsere Abgeordneten wissen, daß sie mit uns rechnen müssen!«

Dazwischen las immer wieder jemand Telegramme vor, Hunderte von Telegrammen aus der ganzen Welt.

Josephine eilte viele Male hinüber ins Parlamentsgebäude, kletterte hoch hinauf in die vergitterte Frauengalerie, hörte in höchster Aufmerksamkeit zu. Dann lief sie zurück und berichtete: »Sie debattieren viel ernsthafter als früher, viel sachkundiger!«

Spät am Abend wagte Josephine sich in die Wandelhalle der Abgeordneten. Einige Freunde sahen sie und traten mit ihr hinaus auf den Söller. Der Nebel hatte sich verzogen, unter sternklarem Himmel sahen sie die Themse und hörten das Plätschern der Wellen gegen die Pfeiler der Terrasse. Josephine dachte an die ungezählten Mädchen und Frauen, die sich in dieses dunkle Wasser gestürzt hatten.

»Mrs. Butler«, sagte eine tiefe Stimme hinter ihr, »die Gebete der Frauen brennen uns unsere Verantwortung ins Herz und ins Gehirn.«

Auf dem Rückweg sah Josephine einen jungen Abgeordneten, der konzentriert ein Schreiben las. Sie entzifferte die Schrift auf der Rückseite: Gesuch von 1553 Bewohnern West Ham's. Sie wußte, dort waren mehrere Mädchen, Kinder noch, fortgeschleppt worden. In weniger als einer Woche waren so viele Unterschriften zusammengekommen. Eine Lawine...

Sehr spät saß Josephine noch einmal auf der Galerie. Da schlüpfte der Aufsichtsbeamte, ein zurückhaltender Mann, durch die Bänke und flüsterte: »Mrs. Butler, Sie werden siegen!«

Als sie nach langem, langem Warten wieder den Gebets-Saal betrat, sagte sie: »Es ist soweit. 182 gegen 110 Stimmen.« Da erhoben sich die Frauen und sangen: »Meine Seele preist den Herrn, und mein Geist freut sich in Gott, meinem Heiland, denn er hat die Niedrigkeit seiner Magd angesehen.«

»Und unsere Töchter und Tochtertöchter werden uns gesegnet heißen«, sagte Josephine in die Stille, »weil wir für gerechtere Gesetze gearbeitet haben.«

Elisabeth Achtnich

Zum Nachdenken und Diskutieren

- Was hat die politisch machtlosen Frauen schließlich siegen lassen?
- Die Quellen für Josephines beispiellose Kraft und Hartnäckigkeit im Kampf
  − persönlich, theologisch, politisch.
- Die Vermarktung von Frauen heute (Partnervermittlung, Werbung, Sextourismus…)
- Welche Gründe haben wir, unsere Vorfahrinnen zu preisen?

Lesevorschlag

Eine Frau kämpft für Gerechtigkeit − Die Lebensgeschichte der Josephine Butler, (dtsch. Ausgabe Helen Schaeffer), Christian Kaiser Verlag 1979
Das Buch berichtet nach Aufzeichnungen und Briefen Josephine Butlers von dem Kampf der englischen Sozialreformerin.
(Im Buchhandel nicht mehr zu haben, nur noch in Bibliotheken auszuleihen)

Frauen
in der ersten Hälfte
des
20. Jahrhunderts

Aus diesem Zeitraum werden sechs Frauen vorgestellt (siehe nächste Seite). Den Erzählungen geht ein Bildteil voraus (S. 193–205), der den Hintergrund darstellt für das Leben der Frauen, von denen berichtet wird. In diesem Teil beschreibt *Sabine Nickel* Wohnen, Haushaltsführung, Frauensport und Mode, Bildungs- und Berufschancen für Mädchen und den Weg der Frauen in politische Mündigkeit von der Jahrhundertwende bis in die Mitte des 20. Jahrhunderts.

 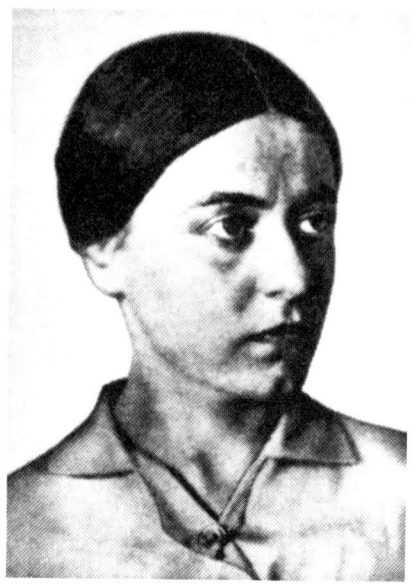

Elisabeth von Thadden   S. 206
1890–1944

Sie hat sich ein Leben lang getraut, gegen den Geist der Zeit zu denken, zu reden, zu handeln. *Irmgard von der Lühe,* 1936/ 1937 ihre Schülerin, erzählt, wie Frau von Thadden in wirtschaftlich unsicherer Zeit mit eigenen Mitteln eine Privatschule gründet, um ihre pädagogischen Ziele zu verwirklichen; wie sie in politisch gefährlicher Zeit diese Ziele weiter verfolgt; wie sie sich zu jüdischen Mitbürgern bekennt; wie sie ihren Schülerinnen verbotene Lerninhalte vermittelt und dafür ihr Leben einbüßt.

Edith Stein   S. 213
1891–1942

Die hochbegabte, ehrgeizige Frau strebt eine wissenschaftliche Laufbahn an, obwohl Frauen die Fähigkeit dazu in der von Männern bestimmten Welt der Universitäten noch immer abgesprochen wird. *Ursula Rimbach* erzählt von Edith Steins äußeren und inneren Kämpfen um die Verwirklichung ihrer intellektuellen Möglichkeiten. Sie erzählt aber auch, wie Edith Stein sich einem neuen, ganz anderen Weg öffnet und in der freiwilligen Begrenzung ungekannte Weite erfährt.
Edith Stein hat sich getraut, gegen viele Widerstände ihren Weg geradeaus zu gehen. Sie hat aber auch nicht gezögert, diesen Weg zu verlassen und neu anzufangen, als es nötig erschien.

Gertrud Staewen S. 224
1894–1986

Sie hat nie geradeaus denken und leben wollen. *Ele Schöfthaler* erzählt, wie sich Gertrud Staewen mit unerschöpflicher Phantasie, Selbstbewußtsein und Humor getraut hat, in grausamen Situationen ungewöhnlich zu handeln. Die alleinerziehende Mutter hat sich getraut, Prioritäten zu setzen und sogar eine Rabenmutter zu sein, wenn sie Gejagten und Verfolgten das Leben retten konnte. Das Bild zeigt sie mit ihren jüngeren Geschwistern (links die Schwester Hilda, später Frau des Bundespräsidenten Heinemann).

Antonie Nopitsch S. 233
1901–1975

Sie lernte 1948 auf einer USA-Reise den Weltgebetstag der Frauen kennen als Schritt zu internationaler Versöhnung und Solidarität. Antonie Nopitsch hat sich getraut, statt materieller Hilfsgüter diesen Weltgebetstag als größtes Geschenk in das Nachkriegsdeutschland zurückzubringen. *Renate Kirsch,* später Mitarbeiterin beim Weltgebetstag, erzählt, wie die altgewordene Toni Nopitsch auf dieses Geschenk Gottes in ihrem Leben zurückblickt. Die Erzählung eignet sich auch als Lese-Text für zwei Stimmen.

Simone Weil   S. 238
1909–1943

Sie ist französische Jüdin, ihr Vater Arzt in Paris, sie kann studieren, wird Gymnasiallehrerin. Aber ihre Freunde sind Fabrikarbeiter. *Sabine Nickel* erzählt, wie Simone Weil in ihrer unbeugsamen Ehrlichkeit die Solidarität mit ihren Freunden wahrmacht.

Simone hat sich getraut, sich zu ihrem unstandesgemäßen Freundeskreis nicht nur zu bekennen, sondern ihre Karriere abzubrechen, um die Freunde wirklich zu verstehen – und hat sich selbst dabei verändert.

Madeleine Barot   S. 243
geb. 1909

Die junge Französin geht im Krieg freiwillig in das berühmt-berüchtigte Lager Gurs in Frankreich. Deutsche Flüchtlinge vor den Nationalsozialisten, zum größten Teil Juden, leben dort, zusammengepfercht in Baracken. Madeleine Barot teilt Hunger, Kälte, schlimme hygienische Bedingungen und vor allem ihre Angst mit den Internierten. Als nach der deutschen Besetzung Frankreichs die Gefahr für die Lagerinsassen immer größer wird, organisiert sie in der protestantischen Organisation CIMADE Flucht- und Hilfsprogramme. Im Gespräch mit *Angelika Schmidt-Biesalski* hat Madeleine Barot von diesem Abschnitt ihres Lebens erzählt.

Ein Blick in den Alltag

In unserem Jahrhundert verändert sich die Welt immer schneller. Die Erziehungsgrundsätze, denen alte Frauen von heute in ihrer Jugend unterworfen waren, galten für ihre Töchter, als diese Teenager waren, schon als überholt. Und für junge Mädchen heute gehören die Lebensumstände aus der Jugendzeit ihrer Mütter und Großmütter zur »Geschichte«, in die sie sich nur mühsam hineindenken können. Aber die drei Generationen teilen miteinander das Heute und haben sich darum viel zu erzählen.

Die historischen Ereignisse und Umwälzungen in der ersten Hälfte unseres Jahrhunderts haben besonders die allgemeinen Lebensbedingungen der Frauen revolutioniert. Krieg, Inflation, Demokratisierung, totaler Staat, wieder Krieg, Zerbombung von Städten, Flucht, die Männer getötet, vermißt, in Gefangenschaft – und im selben Zeitraum wachsende Industrialisierung, Verstädterung, Verarmung und Arbeitslosigkeit, Jugendkult und die »Goldenen Zwanziger«, Sehnsucht nach einem »natürlichen« Leben, Massengesellschaft, Technisierung, Hunger und Reichtum. Frauen und Männer fühlten sich in diesen Jahrzehnten durch extreme Lebensbedingungen herausgefordert.

Wohnen

Um die Jahrhundertwende lebte in Deutschland zum ersten Mal mehr als die Hälfte der Bevölkerung in Städten: Immer mehr Menschen trennten sich von ihrer ländlichen Heimat, um sich in den wachsenden Industrieorten ihren Lebensunterhalt zu verdienen. Das führte zu schweren Wohnungsproblemen. Neben Elendsquartieren in Hinterhöfen entstanden Mietskasernen, in denen Menschen unter so schlechten Umständen hausten, wie sie heute kaum noch vorstellbar sind. In den vornehmen Stadtvierteln dagegen bauten sich die Reichen Villen in überfeinerter Ausstattung, zu deren Pflege mehrere Dienstmädchen benötigt wurden. Selbstverständlich gab es Zwischenstufen zwischen diesen extremen Wohnsituationen.

Nach dem ersten Weltkrieg stieg die Wohnungsnot an. Junge Ehepaare sahen ihren offiziell bestehenden Anspruch auf eine eigene Wohnung nicht erfüllt. Alle Parteien der Weimarer Republik erkannten die Notwendigkeit eines sozialen Wohnungsbaus. Zweieinhalb Millionen neuer Wohnungen entstanden. Trotzdem mußten viele Familien mit niedrigem Einkommen in den billigeren, oft ungesunden alten Bauten wohnen.

Blick in einen Berliner Hinterhof

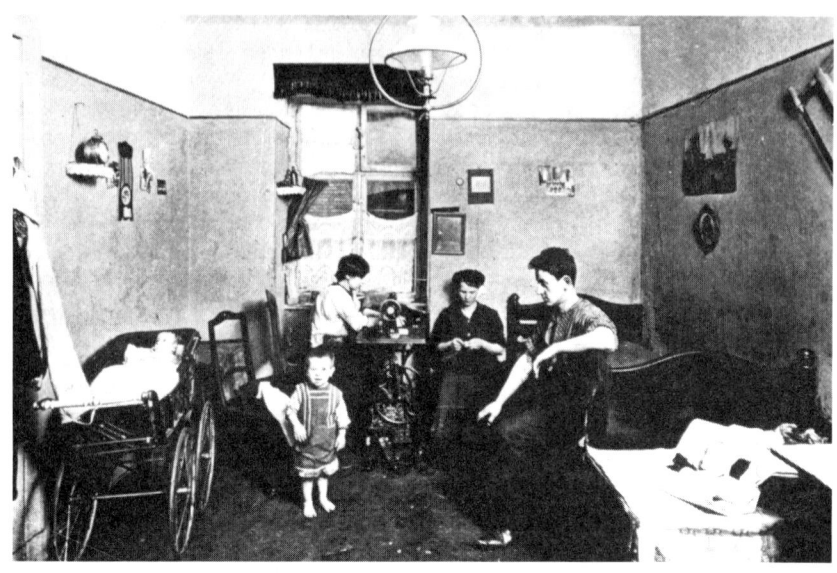

Wohn-Schlaf-Küche in einer Mietskaserne, gleichzeitig Arbeitsraum für die Herstellung von Konfektionsbekleidung

Diele eines vornehmen Wohnhauses

Durch Technisierung und Rationalisierung beim Bau versuchte man in den folgenden Jahrzehnten neue Siedlungen mit niedrigen Mieten zu erstellen.

Im Bombenhagel des 2. Weltkriegs versanken in vielen Städten die alten und neuen Wohnungen in Schutt und Asche. Die »Trümmerfrauen« arbeiteten nach Kriegsende bis zur Erschöpfung daran, aus den Ruinen Baumaterial zu retten, und sie halfen, die verschütteten Straßenzüge freizulegen. — Wieder herrschte Wohnungsnot. Untermieter mußten in die noch intakten Häuser aufgenommen werden. Viele Familien mußten sich mit einem Raum zufrieden geben. Der Wiederaufbau begann nur langsam.

»Frau Stein, wo bist Du…?« — »Frau Kamphaus vermißt…« — Nachrichten auf stehengebliebenen Türen zerstörter Häuser — vielleicht auch eine Spur für heimkehrende Männer

Trümmerfrauen nach dem 2. Weltkrieg

Lebenshaltung

Das Ausufern der Städte, die anwachsende Zahl der Menschen, die ihre Lebensmittel nicht mehr direkt vom Land bezogen, die zunehmende Rationalisierung und Industrialisierung veränderten die Haushaltsführung und die Handelsangebote, z. B. beim Gebrauch von Haushaltsmaschinen und von Konserven.

Um 1900 begannen in Deutschland die ersten Warenhäuser das Konsumverhalten der Stadtbevölkerung zu verändern. Bisher unerreichbare Geräte und Lebensmittel wurden jetzt auch für die Durchschnittsbevölkerung massenhaft und billig angeboten, z. B. Porzellan oder Apfelsinen. Die Zeiten des üppigen Warenangebotes wurden hart abgelöst durch immer neu einbrechende Notsituationen. In beiden Weltkriegen und danach hat die Bevölkerung gehungert. Lebensmittel wurden rationiert und reichten nicht aus, Hausfrauen standen vor unlösbaren Problemen. Die Energiequellen wurden knapp. In den Wintermonaten war es für viele kaum möglich, den Wohnraum ausreichend zu erwärmen.

In der Zeit der Inflation (bis 1923) schwanden die Geldreserven der Familien. Und besonders die große Gruppe der alleinstehenden, nicht berufstätigen Frauen verarmten. Denn zu Anfang des Jahrhunderts gab es für bürgerliche Mädchen kaum eine Berufsausbildung. Sie sollten ja heiraten. Da aber 1,8 Millionen Männer gefallen waren, blieben viele Frauen unverheiratet.

Nach dem zweiten Weltkrieg lag die Last der Familienversorgung zum großen Teil bei den Frauen. Fast 4 Millionen Männer waren gefallen, 11,7 Millionen in Gefangenschaft. Durch die Ereignisse der letzten Kriegszeit waren viele Familien auseinandergerissen worden. 1946 lagen beim Roten Kreuz 10 Millionen Suchanträge. Manche Frauen mußten bis 1956 auf Kriegsgefangene warten.

Hausfrauen und Dienstmädchen nach dem 1. Weltkrieg beim Versuch, Lebensmittel einzukaufen

▲
Frauen auf der Suche nach Kohlen zum Kochen und Heizen

Lebensmittelkarte nach dem 2. Weltkrieg. Nach Kriegsende bekamen die Erwachsenen in Württemberg z. B. pro Woche 100 Gramm Butter, 250 Gramm Fleisch und 1000 Gramm Brot zugeteilt

Die Frauen versuchten in der ersten Notzeit auf Hamsterfahrten, mit Tauschgeschäften und auch mit Prostitution die nötigen Lebensmittel herbeizuschaffen. Nach 1949 gab es in der Bundesrepublik bald großzügige Hilfe, vor allem aus den USA; in der DDR hingegen besserten sich die Lebensverhältnisse nur langsam.

Eine vornehme Dame im Empfangskleid. Zum Schnüren des Korsetts brauchte die Frau eine starke Helferin

Dazu (unten) eine Seite aus der »Sonntagszeitung für Deutschlands Frauen« 1901

Mode und Sport

Die Mode wurde von Männern gemacht. Sie »formten« die Frauen, machten aus ihnen Sinnbilder ihrer erwünschten Funktionen gegenüber den Männern in der Gesellschaft. Geliebte, Gattinnen, Mütter, Hausfrauen – zur Jahrhundertwende schrieb ihnen die Mode vor, ihre leiblichen Veranlagungen für diese geschlechtsspezifischen Aufgaben zur Schau zu stellen: Busen, Wespentaille, Popo wurden betont.

Diesem Zwang begegnete einerseis die freche und saloppe Mode der Zwanziger Jahre, anderei eits eine breite lebensreformerische Bewegung, die für die Frauen mit der Reformkleidung nicht nur die Befreiung vom Korsett brachte. Die erstrebte Rückkehr zum natürlichen Leben führte auch zu einem unverkrampfteren Verhältnis der Geschlechter. Das hieß auch, daß Frauen Sport treiben konnten, in häuslicher Gymnastik, beim Radfahren, Schwimmen, Schlittschuhlaufen, Tennisspielen und im Tanz.

Reformbestrebungen und Jugendbewegung wurden vom Nationalsozialismus aufgesogen. Mädchen wurden schon früh in Uniformen gesteckt und in der Massenorganisation der Hitlerjugend zeitraubend sportlich gedrillt.

Hausgymnastik für Mädchen, gute Haltung ist das Ziel

Mannequins in der typischen Pose der »Goldenen Zwanziger«, Brust und Po eingezogen, lässig und frivol; Frauen von Arbeitern und Arbeitslosen bekamen solche Modelle erst gar nicht zu Gesicht

Das Gegenbild zur künstlichen Welt der Mannequins: Eine Gruppe der Jugendbewegung in den Zwanziger Jahren, natürlich in Kleidung und Umgang ▼

Beruf und Bildung

Besonders im 19. Jahrhundert hatte sich die Vorstellung von der geschlechtsspezifischen Arbeitsteilung zwischen Mann und Frau verfestigt. Für die bürgerliche Familie galt bis zum Beginn des Ersten Weltkriegs: Aufgabe der Frau ist die Kindererziehung und die Sorge, dem Mann ein trautes Heim zu bereiten. Dafür hatte sie ihre eigenen Wünsche hintanzustellen. Bürgerliche Ehefrauen waren vor dem Ersten Weltkrieg kaum berufstätig. Das Vermögen der Frau war der Verwaltung und Nutznießung des Mannes unterworfen. Nur der Vater hatte das Recht der juristischen Vertretung der Kinder. Diese Gesetze blieben bis in die späten 50er Jahre gültig.

Anders sah es im landwirtschaftlichen Bereich aus. Dort waren die Frauen nicht nur für die häusliche Wirtschaft verantwortlich. Sie arbeiteten auch auf dem Feld mit, und sie verkauften Gemüse, Früchte, Eier, Federvieh auf dem Markt. Üblicherweise verwalteten sie das Geldeinkommen der Familien.

In städtischen Arbeiterfamilien gingen meist beide Ehepartner einer Erwerbstätigkeit nach. Sie führten eine gemeinsame Kasse; allerdings bediente sich oft der Mann daraus großzügiger als die Frau, obwohl die Verantwortung für Kinder und Hauswesen bei ihr lag. Mädchen aus Arbeiterfamilien wurden nach Abschluß der Volksschule oft als Dienstmädchen zu ei-

Berliner Fernsprechsaal um die Jahrhundertwende

ner bürgerlichen »Herrschaft« geschickt. Heirateten sie, mußten sie ihre Stelle aufgeben, weil sie dann nicht mehr mit ihrer ganzen Zeit für diese Berufsarbeit verfügbar waren. Die meisten von ihnen versuchten aber, zum neugegründeten Haushalt hinzuzuverdienen: Als Heimarbeiterin, Fabrikarbeiterin oder als Stundenfrau, zur Not als Straßenhändlerin. Weniger häufig verdienten die Frauen aus dem Mittelstand »dazu«. Manche Frauen arbeiteten selbständig im Handwerk oder im Dienstleistungsgewerbe, andere als »mithelfende Familienangehörige«.

Mit Kriegsbeginn 1914 galt die reinliche Scheidung zwischen Männer- und Frauenarbeit nicht mehr. Frauen mußten zunehmend auch die Arbeitsplätze der eingezogenen Männer einnehmen, besonders in der Rüstungsindustrie. Sie waren auf ihren Verdienst angewiesen.

Straßenhändlerin in Berlin 1910

Die Lebenshaltungskosten verdreifachten sich zwischen 1914 und 1918. In vielen bürgerlichen Familien wurden die Dienstmädchen aus Kostengründen entlassen. Für die Familien der arbeitenden Frauen wurden soziale Dienste eingerichtet, z. B. Mütter- und Säuglingsfürsorgestellen, Stadtküchen, Kleiderkammern, Schuhflickstuben u. a. m. In diesen Einrichtungen arbeiteten besonders viele bürgerliche Frauen ehrenamtlich. Der Bund deutscher Frauenverbände gründete einen »Nationalen Frauendienst«.

Der Blick auf die Frauenberufe im ersten Viertel des 20. Jahrhunderts gibt auch einen Hinweis auf die Bildungsbedingungen für Frauen. Sie waren bis nach dem Dritten Reich streng geschieden von denen für Jungen und Männer. Die höhere Schulbildung für Mädchen endete bis zum Anfang des Jahrhunderts mit dem 10. Schuljahr. Erst dann wurden für sie Schulen eingerichtet, die zum Abitur führten und ein Studium ermöglichten. Erst 1908 gab es reichseinheitliche Zulassungsbestimmungen für Frauen an den Universitäten. Die meisten Studentinnen bereiteten sich anfangs auf die Berufe der Studienrätin und der Ärztin vor.

Immer mehr Frauen drängten in die Büroberufe. Sie bekamen schlechtere Stellen als die Männer und wurden – mit der Begründung, sie könnten sich hauswirtschaftlich besser helfen als die Männer – zu erheblich ungünstigeren Tarifen (10 % bis 25 % Abschlag) bezahlt. Trotzdem waren die jungen Frauen nach dem Ersten Weltkrieg mit dem selbstverdienten eigenen Geld selbstbewußter und freier als ihre älteren Schwestern. Fast alle weiblichen Angestellten um 1925 waren ledig und zwei Drittel von ihnen jünger als 25 Jahre.

Plakat im Dritten Reich, das die Rolle der Frau und Mutter idealisiert

»Rassenre nheit« betont. Mädchen mit jüdischen Vorfahren hatten weder bei Familiengründungen noch im Berufsleben Chancen. Im Zusammenhang mit Kriegsvorbereitungen und im Krieg wurden Frauen an allen Arbeitsplätzen gebraucht. Also galt jetzt die Doppelbelastung der berufstätigen Hausfrau und Mutter als normal. Und die Mädchen mußten nach dem Volksschulabschluß ein Pflichtjahr ableisten. Nach Vollendung des 18. Lebensjahres wurden sie zum Arbeitsdienst eingezogen und, ab 1942, auch zum Kriegshilfsdienst. Dabei trugen sie Uniform und lebten in Kasernen. Sie mußten in der Landwirtschaft, in der Rüstungsindustrie, als Straßenbahnschaffnerinnen arbeiten.

Auch nach dem Ersten Weltkrieg galt für die Frauen aus bürgerlichen Familien, daß das Berufsleben nur eine Zwischenphase zwischen Ausbildung und Ehe bedeuten sollte. Mutterschaft galt als der höchste Beruf der Frau. Aber Geburtenkontrolle und Familienplanung wurden immer verbreiteter, lange bevor es die »Pille« gab. Die meisten Ehepaare hatten nur noch zwei Kinder.

Zur Zeit der Weltwirtschaftskrise und der Arbeitslosigkeit 1929–1933 wurden verheiratete Frauen, soweit sie Beamtinnen waren, per Gesetz vom Arbeitsleben entlassen: Sie galten als »versorgt«.

Zur Zeit des Dritten Reiches legte man die Frauen zunächst auch auf ihre Mutterrolle fest. Dabei wurden die Prinzipien der

Rüstungsarbeiterin im 2. Weltkrieg

Versammlung der proletarischen Frauenbewegung in Berlin um die Jahrhundertwende

Demonstration der englischen Suffragetten 1905: Votes for women — Wahlrecht für Frauen ▼

Weg zur politischen Mündigkeit

Frauen haben in den europäischen Ländern lange Zeit darum gekämpft, gesellschaftlich anerkannt zu werden, bessere Bildungschancen und Berufsmöglichkeiten zu gewinnen und politisches Mitspracherecht zu erhalten. Dafür haben sie Spott und Diffamierungen erdulden müssen. Berühmt sind die englischen Suffragetten.

Die verschiedenen politischen und kirchlichen Frauenverbände in Deutschland verfolgten in ihren Bestrebungen um Gleichberechtigung mit den Männern unterschiedliche Ziele.

1918 wurde das aktive und passive Wahlrecht für Frauen in Deutschland endlich erreicht. In der Weimarer Nationalversammlung waren 9,6 % der Abgeordneten weiblich (zum Vergleich: im ersten gesamtdeutschen Parlament 1990 sind es 20,39 %).

Im männerbündischen Dritten Reich wurden Frauen in der Massenorganisation der »NS-Frauenschaft« organisiert und mundtot gemacht. Frauenpolitik bestand allein in der Verherrlichung der Mutterideologie.

In der Bundesrepublik Deutschland und in der DDR bekamen die Frauen die Möglichkeit zu aktiver politischer Arbeit. Sie haben begonnen, sie nutzen zu lernen. *Sabine Nickel*

Die ersten weiblichen Volksvertreterinnen in der Nationalversammlung 1919

Elisabeth von Thadden

Im Sog der neuen Bewegung

Am 9. November 1923 marschierten in vielen deutschen Städten »Hakenkreuzler« zusammen mit Kriegervereinen im Schweigemarsch durch die Straßen: gegen den Versailler Vertrag, der quer durch fast alle Parteien und auch von den Kommunisten vehement abgelehnt wurde. Die »Hakenkreuzler« fielen durch ihre Uniform auf, die sie als erdbraun bezeichneten und die doch nicht wie fruchtbare Erde aussah. Das rüde Auftreten vieler Mitglieder wirkte abstoßend. Saalschlachten und Morde waren warnende Zeichen, die sich bis zum Jahr 1932 mehrten.

Elisabeth von Thadden, aus der sozialen Arbeit an halbverhungerten Großstadtkindern kommend, gründete 1927 mutig eine Schule in Wieblingen bei Heidelberg, hatte aber wie alle Privatschulen und fast alle Industriebetriebe gegen die harte wirtschaftliche Depression zu kämpfen. Nach kurzem Erblühen der Neugründung häuften sich 1932 Abmeldungen von Schülerinnen »wegen der Unsicherheit der wirtschaftlichen Lage« und »wegen der katastrophalen Entwicklung«. Wie sollte es weitergehen? Überall an den Straßenecken standen Arbeitslose herum, wartend, frierend, drohend, hoffnungslos – ein niederdrückender Anblick!
Die Schulleiterin Elisabeth von Thadden versuchte sich und ihre Mitarbeiter und Mitarbeiterinnen zu ermutigen, indem sie – wie es ihre Art war – auch in den größten Schwierigkeiten eine positive Seite zu entdecken versuchte. »Starke moralische Kräfte suchen der Auflösung Einhalt zu tun. Man darf Ansätze und Möglichkeiten des Wiederaufbaus feststellen, für den wir Erzieher die ganze Kraft einsetzen müssen.«
Wirklich verloren die extremen Parteien bei der Reichstagswahl 1932 an Stimmen. Als Hitler dann 1933 dennoch »an die Macht kam«, waren viele bereit, dem neuen Kanzler eine Chance zu geben, für sehr viele war er die einzige Hoffnung. Der Kreis derer, die das Abgründige erkannten, war verschwindend klein.
Hitler versuchte zunächst, sich und seiner »Bewegung« – in Wahrheit eine straffe Organisation, in der Gehorsam erste Pflicht war – das Gepräge würdigster deutscher Überlieferung zu geben. Die Ideen-

verbindung von »national« und »sozialistisch« leuchtete Elisabeth von ihrem eigenen Lebensweg her ein, sie schien zu ihrem liberal-konservativen Elternhaus und zu ihrer eigenen sozialen Arbeit zu passen.

Aber schon 1933 erlebte Elisabeth diffamierende Maßnahmen gegen Menschen, die ihr nahestanden: ihre Vorbilder Anna von Gierke und Alice Salomon, beide international bekannte Kämpferinnen für Frauen- und Arbeitsrecht, wurden gezwungen, ihre Lebensarbeit, zwei bekannte Sozialschulen in Berlin, in »arische«, nichtjüdische Hände zu legen. Elisabeths einstiger Berater, Professor Kurt Hahn, Gründer einer Reihe von Landerziehungsheimen, wurde über die Grenze abgeschoben. Der ihr am nächsten stehende Mensch unter allen, Pastor Friedrich Siegmund-Schultze, der sich aktiv für die Berliner Arbeiterjugend eingesetzt hatte, wurde verhaftet, verhört und ausgewiesen. »In 92 Fällen« habe er Juden geholfen, Kontakte mit Konservativen wie Kommunisten gehalten. – Ja, er hatte stets versucht, soziale Abgründe zu überbrücken und erbitterte Feinde zu versöhnen.

Aber die meisten Menschen schlugen diese warnenden Zeichen in den Wind, aus Furcht vor Bürgerkrieg und Angst um Brot und Arbeitsplatz. Sie waren froh, eine abgesteckte Ordnung zu finden.

Elisabeth sah die Gefahr, hoffte aber auf heilende Kräfte, Kurt Hahns Worte im Ohr und im Herzen: »Es gibt auch eine ansteckende Gesundheit!« Obwohl sie mit ihren schwer getroffenen Freunden litt, lebte sie zunächst mit der »neuen Zeit«. Immer schon war sie Neuem gegenüber aufgeschlossen. Sie war »geneigt, mitzumachen und mitzuhelfen, da, wo anscheinend gute Arbeit geleistet wurde. Mit warmer Anteilnahme verfolgte sie die Bemühungen, die Arbeitslosigkeit zu beseitigen, das Los der arbeitenden Schichten zu verbessern«, schreibt ihre Schwester Ehrengard. Noch war undenkbar, was wir heute über jene Jahre wissen.

Dann aber begriff sie, was die neue Regierung mit der »Judenfrage« meinte. Rasch und unbeugsam entschied sich Elisabeth gegen den Nationalsozialismus. Für sie gab es keine Judenfrage, sondern nur die Menschlichkeit. Keinesfalls war sie bereit, in ihrem Alltag, in ihrer Schule den erzwungenen Boykott oder gar die wachsende Hetze, den Haß gegen Juden mitzumachen. Als man ihr verbieten wollte, einen jüdischen Arzt zu kranken Schülerinnen zu holen, ließ sie sich nicht beirren. Sie blieb auch mit jüdischen Nachbarn befreundet und nahm Schülerinnen aus boykottierten Familien auf.

An ihrem runden Teetisch ist viel Leid der damaligen Zeit abgeladen
worden. Hier brauchte kein Mißtrauen gegen Denunziantentum mit-
zuschwingen wie sonst allenthalben. Elisabeth wäre auch nie in den
Sinn gekommen, daß sie etwas Besonderes tat, wenn sie Kinder aus
verfolgten Familien in ihre Schulgemeinschaft aufnahm.
»Ihre Tochter ist sehr willkommen bei mir«, sagte sie. »Selbstverständlich wird sie hier nicht isoliert sein.« Dank wehrte sie ab: »Nein,
Sie helfen *mir,* meine Kinder zu aufgeschlossenen und verständnis-
vollen Menschen zu erziehen.«
In vielen Notlagen kam sie den Eltern mit dem Pensionspreis entgegen: »Nein, keinen Dank! Mädchen, die den guten Geist ihres Eltern-
hauses mitbringen, prägen den Geist unserer Schule. So helfen Sie
mir, wie ich Ihnen helfe.«

Vernichtungsurteil: nicht arisch

»Nicht arisch« – so kurzlebige Vokabeln werden zuweilen erfunden.
Sie beherrschen eine Zeitlang jede Zeitungsspalte, gehören aber dann
zum überflüssigen Gerümpel der Geschichte. Damals bestimmten
sie wegen des Meinungsmonopols des Propagandaministeriums jeden
Lebensbereich.
Elisabeth pflegte einschlägige Erlasse zu ignorieren. Aber wie tief
deprimiert manche der von den Rassegesetzen Betroffenen litt und
wie ahnungslos die vielen »Nichtbetroffenen« jenen abgründigen Problemen zunächst gegenüberstanden, zeigt das Gespräch unter neu
angekommenen Schülerinnen 1936:
»Was willst du denn werden?«
Einsilbige Antwort: »Ich weiß nicht. Nichts.«
»Aber irgendwas mußt du doch vorhaben?«
Vorsichtig dunkler Blick aus einem sanften Gesicht, dann ein schnel-
les Auflachen, scheu: »Wenn ich was werde, dann Klofrau. Da kann
ich schöne Pullover stricken und habe Ruhe.«
Berufsziel für eine Oberschülerin? Den wahren Grund ihrer Zukunfts-
losigkeit durfte das jüdische Mädchen nicht aussprechen.
Manche Mädchen kamen blind glaubend an die »Ziele der Bewegung«
zu Elisabeth. Sie zerstörte zunächst keine Illusionen, nicht so sehr
aus Vorsicht, als um die Kinder in Ruhe ihren Weg selber finden zu
lassen. Und es erfüllte sie jedes Mal mit tiefer Freude und Hoffnung,
wenn sie sah, wie eines der Mädchen begriff, worum es ging.

Am 9. November 1938, der Scherbennacht, schrieb eine und fragte nach gefährdeten Mitschülerinnen, ob sie in Sicherheit seien, ob man helfen könne. Elisabeth antwortete der ehemaligen Schülerin auf keine dieser Fragen direkt, wohl wissend, daß ihre Briefe zensiert wurden; aber sie schrieb sofort zurück, ausführlich berichtend: Die Schule bestehe »im alten Geist« weiter, – nichts Besonderes und doch eine Antwort.

Bei anderen Gelegenheiten ließ sie ihrem Gefühl freien Lauf. So, als die befohlenen Judensterne auftauchten, jene grellgelben Applikationen aus Stoff, die die rassisch Verfolgten sichtbar auf der Brust tragen mußten – ein Schandmal, nicht für die Träger, sondern für seine Erfinder!
Elisabeth empfand die Schmach, die das deutsche Volk sich damit selbst antat. Mit heller Empörung schlug sie sich auf die Seite der Verfemten. Wo frühere Freunde die Juden kaum mehr zu grüßen wagten, andere sich ängstlich abwandten, ging sie auf Frauen mit dem Stern zu, die sie oft nur entfernt kannte, und umarmte sie auf offener Straße. Nur wer selber schweigend, erstarrend, erschrocken, beschämt an den gelben Sternen vorüberging, weiß, was das hieß, denn die Geheime Staatspolizei konnte Augen haben in jedem Fenster.
Mit anderen jüdischen Bekannten traf Elisabeth sich offen im Café, um unmißverständlich zu zeigen, daß sie selber die alte war, da doch die ganze Umwelt sich zwingen ließ, ihnen ein fremdes Gesicht zuzukehren. Dabei nahm Elisabeth an ihren Schwierigkeiten teil, dem Verkauf von Besitz, der Vorbereitung der Auswanderung, und sie half, wie immer sie konnte.

Gefährliche Lerninhalte

Ihr Staatsbürgerunterricht war feuergefährlich: Sie behandelte unerschrocken den Reichstagsbrand, das Ermächtigungsgesetz, die Völkerbundfrage, die Rassengesetze, die Jugendgesetze, Ehe-, Familien- und Frauenrecht, Kirchenpolitik.
»Die Kriegsbeteiligung deutscher Einheiten in Spanien ist nur eine Generalprobe für den großen Krieg!« rief sie 1936 aus. Ihre Mitarbeiterinnen baten sie, wenigstens die Fenster zu schließen, um eine Anzeige durch Vorübergehende zu vermeiden. Eine Warnerin mit

erhobener Stimme, erhobenen Brauen, erhobenem Finger – so steht sie in der Erinnerung ihrer Schülerinnen.

Elisabeths Briefe und Schulprospekte enthielten längst nicht mehr den geringsten Hinweis auf nationale Gesinnung, weil sie alles Nationale mißbraucht sah. Hingegen machte sie seit 1936 ihre Schülerinnen mit den Gedanken Frank Buchmanns bekannt. Der Initiator der Oxford-Gruppenbewegung setzte der militärischen Wettrüstung die »moralische Aufrüstung« des einzelnen und der Staaten entgegen. Politik und Mensch mußten sich ändern. »Die vier Absoluten«, Selbstlosigkeit, Liebe, Lauterkeit und Wahrheit, sollten das öffentliche und das private Leben bestimmen.

Gleichzeitig beschäftigte sich Elisabeth mit der aufkeimenden ökumenischen Bewegung, der Annäherung der über vierhundert Jahre lang verfeindeten Konfessionen angesichts der Bedrohung durch übermächtige Staaten.

Elisabeth von Thadden

1890–1944

Elisabeth wurde 1890 als Landratskind in Ostpreußen geboren.
Sie war die Älteste von fünf Geschwistern, ein Bruder wurde später der Initiator und erste Präsident des Deutschen Evangelischen Kirchentages, Reinold v. Thadden-Trieglaff.
Als die Mutter starb, war Elisabeth achtzehn. Mehrere Jahre wirkte sie im verwaisten Elternhaus, dann in der Sozialen Arbeitsgemeinschaft Berlin und in der Kinderlandverschickung.
1927 gründete sie ein Landerziehungsheim nach dem Vorbild von Hermann Lietz und Kurt Hahn in Wieblingen bei Heidelberg; sie versuchte, Lernen und praktisches Arbeiten der ihr anvertrauten Schülerinnen zu verbinden.
1941 wurde die private Schule verstaatlicht, ein staatlicher Schulleiter eingesetzt.
Nach dieser bitteren Erfahrung und dem Verlust ihrer Schule ging Elisabeth v. Thadden nach Berlin. Dort suchte sie zu aktiven Widerstandskreisen Kontakt, ohne jedoch an den Attentatsplänen beteiligt zu sein. Sie versuchte vielmehr, soziale Hilfe vorzubereiten.
In einem Monsterprozeß wurde sie 1944 zum Tode verurteilt und hingerichtet.

Das Spitzelkind

Während die Schule trotz des Krieges in gewohnter Weise gedieh, während die Schülerinnen für Elisabeths 50. Geburtstag probten, saß ein blondzöpfiges Mädchen in der neunten Klasse als externe Schülerin. Was ging unter ihren hübschen Haaren vor, als sie auf Zetteln niederschrieb, was nach ihrer Meinung an der Leiterin Thadden staatsfeindlich war?

Ihre Mutter hatte sie zum Ausspionieren veranlaßt, eine hundertprozentige Anhängerin nationalsozialistischer Weltanschauung und dabei blind und taub für die Unterscheidung von Recht und Unrecht. Die Tertianerin notierte, daß die Englischlehrerin das Lied »Rule Britannia« aus dem Schulbuch zu lernen aufgab. Sie notierte, daß der evangelische Religionslehrer, der gütige alte Pfarrer Frommel, der oppositionellen Bekennenden Kirche angehörte. Daß ein Jesuitenpater als katholischer Religionslehrer »im Haus aus- und einging«, ein Mann aus dem Orden, den die Partei gehässig die »Dunkelmänner unserer Zeit« nannte. Die Schülerin notierte Unzusammenhängendes, Halb- und Falschverstandenes aus dem Unterricht. Und schließlich gar, daß Frau von Thadden in den Morgenandachten oder bei Feiern mit Vorliebe biblische Psalmen, also jüdische Texte, vorlas.

Was die Mutter sich dabei gedacht haben mag, ihre Tochter zu so niederträchtigen Spitzeldiensten anzuhalten, sie selbst zu verderben – wer weiß es? Furchtbares ist damals durch sie eingeleitet worden, Furchtbares aber auch hernach in ihr vorgegangen: Sie nahm sich und der Tochter das Leben, als 1945 ihre hundertprozentige Hoffnung zusammenbrach.

Aufgrund dieser Denunziationen wurde Elisabeth von Thadden ihre Schule weggenommen. Um in Zukunft eine nationalsozialistische Erziehung der Jugend zu gewährleisten, übernahm der Staat die Schule. Elisabeth mußte ihre Kinder dem ideologischen Ungeist der Zeit ausliefern und gehen – ohne Entschädigung, ohne Erstattung ihres hineingesteckten Privatvermögens, ohne Rente. Doch dies war noch nicht die ihr Schicksal entscheidende Denunziation gewesen.

Nachdem sie begonnen hatte, sich in Berlin eine neue Existenz und sinnvolle Tätigkeit als Mitarbeiterin des Roten Kreuzes aufzubauen, schlich sich 1943 erneut ein gut getarnter Agent der Geheimen Staatspolizei in ihren Lebenskreis und verriet Gespräche am Teetisch, die sich als »absolut tödlich« erwiesen: Elisabeth plante für den Tag X, den Untergang des Hitlerreiches, mit seinem vorauszusehenden Hunger- und Wohnungselend, rechtzeitig ein Hilfswerk aufzubauen. Auch ihr langjähriger Schweizer Freund Siegmund-Schultze sollte darin eine Schlüsselrolle übernehmen. Dieser mehr soziale als politische Plan brachte sie mit über siebzig anderen Personen in Untersuchungshaft. Von dem berüchtigten Richter Freisler wurde sie am 1. Juli 1944 zum Tode verurteilt, da sie die gesamte Verantwortung für den Hilfsplan und die geführten Gespräche auf sich zu lenken wußte. Am 8. September 1944 wurde sie in Plötzensee hingerichtet.

Irmgard von der Lühe

Zum Nachdenken und Diskutieren

- Was weiß ich bisher von Frauen im Widerstand?
- Wozu hat diese Frau im Lauf ihres Lebens Mut gebraucht?
- Situationen in meinem Leben, die Mut erfordern.
- Wo und warum halte ich es heute für wichtig, Widersprechen und Widerstehen zu üben?

Lesevorschläge

I. v. d. Lühe: Eine Frau im Widerstand – Elisabeth von Thadden, August Lax, Hildesheim 1989
J. Pottier, Hg.: Christen im Widerstand gegen das Dritte Reich, Burg, Stuttgart/Bonn 1988

Edith Stein

Ein eigensinniges Kind

Es ist ein ganz normaler Tag im Haus der Familie Stein. Edith ist ungefähr vier Jahre alt. Sie hüpft durch die Wohnung, singt vor sich hin und rennt zu ihrer großen Schwester Else. Sie will ihr unbedingt etwas erzählen. Else ist mit einer Arbeit beschäftigt. Sie will sich nicht stören lassen. Edith läßt sie aber nicht in Ruhe. Sie versucht mit allen Mitteln, ihren Willen durchzusetzen. Sie baut sich vor der Schwester auf und fängt an zu erzählen. Elses Bitte, doch jetzt still zu sein, will sie nicht hören. Als Else strenger wird, wird Edith frech und will es sich ertrotzen. Sie ist zornig, stemmt die Ärmchen in die Seiten, versucht, die Schwester an der Arbeit zu hindern. Sie wird so zudringlich, daß Else sich nicht anders zu helfen weiß, als sie in eine dunkle Kammer zu sperren. Jetzt legt Edith sich steif auf den Boden, so daß Else sie nur mit äußerster Anstrengung aufheben und forttragen kann. Aber auch in der Kammer gibt sie keine Ruhe. Sie trommelt mit beiden Fäusten gegen die Tür und schreit so laut, daß schließlich die Mutter kommt und sie befreit. Sie stört ja sonst das ganze Haus.
In der Nacht liegt Edith, wie so oft, stundenlang wach. Sie empfindet Else als ungerecht und fühlt sich schlecht behandelt. Aber nicht nur dies Ereignis – alles, was sie erlebt und gesehen hat am Tag, zieht an ihr vorüber.
So ist es lange Zeit. Edith schläft unruhig, hat oft Fieber. Sie ist ein leicht erregbares, nervöses Kind. Jedes etwas derbe Wort verletzt sie tief. Sie saugt alles in sich auf, was sie hört und sieht.
Eines Tages erzählt die Schwester Frieda von »Maria Stuart«; sie lesen das Drama zur Zeit in der Schule. Edith ist jetzt fünf Jahre alt. Sie hört gespannt zu. In den nächsten Wochen ist in der Familie immer wieder die Rede vom unglücklichen Schicksal der schottischen Königin. Als Frieda dann mit der Mutter ins Theater gehen darf und dort »Maria Stuart« sehen kann, hat Edith in der Nacht Fieberphantasien und schreit »Schlagt doch der Elisabeth den Kopf ab!« Wieder hat sie alles aufgenommen, was gesprochen wurde. Sie redet aber nicht mit den anderen darüber, wenn etwas sie quält. Niemand weiß so recht, was in ihr vorgeht. Nur nachts im Bett kämpft es dann in ihr und wird alles verarbeitet.

Das Schulmädchen

Zwei Jahre sind vergangen. Edith ist nun endlich in der Schule. Als sie heute nach Hause kommt, soll sie der Schwester Frieda schnell etwas helfen. Sie will aber erst noch nachsehen, was sie in der Schule aufgeschrieben hat. Etwas ruppig sagt sie: »Mach das selber! Ich hab was anderes zu tun«, und geht auf ihr Zimmer. Dort packt sie aber sofort die Reue. Frieda hat wahrscheinlich wenig Zeit und braucht Ediths Hilfe. Sie schämt sich, daß sie wieder nur an sich selbst gedacht hat. Mit der »alten Edith« sollte es doch vorbei sein! Sie will sich doch jetzt fügen! Mußte der alte Eigenwille doch wieder durchbrechen! Zerknirscht geht sie zu Frieda und bittet sie um Verzeihung. Dann gehen die beiden Schwestern an die Arbeit.

Aus dem eigensinnigen Kind wird ein Schulmädchen, bei dem die Vernunft an erster Stelle kommt. Die nervöse Erregbarkeit der ersten Jahre tritt in den Hintergrund. Edith selbst schreibt später: »Allmählich wurde es auch in der inneren Welt lichter und klarer. Gehörtes und Gesehenes, Gelesenes und Selbsterlebtes boten einer regen Phantasie Stoff zu den kühnsten Bauten.«

In der Schule ist sie nun immer eine der Besten. Am liebsten schreibt sie Aufsätze, denn da »konnte ich doch etwas von dem anbringen, was mich innerlich beschäftigte«. In den Aufsätzen kann sie sich aussprechen, kann das loswerden, was sie zu Hause weiterhin für sich behält. Sie erlebt die Familie bei aller Liebe als »eng« und »bürgerlich« und fühlt sich nicht nur wohl in dieser Umgebung. Sie will hinaus und schreibt: »In meinen Träumen sah ich immer eine glänzende Zukunft vor mir. Ich träumte von Glück und Ruhm, denn ich war überzeugt, daß ich zu etwas Großem bestimmt sei.«

Jungmädchenträume, wie sie viele von uns haben. Was wird nun in ihrem Leben daraus?

Studentin

1913 geht Edith Stein nach Göttingen, um bei dem verehrten Philosophen Husserl zu studieren. Seine Lehre, die der letzten Wahrheit in den Dingen auf den Grund gehen will, zieht sie mächtig an. Hier findet ihre begeisterungsfähige Seele die Nahrung, die sie braucht. Ihr erstes Göttinger Semester im Sommer 1913 ist rundum ein Erfolg. Sie findet schnell Freundinnen und Freunde, wohnt mit einer Kommilitonin zusammen, sie unternehmen herrliche Wanderungen im Freundeskreis. Unter den Philosophen besticht Edith sofort durch ihren Scharfsinn, durch die Leichtigkeit, mit der sie sich in die neue Gedankenwelt einarbeitet, und durch ihren ungeheuren Fleiß.

Das folgende Wintersemester aber bringt eine Veränderung. Plötzlich scheint sie aus allen lebensvollen Bezügen herauszufallen. Einsamkeit schlägt über ihr zusammen, und im philosophischen Arbeiten gerät sie an eine Art Schallmauer, die sie nur langsam und unter fürchterlichsten Qualen überwinden kann.

Sie schreibt selbst über diese Zeit:

»In der zweiten Oktoberhälfte, einige Tage vor Beginn der Vorlesungen, war ich wieder in Göttingen. Ich mietete ein Zimmer in der Schillerstraße. Ich war in diesem Winter sehr einsam. Solange Rose mit mir zusammenlebte, hatten wir beide nichts von Heimweh gespürt. Ich vermißte sie jetzt sehr. Ich vermied es, durch die Lange Geismarstraße zu gehen, weil der Anblick unseres alten Wohnhauses mir zu weh tat. – Abgesehen von der Philosophie beschränkte ich meine Vorlesungen jetzt auf ein Mindestmaß, um möglichst viel zu Hause arbeiten zu können. Ich begann mit der systematischen Vorbereitung für die mündliche Prüfung: Für Geschichte, deutsche Literatur und Philosophiegeschichte bedeutete das eine gewaltige Masse an Gedächtnisstoff. – Mit meiner Lernerei aber machte ich trübe Erfahrungen.«

Edith, die im Bereich des Lernens bisher immer an Erfolge gewöhnt war, der alles gelang, fühlt sich total überfordert. Die Fülle des Stoffs erschlägt sie. Sie versucht, die verschiedenen philosophischen Ansätze in eine Ordnung zu bringen, scheitert aber kläglich. In ihrem Kopf wirbelt alles durcheinander. Ein unerbittliches Ringen um Klarheit hält sie gefangen.

Es wird so schlimm, daß sie kaum noch schlafen kann. Sie erfährt plötzlich, daß die kernigen Sprüche ihrer Mutter »Was man will, das kann man« und »Wie man sich's vornimmt, so hilft der liebe Gott« nicht mehr wirken. Mit ihrem bisher so starken Willen ist es nichts mehr, er hilft hier nicht mehr weiter. Sie arbeitet sich in eine solche Verzweiflung hinein, daß sie hofft, nicht mehr länger leben zu müssen. Die großen Ziele scheinen in nichts zusammenzufallen. Aber wieder »ahnte wohl niemand, wie es in mir aussah«.

Zum ersten Mal erfährt Edith, daß auch sie Grenzen hat. Bisher durch Erfolg verwöhnt, muß sie sich nun plötzlich in mühseligster Kleinarbeit Unmengen von Stoff einverleiben und zum geistigen Eigentum machen. Dazu kommt die Einsamkeit. Die auftretenden Schwierigkeiten verunsichern Edith Stein sehr. Sie machen deutlich, wie tief unsicher sie eigentlich ist. Die Kindheitsgeschichte hat uns Edith ja schon als einen äußerst sensiblen und anfälligen Menschen gezeigt. Sie ist kein in sich geborgenes Wesen. In dieser Extremsituation bricht der dünne Boden wieder auf und setzt Angst und Ungeborgenheit frei. Eine unglückliche Liebesbeziehung mag auch noch mitgespielt haben. Dazu kommt, daß Edith in sehr viel kürzerer Zeit ihren Abschluß machen will, als es üblich ist. Sie leidet also auch an ihrem eigenen maßlosen Ehrgeiz, der von ihr verlangt, daß sie die Beste und Schnellste sein muß!

Offenbar ist diese Zeit der einsamen Kämpfe aber menschlich auch ein Gewinn für sie, denn sie schreibt vom Wintersemester 1914/15: »Die Freundschaft mit Pauline und Erika war tiefer und schöner als die alten Studienfreundschaften. Es war zum ersten Mal, daß nicht ich der führende und umworbene Teil war, sondern daß ich in den anderen etwas Besseres und Höheres sah, als ich selbst war.«

Die Wissenschaftlerin – wie andere sie sehen

Wieder ist Zeit vergangen. Man schreibt das Jahr 1924. Ein Gespräch unter zwei entfernteren Studienkollegen Edith Steins könnte so ausgesehen haben:

»Sie hat ihre Doktorarbeit mit ›summa cum laude‹ gemacht!« »Aber ihre Doktorarbeit hat Husserl nicht in das Jahrbuch aufgenommen!« »Ja, sie ist wohl doch nicht eine so große Philosophin, wie sie gerne sein möchte.« »Er hat sie aber doch als Assistentin angenommen.« »Ja, aber wissen Sie, man konnte sie mit seinen früheren Assistenten doch nicht vergleichen! Sie war doch nur eine bessere Sekretärin. Darin war sie allerdings ganz groß. Stellen Sie sich vor, ohne Edith Stein wäre des Meisters zweiter Ideen-Band (»Idee zu einer reinen Phänomenologie«) doch nie zustandegekommen! Sie hat ja Zehntausende von Manuskriptseiten gelesen und geordnet. Das ist eine ungeheure Leistung.«

»Ja, aber wollte Edith Stein nicht etwas anderes? Wollte sie nicht von ihm als Philosophin ernst genommen werden, wollte sie sich nicht habilitieren und lehren und forschen an der Universität?« »Ja, das waren sicher ihre Träume. Aber eine Frau als Philosophin! Das kann man sich doch gar nicht recht vorstellen. Husserl selbst hielt es ja auch für unmöglich. Dann hat er ihr allerdings doch eine Empfehlung für die Breslauer Universität geschrieben.« »Ist sie denn irgendwo als Dozentin akzeptiert worden? Ich hörte, sie hätte sich noch an anderen Universitäten um die Lehrberechtigung bemüht.« »Nein, es ist nichts daraus geworden. Man riet ihr nur immer wieder, doch zurück nach Freiburg zu Husserl zu gehen. Aber das war vorbei für sie.«

»Was hat sie denn dann gemacht?« »Eine Zeitlang hat sie sich mit philosophischen Privatstunden durchgeschlagen, sozusagen als selbständige Philosophin. Sie schrieb auch philosophische Abhandlungen.« »Aber man hat ihre philosophischen Eigenleistungen doch auch öfter kritisiert! Ihr würde Tiefe fehlen, und eine gute Freundin schrieb ihr ganz klar, daß ihr Scheitern ›in sehr viel tiefer liegenden persönlichen Mängeln begründet sei‹.« »Vielleicht ist sie zu ehrgeizig. Will zu viel und ist dem doch eigentlich nicht gewachsen. Es ist aber schon eine Tragik: Da ist eine so kluge und begabte Frau – und irgendwie schafft sie es nicht. Jetzt soll sie sogar katholisch geworden sein und sitzt ganz abseits in Speyer an einer Nonnenschule als Lehrerin.« »Ja. Viele ›Phänomenologen‹ haben zum Christentum gefunden. Aber sie, die Jüdin, soll sogar ins Kloster gehen wollen.«

Wie sie sich selbst sieht

Wie Edith Stein selbst ihre Entwicklung sieht, wissen wir aus ihren Briefen und Werken. Schon 1917, als Assistentin Husserls, schreibt sie an einen Freund: »Daß ich es lernen muß, mehr in die Tiefe zu gehen, ist mir auch längst fühlbar geworden. Ich glaube allerdings, daß hier der wunde Punkt meiner Begabung liegt. Ich arbeite im Grunde mehr mit dem armseligen Verstande als mit intuitiver Veranlagung, vielleicht bin ich gerade darum zur Assistentin des Meisters geeignet.« (27. 4. 1917)
Und 1930, als Lehrerin in Speyer: »Es mag uns noch so sehr die gegenwärtige Lebensform nicht als die adäquate erscheinen – was wissen wir im Grunde davon? Aber daß wir hier und jetzt stehen, um unser Heil zu wirken und das derer, die uns auf die Seele gelegt sind, daran kann kein Zweifel sein.« (16. 2. 1930)
1933 an ihre Freundin Hedwig Conrad-Martius: »Ja, also wenn Sie es unternehmen wollen, Ihrem Patenkind die Sinndeutung seiner Lebensaufgabe zu vermitteln, so will ich Ihnen gern dieses monströse

Opus schicken, natürlich zu strenger Kritik; einer radikalen Kritik, denn ich habe mich schon oft gefragt, ob ich mit der philosophischen Arbeit nicht überhaupt über meine eigenen Möglichkeiten hinausgehe.« (24. 2. 1933)

Und schließlich sagt sie in ihrem Werk »Endliches und Ewiges Sein«: »Was nicht in meinem Plan lag, das hat in Gottes Plan gelegen. Und je öfter mir so etwas begegnet, desto lebendiger wird in mir die Glaubensüberzeugung, daß es − von Gott her gesehen − keinen Zufall gibt, daß mein ganzes Leben bis in alle Einzelheiten im Plan der göttlichen Vorsehung vorgezeichnet und vor Gottes allsehendem Auge ein vollendeter Sinnzusammenhang ist.«

Dies ist ihr Blick auf ihr Leben. Und obwohl sie nichts unversucht läßt, um allen Widerständen zum Trotz doch noch zur Habilitation zu kommen, nimmt sie ihren Weg, wie er schließlich wird, als den für sie bestimmten an.

Die Lehrerin

Es ist in Speyer. Eine Nonne vom Orden der Dominikanerinnen von St. Magdalena schließt die Kirchentür auf, in der die Schwestern sich zum ersten Gebet des Tages treffen. Als sie vorschaut zum Altar, sieht sie Dr. Edith Stein. Wieder einmal hat sie die ganze Nacht im Gebet verbracht. Auch jetzt rührt sie sich nicht, kniet starr und aufrecht. Sie betet das Morgenlob der Schwestern von ihrem Platz aus mit, danach feiert sie von dort aus die Messe.

Zum Frühstück geht sie in ihr Zimmerchen im Kloster und ißt, was ihr die Schwestern gerichtet haben. Danach ist Zeit für die Schule. Am Mädchenlyzeum unterrichtet sie Deutsch und Geschichte, den angehenden Lehrerinnen gibt sie Unterricht und betreut die Novizinnen des Ordens, die Lehrerinnen werden.

Edith klemmt sich ein Bündel Bücher unter den Arm und geht über den Hof, eine kleine Gestalt, zart, fast zerbrechlich. Ihr Gang ist leicht, aufrecht. Ihr Gesicht wirkt ganz still, gesammelt, ruhig und sehr wach.

Heute kommt sie zum ersten Mal in eine neue Klasse. Still steht sie vorn. Das Gespräch der Schülerinnen verstummt. Die Lehrerin stellt sich als Fräulein Dr. Stein vor. Sie gibt an, was sie mit den Schülerinnen in diesem Jahr behandeln wird. Als sie Hermann Hesse nennt, horchen sie auf. Ja, von ihm fühlen sie sich verstanden, er spricht ihr Lebensgefühl aus. Und dieses stille Fräulein Doktor weiß offenbar, was sie bewegt. Als Fragen zu den übrigen Themen laut werden, geht sie aufmerksam darauf ein. Jede Schülerin hat das Gefühl, ernst genommen zu werden. Es wächst Vertrauen und die Gewißheit, bei dieser Lehrerin alles sagen zu können. Als die erste Stunde um ist und Dr. Stein die Klasse verlassen hat, bleibt es kurze Zeit ganz still dort. Eine Atmosphäre von Klarheit und Frieden hält noch ein Weilchen an.

Ein paar Wochen später geht es um einen gemeinsamen Ausflug. Dr. Stein und die Klasse machen miteinander Pläne. Die Stimmung ist gelockert, die ernste Lehrerin zeigt sich als humorvolle Gefährtin. Sie kann herrlich erzählen und Leute nachmachen und Reime erfinden... Die Mädchen verzeihen dem Fräulein Doktor, daß es manchmal zu schwierig spricht im Unterricht, als wären sie junge Philosophinnen. Denn immer wieder kommt unter der anspruchsvollen Lehrerin auch diese gute Kameradin durch, die mit ihnen lacht und scherzt.

Aber noch eine andere Seite wird heute von Dr. Stein gefordert. Eine Schülerin erzählt ihr in der Pause von großer finanzieller Not im Elternhaus. Edith Stein hört zu, tröstet das Mädchen und verspricht Hilfe. Am darauffolgenden Wochenende wird sie mit einem großen Paket zu der Familie gehen und Wäsche, Lebensmittel und andere wichtige Sachen bringen. Von ihrem eigenen Gehalt behält sie fast nichts, sie gibt fast alles weg an Bedürftige.

Edith Steins Tage in Speyer sind unterteilt durch das Stundengebet, das sie mit den Schwestern betet. Wenn irgend möglich, zieht sie sich auch zum stillen Gebet zurück, tankt auf in der Stille und im Weghören von sich selbst.

Am Nachmittag geht es weiter mit einer anderen Arbeit: Ein Vortrag muß vorbereitet werden. Der Vortrag, an dem sie heute arbeitet, »Das Ethos der Frauenberufe«, enthält eigentlich ihr eigenes Vermächtnis über weibliches Leben. Ihr Idealbild der Frau — sie lebt es. Später soll sie dafür nicht nur Zustimmung ernten. »Zu streng«, »zu fromm«, »zu weltfremd« sagen viele. Aber viele sind auch berührt, denn diese Frau sagt nur, was sie selbst tut. Und in manchem ist sie revolutionär: Die herrschende Partei will die Frau ja schon wieder auf ihre biologische Rolle festlegen. Aber Edith Stein sagt ganz klar, daß es kein Zurück mehr geben kann. Eine Frau kann alle Berufe ausüben, wie ein Mann auch. Und sie soll sogar in immer mehr angeblich »männliche« Berufe hineingehen, um ihre spezifisch weibliche Eigenart dort hineinzubringen und ihre Fähigkeiten auszuleben. Und sie verlangt, daß die Frau sich am öffentlichen Leben in Staat und Kirche beteiligt.

Auch diese Forderung beginnt Edith Stein eben selbst zu erfüllen. Mit ihren Vorträgen ist sie in den stillen Speyerer Jahren bekannt geworden, weit über ihr kleines Kloster hinaus. In der katholischen Welt hat sie einen Namen als Rednerin, vor allem über Frauenfragen, bekommen. Aber auch über andere, meist pädagogisch-religiöse Themen spricht sie. Daneben arbeitet sie an wissenschaftlichen Werken, sucht die Verbindung von Philosophie und Glauben.

Und auch der nächste Schritt – nachdem der Versuch zur Habilitation ein letztes Mal fehlgeschlagen ist –, die Dozentur am katholischen Deutschen Institut für wissenschaftliche Pädagogik in Münster (1932–33), führt sie weiter ins Leben und in die Auseinandersetzung mit den drängenden Fragen hinein.

Wissenschaftlerin, Jüdin, Ordensfrau

Hitlers Machtergreifung macht dieser Entwicklung ein Ende. Da sie als Jüdin in öffentlichen Ämtern nicht mehr geduldet ist, kann Edith Stein sich nun ihren sehnlichsten Wunsch erfüllen: Sie tritt in den Orden der Karmelitinnen im Kloster in Köln ein.

»Kann sie auch gut nähen?« fragt eine ältere Mitschwester bei Ediths Klostereintritt. Eine andere Schwester erzählt später: »Selbst wenn sie den Besen führte, sah man, wie ungewohnt ihr diese einfache Hausarbeit war. Ebenso war es bei ihr mit Handarbeiten. Sie ist darin nie über das Stadium der Anfängerin hinausgekommen.«

Die Schwestern mokieren sich über die Ungeschickte, die doch alles richtig und gut machen will, was von ihr verlangt wird. Und das ist viel. Zu Beginn muß sie einen richtigen »Umlernprozeß« durchmachen, weil das gemeinsame Leben bis ins kleinste geregelt ist. Sie hat es schwer, sich alle Bräuche einzuprägen. Auch der Tagesablauf ist streng: von 4.30 bis 22.00 dauert der Tag, und die Tätigkeiten wechseln darin mindestens alle zwei Stunden. Aber in diesem äußerst einfachen, in Gebet, Arbeit, Erholung eingeteilten Leben blüht Edith, hier Schwester Benedicta, sichtlich auf. Die große Strenge bis hin zur Starre, die früher noch an ihr bemerkt wurde, weicht mehr und mehr einer frohen Gelöstheit. Sie wird lockerer, wirkt weicher und mütterlicher. Sie, die sich immer viel zu viel abverlangte, lebt jetzt in einer Ordnung, die genügend Schlaf, genügend Essen und gemeinschaftliche Freizeit vorsieht. Das tut ihr gut.

Immer wieder allerdings wird von ihr auch wissenschaftliches Arbeiten verlangt. Die Situation ist nicht einfach: Sie ist sehr allein, es fehlt ihr an Diskussionspartnern, an Austausch, an Anregung. Dieses Alleinstehen – trotz Besuchen, die ans Gitter kommen – kennzeichnet weithin ihr Leben. Auch in Speyer hat sie über ihr Abgeschnittensein geklagt. Dazu kommt, daß sie nicht hervorstechen will unter den Schwestern durch ihre Gelehrsamkeit.

Die Einsamkeit betrifft aber auch ihr Jude-sein. Edith Stein hat schon in Münster voll und ganz begriffen, was auf ihr Volk zukommen würde. »Es war erschütternd, das stille, schmerzhaft verzogene Gesicht zu sehen. Noch heute höre ich sie sagen: ›Das alles wird sich einmal rächen‹«, berichtet eine Studentin.

Noch von Münster aus schreibt Edith Stein an Papst Pius XI. und will ihn in einer Privataudienz zum Eingreifen bewegen. Sie hat aber keinen Erfolg.

Im Karmel ist sie verletzt, wenn manchmal taktlose Bemerkungen über Juden fallen. Um den Menschen zu zeigen, wie jüdisches Leben wirklich ist, beginnt sie ihre Kindheits- und Jugenderinnerungen aufzuschreiben. Als sich die Lage der Juden immer mehr zuspitzt, bittet Schwester Benedicta, in den Karmel in Bethlehem, Palästina, übersiedeln zu dürfen. Aber die Ordensoberen halten diesen Wechsel nicht für nötig. Dann wird bei einer Wahl 1938 öffentlich, daß das Kloster eine Jüdin unter seinen Schwestern hat. Noch immer nicht sieht die Priorin den Ernst der Lage, sie begreift – und mit ihr wohl auch die übrigen Schwestern – erst nach der Reichskristallnacht, was den Juden und ihrer Mitschwester droht. Jetzt kann Schwester Benedicta in den Karmel nach Echt in Holland übersiedeln.

Zu Pater Hirschmann sagt sie dort: »Sie glauben nicht, was es für mich bedeutet, Tochter des auserwählten Volkes zu sein, nicht nur geistig, sondern auch blutmäßig zu Christus zu gehören.«

Dort in Echt dringt sie tief ein in die Lehren des Ordensvaters Johannes vom Kreuz, der von der »Dunklen Nacht« spricht, in der allein die Seele zu einer wahren Gotteserkenntnis kommen kann. Auch Edith Steins Ordensname trägt den Zunamen »vom Kreuz«: Schwester Theresia Benedicta a cruce.

Edith Steins Leben steht in allen Phasen immer auch unter dem Kreuz – neben allen Erfolgen, neben allem Lachen und mitmenschlichem Verbundensein. Einsamkeit, Nichtverstandenwerden, hohe, fast unerfüllbare Ansprüche an sich selbst und ihre Umwelt überschatten ihr Leben. Dazu kommen die schwierigen Zeitumstände: Als Frau hat sie es unendlich schwer, sich in der Philosophie durchzusetzen. Als sie es fast geschafft hat, wird ihr zum Verhängnis, daß sie Jüdin ist. Und auch die Erfüllung ihrer großen Sehnsucht, in den Karmel zu gehen, läßt sie letztendlich am Kreuz – in Auschwitz – enden.

Als sie im August 1942 mit ihrer Schwester Rosa von der SS abgeholt wird, sind ihre Worte: »Komm, wir gehen für unser Volk.« Dieser Satz zeigt, wie sehr sich Edith Stein als Jüdin gefühlt hat, neben ihrer katholischen Nonnen-Identität.

Die zu Einsamkeit und Schwermut neigende Grundstimmung ihres Lebens drückt sie in einem Gedicht selbst aus:

Segne der Leidenden gebeugten Sinn,
der Menschen schwere Einsamkeit,
das ruhelose Sein,
das Leid, das keiner einem andern je vertraut.

Segne die Frohen, Herr, bewahre sie.
Von mir nahmst du noch nie
die Traurigkeit.
Sie lastet manchmal schwer auf mir.
Doch gibst du Kraft, so trag ich sie.

Ursula Rimbach

Zum Nachdenken und Diskutieren

- Wer – und was – steht Edith Steins wissenschaftlicher Arbeit entgegen (von außen und in ihr selbst)?
- Was ändert sich für sie im Kloster?
- Abgebrochene oder umgebogene Wege und die Folgen in meinem Leben.

Lesevorschlag

Waltraud Herbstrith: Das wahre Gesicht Edith Steins, Aschaffenburg 1987

Edith Stein

1891—1942

Edith Stein wurde am 12. Oktober 1891 in Breslau als jüngstes von elf Geschwistern geboren. Breslau in Schlesien gehörte damals zum deutschen Kaiserreich, heute zu Polen. Die Steins waren eine jüdische Familie und führten einen Holzhandel. Vier Kinder starben früh. Der Vater starb, als Edith anderthalb Jahre alt war.

Nach den ersten Schuljahren setzte Edith ein Jahr lang aus und besuchte ihre Schwester Else, die in Hamburg verheiratet war. Danach ging sie zurück nach Breslau ins Oberlyzeum und machte 1911 Abitur.

Von 1911—1913 studierte sie in Breslau, wechselte dann nach Göttingen, wo sie Philosophie, Germanistik und Geschichte belegte. Die philosophische Schule der »Phänomenologie« wurde dort für sie wichtig. Ihrem Professor Edmund Husserl folgte sie von Göttingen nach Freiburg.

Zu Beginn des ersten Weltkriegs tat sie Lazarettdienst.

1916 machte sie in Freiburg ihren Dr. phil. Danach war sie Assistentin Husserls bis 1918 und arbeitete anschließend in Breslau an ihren philosophischen Studien.

Im Januar 1922 wurde sie katholisch getauft und war von 1923 bis 1931 Lehrerin an einer katholischen Schule in Speyer.

1928 begann sie daneben eine Tätigkeit als Vortragsrednerin auf verschiedenen Kongressen.

1932 bis 1933 lehrte sie am Institut für wissenschaftliche Pädagogik in Münster.

Im Oktober 1933 trat sie in das Karmelitinnen-Kloster in Köln ein und siedelte 1938 zu den Karmelitinnen in Echt/Holland über, um sich vor den Nazis in Sicherheit zu bringen.

Im August 1942 kam die deutsche Gestapo in das holländische Kloster. Edith Stein wurde gefangengenommen und mit anderen Juden nach Auschwitz verschleppt. Dort verliert sich ihre Spur.

Im Mai 1987 wurde Edith Stein durch Papst Johannes Paul II. selig gesprochen.

Gertrud Staewen

Gertrud Staewen, Jahrgang 1894, hat nie gelebt, wie andere es von ihr erwartet haben. Bürgerliches Leben, Recht und Ordnung, galten bei ihr nicht viel. Sie hat gelogen, gestohlen, hat Polizisten bestochen. Und mit 56 Jahren ist sie ins Gefängnis gegangen.

Gelogen und gestohlen hat sie, um andere vor dem Tod zu retten. Gertrud war eine der Widerstandskämpferinnen im Dritten Reich, von der die offiziellen Geschichtsbücher nichts erzählen. Ungezählten Juden hat sie zur Flucht verholfen. Einige hat sie noch aus dem KZ befreit – dafür hat sie mit viel Geld einen Polizeibeamten bestochen.

Ins Gefängnis ist Gertrud freiwillig gegangen. Als Fürsorgerin hat sie nach dem Krieg im Tegeler Männergefängnis in Berlin gearbeitet. Und hat Freundschaften mit Ganoven und Gangstern geknüpft. Ein Mörder ist ihr Adoptivsohn geworden.

Gertrud stammt aus einer reichen Bremer Kaufmannsfamilie. Geld, Gut und Segen gehörten dort untrennbar zusammen. Das hat sie als Mädchen schon nicht akzeptiert. »Ich hatte schon als Kind immer das Gefühl, daß vieles ungerecht ist im Leben, ich wußte nur nicht, wie.«

Brav ist Gertrud von klein an nicht gern gewesen. Wo andere von glücklicher Kindheit erzählen, winkt sie nur ab: »Ich habe immer furchtbar ungern an die Jugendzeit zurückgedacht.«

Gertrud war Älteste von drei Geschwistern. Das widerspenstige Kind in der Familie. Sie wurde oft geschlagen. Der Vater, so sieht es Gertrud später, wußte sich nicht anders zu helfen. Die Älteste war ihm fremd. Daß sie immer etwas zu erwidern wußte, daß sie kaum etwas unwidersprochen hinnahm, machte ihn wütend.

Hilda, die jüngere Schwester, war das liebenswerte Mädchen. Sie hat der Vater nie geschlagen. Auch den Jüngsten, den ersehnten Stammhalter, traf der Zorn des Vaters nur selten. Die Schwestern sind sich auch später nie sehr nahe gewesen. Gertrud erzählt, sie sei besser mit Hildas Ehemann als mit ihrer Schwester zurechtgekommen. Hilda war die Frau des Bundespräsidenten Gustav Heinemann.

Mädchen sind für das Haus geboren. Kaum jemand stellte das in Frage, als Gertrud aufwuchs. Sticken, nähen, kochen – das schickte sich für junge Damen. Und ein bißchen Französisch parlieren. Nach dem Realschulabschluß durfte Gertrud noch für ein Jahr in der

Schweiz Französisch lernen. Dann blieb ihr nur, »den dummen Haushalt zu machen«. Abitur oder gar ein Studium kam nicht in Frage. Man wollte keinen »Blaustrumpf« in der Familie.

Die Älteste sollte so bald wie möglich standesgemäß verheiratet werden. Doch auch da hat Gertrud nicht mitgespielt. Der junge Mann, in den sie sich mit neunzehn Jahren verliebte, stellte für die Familie nichts dar. Er hatte kein Geld, keinen respektablen Beruf. Ihn akzeptierte der Vater nicht als Schwiegersohn.

Der Weltkrieg kam, er brachte die Verliebten auseinander. »Werner hat zwar viele Briefe geschrieben. Aber die sind nie angekommen. Mein Vater hat sie alle einbehalten.« Erst Jahre nach dem Krieg haben sich die beiden wieder getroffen. Dazwischen lag ein eigenes Leben für Gertrud, eine Berufsausbildung als Erzieherin. Und Erfahrungen in einer sozialistisch gesinnten christlichen Bewegung.

Die Ausbildung hat ihr der Gemeindepfarrer vermittelt. »Der hat geschafft, was mir nicht gelungen ist: meine Eltern zu überzeugen, daß ich eine Berufsausbildung brauche.« Der Gemeindepfarrer hat Gertrud auch mit sozialen Anliegen des Christentums vertraut gemacht. »Im Konfirmandenunterricht hat er uns eine große Liebe zu Jesus nahegebracht, kein auswendig gelerntes Wissen.«

Gertrud hat nie viele Worte um diesen Jesus gemacht. Predigen, fromme Reden führen, war nicht ihre Sache. Aber Jesus nachfolgen, handeln, wie er gehandelt hätte, das war ihr zeitlebens wichtig. So hat sie sich ihr Lebtag mit Menschen eingelassen, mit denen andere nichts zu tun haben wollten. Mit verwahrlosten Kindern zunächst, mit Verfolgten und Gefangenen.

Mit vierzehn war sie empört über den Ausspruch einer Mitkonfirmandin. »Die hat kichernd erzählt: ›Ganz was Komisches muß ich euch sagen. Mein Bruder hat heute auf der Straße unsere Waschfrau gegrüßt.‹ Weinend bin ich deswegen zum Pfarrer gegangen, habe ihm gesagt, ich lasse mich nicht konfirmieren, wenn das so stehenbleibt.«

Zu Hause war sie mit dem Dienstmädchen eng befreundet. So etwas schickte sich nicht für höhere Töchter. Dienstmädchen waren zum Dienen da, höhere Töchter zum Befehlen. Und beide hatten dem Herrn im Haus absoluten Gehorsam zu leisten. Der Vater untersagte der Tochter den näheren Umgang mit dem Dienstmädchen. Doch die ließ sich das nicht einfach verbieten.

Auch den Jugendfreund hat Gertrud nach Jahren wieder getroffen. Ob es mehr aus Protest gegen den Vater oder aus Mitleid mit dem Freund oder aus Liebe war, warum Gertrud Werner geheiratet hat,

läßt sich nachträglich nicht ausmachen. »Er war völlig zerstört vom
Krieg. ›Du kannst mich doch jetzt nicht allein lassen‹, hat er gesagt.
Ich habe ihn geheiratet, das hätten wir nicht tun sollen. So darf man
nicht zusammengehen. Ich hatte ein eigenes Leben kennengelernt,
in das er sich nicht einfinden konnte.«
Gertrud hatte ihren Beruf. Und sie war der Neuwerk-Bewegung verbunden. Man wanderte miteinander, traf sich am Lagerfeuer, las zusammen in Romanen und in der Bibel. »Wir wollten Kommunen
gründen nach dem Vorbild der ersten christlichen Gemeinden.« Und
dahinein ist Werner geraten. »Er sollte nun plötzlich jugendbewegt
durchs Feuer springen, an Pfingsten musizierend durch die Lande
ziehen. Damit war er hundertprozentig überfordert.«
1923 feierte man Hochzeit. In kleinem Rahmen nur. Gertruds Familie
hatte durch den Krieg Gut und Geld verloren. Ein und zwei Jahre
nach der Hochzeit kamen die Kinder, ein Mädchen zuerst und dann
ein Junge. In einer Eineinhalb-Zimmer-Wohnung lebten Gertrud,
Werner und die zwei Kleinkinder zusammen. Gertrud wurde bald
alles zu eng. Zur Hausfrau war sie nicht geboren. Und die Kinder
waren auch nicht immer nur das reinste Glück für die junge Frau;
ihrem Geschrei konnte sie in der kleinen Wohnung nie entkommen.
Gertrud und Werner ließen sich scheiden. Ein schwerer Schritt in
der damaligen Zeit. Das Versprechen, beieinander zu bleiben, »bis
daß der Tod euch scheidet«, galt damals strenger als heute. Eine
Scheidung kam vor allem für Menschen, die sich der Kirche verbunden fühlten, kaum in Frage.
Gertrud fühlte sich schuldig an der Scheidung. Doch ein scheinheili-
ges Zusammenleben in einer Ehe, in der sich Mann und Frau nichts
zu sagen haben, war ihr auch nicht möglich. »Damals hatten die
armen Kinder sehr zu leiden unter ihrer verrückten Mutter. Ich hatte
nicht viel Zeit für sie. Ich mußte für den Unterhalt sorgen.«
Gertrud hat Zeitungsartikel geschrieben, sie hat an einem Buch gearbeitet. Jahrelang hat sie für das Buch Berufsschulklassen besucht.
Hat Arbeiter-Jugendliche ausgefragt: nach Arbeit, nach der Freizeit,
was hältst du von Freund und Freundin, von der Ehe, hast du noch
eine Ahnung vom Konfirmandenunterricht? Eine nüchterne soziale
Bilanz ist aus der Befragung geworden. Doch das Buch ist zu spät
herausgekommen, um Gertrud noch viel Geld einzubringen. 1933,
kurz vor der Machtergreifung durch Adolf Hitler, ist es unter dem
Titel »Menschen der Unordnung« erschienen. Und gleich danach
wurde es verboten.

Ohne die Unterstützung von Freunden hätten sich Gertrud und ihre Kinder nicht durchschlagen können. Freunde hat sie immer gefunden. Da hatte sie eine glückliche Hand. Einer dieser Freunde war Karl Barth. Mit dem Schweizer Theologen verband sie eine dreißig Jahre währende Freundschaft. Noch mit neunzig Jahren erinnert sich Gertrud gern an die Begegnung mit diesem Mann, an die »Freundschaft meines Lebens«. Kalenderblätter mit Bildern von Schweizer Bergen – blauer Himmel, sonnenumflutete Wipfel – hingen über Gertruds Bett. Einmal im Jahr ist sie für mehrere Wochen in die Schweiz gefahren, hat mit Carolus, so hieß Karl Barth bei seinen Freunden, über Gott und die Welt diskutiert.

Einmal hat Gertrud die Kinder mit in die Schweiz genommen. Die folgenden Jahre blieben die beiden bei Freunden in Berlin zurück. Manchesmal haben sich die Kinder wohl eine ganz normale Mutter gewünscht, eine, die gerne kocht, der das Leben im Haus und mit den Kindern ausreicht.

Mit zwei Freundinnen hat Gertrud bald nach 1933 eine illegale Judenhilfe aufgebaut. Immer wieder mußte die Mutter weg von den Kindern, zu geheimen Verabredungen, zu illegalen Treffen. »Für meine Kinder war die ganze Zeit sehr schwierig. Ich war ständig unterwegs, war in Gefahr, verhaftet zu werden. Meine Kinder aßen bei drei verschiedenen Familien zu Mittag. Und einmal, am Samstag, in der Großküche. Davon erzählen sie mir heute noch, wie gräuslich das war mit den sabbernden alten Männern.«

Um Geld für die Familie zu verdienen, hat Gertrud in einem Verlagsbüro gearbeitet. »Im Burckhardthaus habe ich Rechnungen geschrieben. Dabei haben mir Zahlen in meinem ganzen Leben nie gelegen.« Einmal hat jemand Gertrud ein Horoskop gestellt. Ein Pariser Schrift- und Sterndeuter hat ihr das große Glück in der Freundschaft so erklärt: Sie haben Jupiter und Venus im Haus der Freundschaften. Völliger Nebel herrsche dagegen, so der Sterndeuter, um Merkur, – »also keine Ahnung von Zahlen«.

Das Problem mit dem Geld, dem mangelnden Zahlensinn, hat sie mit Humor getragen. »10 mal ›Ja, Vater‹ à 10 Pfennige« mußte sie auf Rechnungen für fromme Hefte schreiben. Über die Verquickung von frommen Worten und schnödem Geld haben Gertrud und ihre Freunde viel gelacht. »10 mal ›Ja, Vater‹ à 10 Pfennige – das fand Carolus einfach himmlisch.«

Gertrud war von Anfang an gegen die Hitlerdiktatur. Sie wurde ärgerlich, wenn jemand später sagte, man hätte damals von nichts etwas

gewußt. »Das war sehr früh zu merken, wohin das mit dem Dritten Reich ging. Man merkte es an der Angst der Juden.« Auch der sechsjährige Sohn hätte damals schon betroffen reagiert: »In den ersten Hitler-Tagen ging ich mit meinem kleinen Christoph an der Hand an einer Plakatsäule vorbei. Hitler, Hindenburg und noch ein anderer hingen dran. Christoph: ›Nicht wahr, Mutti, jeder Mensch hat drei Väter, den richtigen, den Vater im Himmel und den Vater Hindenburg. Aber der andere Mann da hinten, der hat ganz böse Augen‹.«
Um Juden helfen zu können, ließen sich Gertrud und ihre Freundinnen Verrücktes einfallen. So sammelten sie eine Zeitlang überall Mutterkreuze ein, die »Orden« Hitlers für kinderreiche Mütter. »Es gab genügend Frauen, die ihr Mutterkreuz für gefährdete Juden hergaben. Damit haben wir jüdische Frauen dann in der Eisenbahn bis in die Schweiz gekriegt. Das war schon sehr komisch, wenn eine jüdische Jungfrau mit fünf Kindern um den Hals davongefahren war!«
Die Freundinnen klauten Lebensmittelkarten, um untergetauchte Juden mit Essen zu versorgen. Aber das reichte nicht weit. Mehr Karten mußten her. Da wandten sich die Frauen direkt an einen Angestellten der Kartenbehörde. Ihn bestachen sie mit viel Geld. Sie trafen sich mit dem Mann immer in einer sehr belebten Straße. Er drückte ihnen unauffällig die Karten in die Hand. Eines Tages wurde der Mann verhaftet und nach seiner Verhaftung noch einmal als Lockvogel auf die Straße geschickt. Zum Glück hatten die Frauen ein ausgeklügeltes System der Verständigung miteinander vereinbart. Jede wußte von der anderen, wann sie wo sein sollte. Als Freundin Helene am Nachmittag nicht am vereinbarten Ort eintraf, wußten die beiden anderen, daß bei der Kartenübergabe etwas schief gelaufen war.
»Ich bin dann eilig in das Haus der Freundin gerannt. Bei ihr wohnte ein junger Jude, der für uns Pässe fälschte. Er war nun in äußerster Gefahr. Unser Fälscher war zum Glück sehr findig. Er mimte einen Trauerfall, fuhr noch am gleichen Tag los Richtung Schweiz. In einem schwarzen steifen Gehrock radelte er quer durch Deutschland – immer einen Trauerkranz vorne auf dem Lenker. So schlug er sich von Dorf zu Dorf durch. Und jeden Tag war für ihn ein neuer Onkel im nächsten Dorf ›gestorben‹. Der Trauerfall beeindruckte die Polizisten. Keiner nahm es dem jungen Mann übel, daß er ohne Paß zur Beerdigung radelte. Alle ließen ihn ziehen.«
Verrücktes Trauerspiel! Doch Gertrud und ihre Freundinnen wußten sehr bald, daß man dem grausamen Regime nur mit grausamer List

entkommen konnte. Die inhaftierte Freundin bewahrte ein cleverer Anwalt vor der Todesstrafe: er stellte sie als »spinnerte alte Jungfer« hin, die ihre Libido hätte ausleben müssen. Die »spinnerte Jungfer« bekam neun Jahre Gefängnis. Eigentlich hätte sie keinen Besuch empfangen dürfen. Doch Gertrud hatte längst Kontakt mit der Gefängnisdirektorin geknüpft. Sie ließ sich zum Fensterputzen im Gefängnis »einstellen«. Die beiden Freundinnen wurden zum Putzen im selben Flur eingeteilt.

Daß in Berlin damals noch andere Leute ihr Leben für Juden aufs Spiel gesetzt haben, hat Gertrud erst nach dem Krieg erfahren. »Mein Schwager Gustav Heinemann sagte zu mir, als er schon Bundespräsident war: Wir laden einmal alle ein, die früher auf Judenseite gestanden haben. Wir machen eine große Einladung ins Schloß Bellevue, in den Prunksaal. Da hat der Kaisersaal mal etwas ganz anderes zu sehen als sonst, nämlich Staatsfeinde. – Und dann kamen sie wirklich, die Leute von damals, die sogenannten unbesungenen Heldinnen und Helden. Eine Gastwirtin aus Kreuzberg ist mir noch besonders lebendig in Erinnerung. Die hat erzählt, wie sie eine Pferdeschlächterei aufgemacht hat. Für Pferdefleisch brauchte man keine Marken. Damit hat sie vielen Juden helfen können.«

In der Bekennenden Kirche hat Gertrud von Anfang an mitgemacht. Doch die Arbeit auch der Bekennenden Kirche ist ihr zu eng gewesen. Nur getauften Christen haben die meisten Kirchenleute weitergeholfen. Das fand Gertrud absurd. Sie hat Menschen in Not geholfen, ohne nach deren Einstellung zum Christentum zu fragen. »Ich habe damals überlegt, ob ich nicht selbst zum jüdischen Glauben übertreten sollte. Aus Solidarität mit den Juden. Um meiner Kinder willen tat ich es aber nicht.«

Die Kinder waren nicht immer begeistert vom Engagement der Mutter. Helmut Gollwitzer war Pfarrer in der Gemeinde, in der Gertrud wohnte. Er hat die Kinder auch konfirmiert. »Damals waren meine Kinder aufsässig, wie sich das eben zeigt, wenn Kinder nicht glücklich sind. Als meine Tochter Renate von Gollwitzer konfirmiert werden sollte, sprach er mit ihr darüber, warum sie so furchtbar aufsässig war gegen mich. ›Wir haben eine Mutter, die so anders ist als alle anderen‹, sagte sie.«

Jahrelang war Gertrud zwischen Kindern, Haushalt, Berufsarbeit und dem Engagement für fremde, in Not geratene Menschen hin- und hergerissen. Für wen oder was sie sich auch entschied – irgend jemand blieb auf der Strecke. Wenn eine Freundin sich bereit erklärte,

Gertruds Kinder mit zu verköstigen, dann nahm Gertrud das Angebot sofort an, auch wenn die Kinder lieber zu Hause gegessen hätten. Nicht alle Juden, die sie kannte, konnte Gertrud vor dem Abtransport bewahren. Manche fühlten sich entweder zu alt zum Untertauchen, oder sie wollten nicht durch ihr Verschwinden andere gefährden. Die Geheime Staatspolizei rächte sich fast immer dafür, wenn ihnen jemand entkommen war.

»Am Kurfürstendamm habe ich eine schwache Frau mit einem Judenstern gesehen, wie sie eine schwere Tasche geschleppt hat. Das war die Ärztin Luzie Adelsberger. Ansprechen durfte ich sie nicht, das hätte sie gefährdet. So schlich ich mich heran und flüsterte ihr zu: ›Ich komme hinterher, gehen Sie ruhig nach Hause.‹ — Ich habe Luzie Adelsberger dann noch oft besucht. Als sie abgeholt werden sollte, habe ich einen Ausbruch gehabt: ›Warum bringt denn keiner Hitler um?‹ Luzie Adelsberger, die kleine, erschöpfte Frau, erhob sich und umarmte mich: ›Ach, das dürfen Sie mir doch nicht antun — daß das Letzte, was ich von einem wirklichen deutschen Menschen sehe und höre, doch nur wieder Haß ist. Durch euch will ich doch daran glauben, daß nicht der zerstörerische Haß, sondern die Liebe das letzte Wort behält.‹«

Die Liebe hat das letzte Wort behalten. Luzie Adelsberger wurde vor der Tür der Gaskammer noch gerettet. Gertrud bestach dafür einen Beamten mit viel Geld. Erst nach dem Krieg erfuhr sie, daß der Mann Wort gehalten hat, daß Luzie Adelsberger und einige andere aus dem KZ freigekommen sind.

Luzie Adelsberger hat ihr später die »ganze grauenhafte Geschichte« erzählt. In einer Reihe vor der Gaskammer habe sie gestanden. Unmittelbar vor dem Eingang. Da sagte einer zu ihr: ›Du dreckige Judensau, du wirst vorne am Tor gebraucht.‹ Dabei habe sie schon gedacht, alles sei zu Ende. Am Tor raunte man ihr dann nur zu: ›Der Draht ist nicht geladen.‹ So gelang ihr die Flucht.«

Für Juden, die sich in ihrer Wohnung versteckten, hatte Gertrud immer Monteursanzüge herumliegen. Wenn jemand kam, waren die Juden immer als »Monteure« mit einer Reparatur beschäftigt. In den letzten Kriegstagen wurde der sechzehnjährige Sohn Christoph noch zur Flak einberufen. »Das war dann für die Versteckten immer ein Schrecken, wenn der Junge in Uniform zur Tür hereinkam.«

Nach dem Krieg brauchte Gertrud einige Zeit, bis sie wieder eine für sie sinnvolle Aufgabe gefunden hatte. »Für ein bürgerliches Leben waren Leute wie wir ja verdorben.« Zuerst arbeitete sie gemeinsam mit überlebenden Kommunisten aus dem Lager Buchenwald als Fürsorgerin für Flüchtlinge.

»Ich bin mit einem Karren und einem Esel losgezogen. Ihr gebt her, was ihr hergeben könnt, habe ich zu allen Leuten gesagt. Viele waren damals willig und gaben, was sie geben konnten. Daß die Kommunisten, die aus dem Lager kamen, sich gar nicht erst erholten, sondern gleich bei der Fürsorge mitmachten, hat mich tief beeindruckt.«

Dann arbeitete Gertrud Staewen bei einer neuen Zeitung mit, bei »Unterwegs«. Doch der satirische Ton der Zeitung gefiel ihr nicht auf Dauer. Immer nur böse Artikel schreiben, das war der tatkräftigen Frau zu wenig. Bischof Scharf hat sie eines Tages im Treppenhaus des Konsistoriums angesprochen: Im Tegeler Gefängnis werde eine Fürsorgerin gesucht. Ob sie das nicht machen könne.

»Das war das Donnerwort für mich. Nun ist endlich das an der Reihe, was mich ein Leben lang begleitet hat aus dem Evangelium. Endlich bin ich da, wo ich noch nie gewesen bin.« Mit 54 Jahren ergriff Gertrud den neuen Beruf. Sie wurde Fürsorgerin im Tegeler Männergefängnis.

»Ich bin in die Gefangenenarbeit nicht einfach reingetaumelt aus christlicher Nächstenliebe oder aus der Illusion, der Mensch sei im Grunde gut. Ist er nicht. Er ist böse. Aber die Sünden sind nur relativ. Der eine ist tiefer hineingeraten, der andere hatte bessere Chancen. Es war dann oft für mich nichts anderes zu tun als daneben zu stehen und Lebenshilfe zu sein für die zusammenkrachenden Existenzen.«

Von Kirche und Glauben wollten die wenigsten Gefangenen etwas wissen. Gertrud hat ihnen fromme Gespräche auch nie aufgezwungen. Nur wer danach fragte, mit dem hat sie auch über religiöse Fragen gesprochen. Zu den beeindruckendsten Erfahrungen im Gefängnis gehörten für Gertrud die Gespräche mit einem Mann, der getötet hatte. Dieser Mörder wollte von sich aus über die Bibel reden. Acht Jahre lang arbeiteten die beiden miteinander. Dabei wurden sie Freunde. Gertrud hat ihn als ihren Sohn angenommen.

Der Chef einer Ganoven-Bande war sauer auf die Fürsorgerin. Auf ihren freundlichen Gruß antwortete er nie. »Da fragte ich ihn, ob ich ihm etwas getan hätte. ›Nein‹, sagte er, aber: ›Als die Kirche Sie schickte, dachte ich, da kommt so eine dämliche Himmelsziege. Aber Sie sind ja ganz anders. Sie verderben mir den ganzen Nachwuchs.‹« Diese Geschichte erzählte Gertrud gern. Was der Mann befürchtete, gelang ihr allerdings nicht. »Aber *einen* dieser Ganoven habe ich gekriegt. Der ist nicht mehr in die Bande zurückgekehrt.«

Noch die Neunzigjährige wurde von »ihren« Ehemaligen besucht. Wer mit Gertrud einmal Freundschaft geknüpft hatte, blieb ihr fast immer treu. »Da kommt eines schönen Tages zu meiner Tür ein Kinderwagen herein, Mutter und Vater hinterdrein.« Der junge Mann, der nicht mehr in die Ganoven-Bande zurückgekehrt war, hatte geheiratet. Er wollte sein Kind von Gertrud segnen lassen. »Da brachten die nun eigens ihr Kind von Hamburg nach Berlin, damit ich es segnete! Ich hatte so etwas noch nie vorher gemacht.«
Die letzten Jahre ihres Lebens hat Gertrud zwischen Bett und Lehnstuhl verbracht. Die Beine versagten ihren Dienst. Das Herz mochte nicht mehr wie früher. Aber ihre Freundinnen und Freunde hat sie nach wie vor empfangen. Und hat noch im hohen Alter neue Freundschaften geschlossen. Fast immer mit Leuten, die nicht geradeaus denken und leben wollten. Weil Gertrud die schrägen Gesellen nun einmal näher waren als alle anderen.

Ele Schöfthaler

Zum Nachdenken und Diskutieren

- Was hat diese Frau sich alles getraut?
- Welche Eigenschaften außer Bürgermut hat sie entwickelt und eingesetzt? Wie könnte ihr Eigenschaftsprofil aussehen?
- Wie sähe eine Plus- und Minusliste der Normen und Werte aus, die sie beachtet bzw. mißachtet hat? (Zum Beispiel: Mütterlichkeit — Ehrlichkeit — usw.)

Gertrud Staewen

1894–1986

Gertrud Staewen wurde 1894 in eine reiche Bremer Kaufmannsfamilie hinein geboren.
Im Dritten Reich wurde sie zu einer der unbekannten Widerstandskämpferinnen.
Nach dem Krieg arbeitete sie als Fürsorgerin in Strafanstalten; ihre Schwester Hilda war die Frau des späteren Bundespräsidenten Gustav Heinemann.
Mit 92 Jahren starb Gertrud Staewen in Berlin.

Antonie Nopitsch

Stockdunkel ist es noch, als Antonie erwacht. »Zu dumm«, denkt sie, »nun könnte ich endlich einmal ausschlafen, und da geht's wieder nicht.«
Mitten in der Nacht aufzuwachen, das findet sie nur am Weltgebetstag schön. Am Weltgebetstag – so stellt sie sich vor – müßte man eigentlich davon wach werden, daß die fernen Schwestern im Osten schon beten.
Der Weltgebetstag! Toni Nopitsch hat ihn 1948 von einer USA-Reise ins zerbombte Deutschland herübergebracht. Sie erinnert sich, wie sie damals aufgebrochen ist nach Amerika mit ganz anderen Hoffnungen: »Ich brauchte finanzielle Hilfe für meine erschöpften, mittellosen Mütter in Stein. Ich seh sie noch alle vor mir, wie sie mich bei meiner Rückkehr von der Reise, die damals eine Sensation war, umringten. Geld und Gut, meine Lieben, sagte ich zu ihnen, habe ich nicht mitgebracht, aber etwas anderes, das auf die Dauer unvergänglicher ist.«
Im darauffolgenden Frühjahr waren die deutschen Frauen zum ersten Mal mit hineingenommen in den Weltgebetstag. Und nun feiern sie schon mehr als 25 Jahre in Deutschland den Gebetstag. Er hat Einzug gehalten in allen Gemeinden, in den evangelischen wie in den katholischen. Immer mehr Frauen sind hinzugekommen und haben angefangen, mit den Frauen in anderen Ländern zusammen zu beten.
Toni spürt, wie eine tiefe, dankbare Freude sie erfüllt. »Manchmal kann man Gottes Segen mit Händen greifen«, denkt sie. Zufrieden dreht sie sich noch einmal um im Bett und schläft weiter. Als sie wieder ein wenig auftaucht aus dem Schlaf, dämmert es schon. Durch den Spalt im Fensterladen dringt fahl das Morgenlicht.
Aus der Tiefe ihrer Erinnerungen steigt ein Bild auf: Ein großer Rhododendron steht neben ihrem Bett. Der Vater hatte ihn hingestellt, weil sie so furchtbar krank war und gar nicht wieder gesund werden konnte. Der Vater, der eigentlich Tier- und nicht Menschendoktor war, hatte erkannt, was seine Sechzehnjährige brauchte: Liebe, die auch Ungewöhnliches tat.
Der Blumenstock mit seinen vierzig Blüten stand der Krankenpflegerin zwar im Wege, aber er machte gesund. Alles Zwanghafte, das sich Toni in sechs Internatsjahren angequält hatte, fiel von ihr ab. Ernsthaft und fröhlich wurde sie. Sie wandte sich der Jugendbewegung zu.

Mit Freundinnen und Freunden gründete sie während ihrer Studienzeit in München eine ökumenische, christliche Jugendgruppe. Sie *hieß* nicht nur »Heimat«, sie *war* es auch für viele Menschen, die sich ein Leben lang nicht mehr aus den Augen verloren.

Die Erinnerungen an die Münchner Freunde, die wie sie nun alt geworden sind, wird immer stärker in ihr. Aber sie wehrt die Bilder ab. Sie blickt sich im Zimmer um: Vaters Baum neben dem Bett ist verschwunden — oder ist er zu der vielblütigen Azalee am Fenster geworden? Überall blüht es um sie herum. Ohne Pflanzen könnte Toni nicht leben. Die tiefe Liebe zu den Tieren und Pflanzen hat sie vom Vater, den sie früh, schon mit siebzehn Jahren verloren hat. Aber sie hütet sein Vermächtnis, daß Blumen trösten und heilen können. Den Müttern, die abgearbeitet und müde nach Stein zur Kur kommen, hat sie einen zauberhaften Garten gepflanzt.

Toni Nopitsch spürt, daß sie immer noch müde ist, obwohl sie so lange geruht hat: »Mein Herz, mein Herz, es will nicht mehr so recht. Nun geht es mir beinahe so, wie damals der Elly Heuss-Knapp.« Mit großer Wärme denkt sie an die Freundin zurück. 1950 haben sie zusammen das Mütter-Genesungswerk gegründet. Aber die Zeit ihrer Zusammenarbeit war nur kurz. Elly Heuss konnte wegen ihrer Herzkrankheit das angefangene Werk nur noch wenige Jahre begleiten. Sie starb 1952. Sollte sich Tonis Herz auch verbraucht haben im Kampf für die Mütter? Toni lächelt. Wenn es so sein sollte, dann war es jedenfalls für eine gute Sache. Sie bereut nichts.

Ihre Gedanken gehen zurück in ihre Zeit als junge Lehrerin an der Sozialen Frauenschule in Nürnberg. Schon damals hat sie einen Blick gehabt für die Lasten der Mütter. Sie wohnte in einem Industrieviertel und sah morgens die Frauen grau und müde auf dem Weg zur Arbeit. Sie hatten als Hausfrauen und Mütter schon ein halbes Tagewerk hinter sich, ehe sie die Fabrik erreichten. Wenn die Mütter erkrankten, Ehen zerbrachen, Kinder verwahrlosten, kam die Hilfe zu spät. Gegen dieses »Zu Spät« hat sich Toni ihr Leben lang gewehrt. Mit ihrem ganzen Einsatz hat sie versucht, den Müttern beizustehen und ihnen Kraft zu geben an Leib und Seele.

Eigentlich ist sie gar keine Kämpferin. Sie ist eher furchtsam und schüchtern. Leicht kommen ihr die Tränen. Aber sie ist tapfer und zäh und phantasievoll — manche nennen sie im Scherz auch listig. Was sie sich vorgenommen hat, hat sie auch erreicht. Sie glaubt fest daran, daß Gott in den Schwachen mächtig ist. Das gibt ihr Kraft. Fehlschläge haben ihr nie den Mut genommen.

»Was in Kempten nicht geht, geht in Füssen.« Diesen Satz hat ihre Mutter geprägt.

Ach, die Mutter – wenn *sie* nicht gewesen wäre! Toni denkt an die Schwierigkeiten, die sie mit der Schule hatte. Ohne die Mutter, wer weiß, was aus ihr geworden wäre! Nur der Energie der Mutter hat sie es zu verdanken, daß sie schließlich doch ihr Abitur gemacht hat. Ihre Krankheit und die Wirren nach dem ersten Weltkrieg hatten ihre Schullaufbahn unterbrochen. Ein Versuch, das Abitur in Kempten extern abzulegen, scheiterte kläglich. Da packte die Mutter Tonis Lateinbücher in einen Rucksack und brach mit ihr am nächsten Tag nach Füssen auf: Was in Kempten nicht ging, ging in Füssen!

Eine besondere Frau war sie, die Mutter – liebevoll und energisch und mit viel Phantasie. Welche Mutter schafft das schon, der siebzehnjährigen Tochter zu Weihnachten das ausgeräumte Wohnzimmer zu schenken? Mit lauter gezimmerten Bänken darin als Jugendtreff und Kinderlesestube für Münchner Straßenkinder! Das war Weihnachten 1918.

Eine Mutter, wie sie selbst eine gehabt hat, eine solche Energiequelle für die Familie wünscht Toni allen Kindern. Darum hat sie ein Leben lang dafür gekämpft, daß Mütter Ferien machen dürfen, sich weiterbilden können und neue Kraft schöpfen. Schade eigentlich, denkt Toni, daß die Mutter den Bayerischen Mütterdienst nicht mehr erlebt hat. Als Toni ihn gründete, war sie schon gestorben. Sie wäre stolz gewesen!

Ob es das Alter macht, überlegt Toni, daß sie soviel an ihre Kindheit denken muß? Vater und Mutter, die Brüder, das Haus, in dem sie aufgewachsen ist... Die Eltern haben ihr viel mitgegeben, vor allem einen starken, lebendigen Glauben. Er ist zur tiefsten Kraftquelle in ihrem Leben geworden.

Tonis Glaubensgeschichte hat ein deutliches Datum: die Konfirmation. Sie erinnert sich noch gut daran, wie überwältigt sie war von dem Gedanken, daß Gott mit ihr einen Bund schließen und durch das Abendmahl besiegeln wollte.

Zeitlebens hat sie sich an das Versprechen am Konfirmationstag gebunden gefühlt, ihrem Glauben und ihrer Kirche treu zu bleiben. Auch damals in England, wo es ihr in der Gemeinschaft der Quäker so gut gefallen hat, daß sie gerne geblieben wäre, dachte sie an dieses Gelöbnis und kehrte in ihre Kirche zurück.

»Wenn ich nur Dich habe, so frage ich nichts nach Himmel und Erde. Wenn mir gleich Leib und Seele verschmachtet, so bist Du doch,

Gott, allezeit meines Herzens Trost und mein Teil.« Ihr Konfirmandenspruch ist ihr ein nie versiegender Trost geblieben: Er hat sie nicht abgerückt von der Erde — dafür lebt sie viel zu gerne. Aber er gibt ihr das Vertrauen, daß Gott sie hält in seiner Liebe. Ihr Leben lang hat sie versucht, diese Liebe täglich weiterzugeben. Und viel davon ist zu ihr zurückgekommen.

Draußen ist es hell geworden. Ein Sonnenstrahl stiehlt sich ins Zimmer. »... so bist Du doch, Gott, allezeit meines Herzens Trost...«, betet sie. Ihr erschöpftes, krankes Herz fühlt sich gestärkt, und im Vertrauen auf Gottes Hilfe beginnt sie den Tag.

Renate Kirsch

Zum Nachdenken und Diskutieren

- Eigene Erfahrungen mit dem Weltgebetstag der Frauen — dem jeweils ersten Freitag im März.
- Welche Voraussetzungen für gemeinsames Beten sind mir wichtig? Was kann gemeinsames Beten bewirken? (Friedensgebete, politische Fürbittgebete — Erfahrungen, Meinungen, Erwartungen)

Lesevorschlag

A. Nopitsch: Der Garten auf dem Dach — Erinnerungen, Laetare, Stein 1970 (vergriffen)

Antonie Nopitsch

1901–1975

1901	Am 3. August in Traunstein/Obb. als jüngstes Kind einer bewußt im evangelisch geprägten Glauben lebenden Tierarztfamilie geboren. Bevor sie 30 Jahre alt ist, hat sie nacheinander beide Brüder und die Eltern verloren.
1921 bis 1925	Das Studium der Nationalökonomie schließt sie mit einer Doktorarbeit über »Japanische Auswanderung« ab. Sie hätte lieber Sozialwissenschaften studiert, das war damals in München nicht möglich.
1925	Stipendium am Quäker-College in Woodbrocke bei Birmingham. Sie lernt englische Sozialarbeit kennen.
1927	Lehrerin in der neugegründeten evangelischen Sozialen Frauenschule in Nürnberg.
1933 bis 1945	Arbeitslos geworden, wird sie zur Gründerin und Geschäftsführerin des Bayerischen Mütterdienstes, der Vereinigung aller ev. Frauenverbände in Bayern. Schwerpunkte: Müttererholung und Mütterbildungsarbeit. Herausgabe des Mütterkalenders. Geschickter und phantasievoller Einsatz für die Ev. Frauenarbeit in Bayern und auf Reichsebene in Auseinandersetzung mit dem NS-Regime. Gründung der »Schriftenreihe für die ev. Mutter«.
ab 1945	Neubeginn. Flüchtlingshilfe in Nürnberg, Erholungszeiten für Mütter in Bayern. Stein wird Zentrum des Bayerischen Mütterdienstes.
1946	Gründung des Laetare-Verlages.
1949	Beginn der Weltgebetstagsarbeit in Deutschland.
1950	Gründung des Deutschen-Müttergenesungswerkes durch Elly Heuss-Knapp, Antonie Nopitsch wird 1. Geschäftsführerin.
1952	Mitarbeit bei der Vollversammlung des Lutherischen Weltbundes in Hannover und in den folgenden Jahren.
ab 1965	Allmählicher und schmerzlicher Rückzug aus dem aktiven Leben wegen eines schweren Herzleidens. Nachfolgerin in der Leitung des Bayerischen Mütterdienstes wird Liselotte Nold, jahrelang schon Partnerin in der Arbeit.
1975	Am 10. Januar stirbt Antonie Nopitsch.

Simone Weil

Auf der Suche

Schon seit Jahren hatte sie versucht, am Leben ihrer Arbeiterfreunde teilzunehmen, so gut es ging: Sie war in ihren Wohnungen zu Gast, erzählte sich mit ihnen ihre Tageserlebnisse, sie sangen Lieder und sprachen über Märchen und Sagen. Simone besuchte die Arbeiterversammlungen.

Sie hatte versucht, ihren Lebensunterhalt als Gymnasiallehrerin mit der Höhe des Betrages einer Arbeitslosenunterstützung zu bestreiten – fünf Francs täglich: Alles übrige Geld, fand sie, gehöre ihr nicht. Sie gab es für Bücher für ihre Freunde aus und für die Solidaritätskasse der Arbeiter.

Aber sie spürte, all das genügte nicht. So konnte sie nicht am eigenen Leibe erfahren, wie Fabrikarbeiter-Leben war. Sie mußte ganz so leben wie ihre Freunde, um wirklich so fühlen zu können wie sie.

Sie verpuppte sich. Sie streifte die Haut ihres bürgerlichen Lebens ab, zog sich von ihrer Familie zurück, nahm einen anderen Namen an, bezog ein Mietzimmer in einem Arbeiterviertel in Paris und fand in einer Elektrofabrik einen Platz als Hilfsarbeiterin. Sie wurde niemand.

Was ging in ihr vor? Was erlebte sie?

Die Fabrikarbeiterin

In der Firma Alsthon: Ich muß Stücke in eine Presse einlegen. Es geht schwer. Die Maschine ist verstellt. Ich verliere Zeit. Gleich werde ich gerügt werden. Ich muß schneller werden. Wenn ich nur nichts verderbe!

Nicht denken. Im Rhythmus bleiben. Einen Handgriff nach dem anderen. Nicht mehr Kraft aufwenden als nötig. Nur auf die Stücke und die Maschine achten. Vorsicht! Bücke dich vor dem Schwinghebel! Schneller. Achte nicht auf deine Kopfschmerzen. Bezwinge deine Müdigkeit.

Heute an der schweren Presse zum Scheibenmachen. Ich bekomme zwei Francs Stundenlohn (für 1000 Scheiben 2,28 Francs). Ich weine vor Kopfschmerzen.

Mittwoch. Ich stehe am Ofen, muß 500 Stücke einlegen und herausziehen. Ich bin so erschöpft. Meine Brandwunden tun weh. Ich kann die Ofenklappe nicht mehr herunterlassen. Ein Kesselschmied stürzt herbei und tut es für mich. – Mir wird leicht ums Herz, weil er mir geholfen hat.

Die anderen in meiner Nachbarschaft – ich weiß nicht einmal ihre Namen. Hier in meiner Ecke in der Fabrikhalle schaut für gewöhnlich keiner von seiner Arbeit auf. Keiner macht ein freundliches Gesicht. Wird einer vom Vorarbeiter ungerechterweise gescholten, schauen die anderen beiseite.

Kupferbänder schneiden und durchbohren. Leon merkt, daß die Löcher nicht in der Mitte sind. Er schreit. Der Vorarbeiter kommt und ist freundlich. Ich arbeite jetzt langsamer, vergleiche dauernd meine Stücke mit dem Modell. Leon schreit mich wieder an: Schneller! Bis zum Abend habe ich 1845 Stück gemacht, bezahlt mit weniger als zwei Francs die Stunde.

Ich bin so schrecklich müde. Es kostet schon Anstrengung, mir bewußt zu machen, warum ich eigentlich hier bin. Nicht mehr denken – das ist offenbar der einzige Weg, nicht mehr zu leiden. Nur noch das tun, was mir befohlen wird, ohne Frage, ohne Widerrede, mich schelten lassen und mich noch mehr anstrengen. Angst und Geldverdienen werden die Motive meiner Arbeit. Angst, nicht genug zu leisten, den Arbeitsplatz zu verlieren, nichts mehr verdienen zu können. Und oft reicht es kaum, was ich verdiene. Ich habe Hunger. Wie schwer gestern abend der Entschluß, die Kartoffeln in dem Geschäft zu kaufen, das 200 m weiter weg von meinem Zimmer liegt als der erste Laden, an dem ich vorbeikomme. Jeder Schritt kostete mich einen Entschluß. Mein Leben hängt daran, dem Vorarbeiter und der Maschine zu gehorchen im Takt, der vorgegeben wird. Ich darf – und kann fast – nicht mehr weiterdenken als von einer Griff-Folge zur nächsten. Was wird aus den Stücken, die ich da mache? Wer braucht sie wofür?

Wer bin ich? Wer sind die anderen um mich herum? Lasttiere!

Meine Arbeitsaufträge heute insgesamt: vierzig Minuten + eine halbe Stunde + vier Stunden, fünfzehn Minuten + eine Stunde + 65 Minuten + eine halbe Stunde = genau acht Stunden!

Manchmal überkommt mich auch Freude und Stolz, wenn eine Arbeit gut läuft, wenn ich leicht im Rhythmus der Maschine bleibe und dann sehe: Ich schaffe mein Pensum. Ich bin oft erleichtert, wenn ich eine »gute« Arbeit bekomme – nicht so schwer und besser

bezahlt. Oft verstehe ich nicht, warum die eine Arbeit weniger Stück-
lohn bringt als eine andere.
Ich bin entlassen worden – zum zweiten Mal; erst bei Alsthon, jetzt
bei Carnaud. Warum? Ich brauche eine neue Arbeit. Tiefe Depression.
Kopfschmerzen. Ich stehe vor Renault, vor Salmson, vor Gévelot

---

Simone Weil

1909–1943

Sie war eine französische Jüdin, am 3. Februar 1909 in Paris als Kind einer
wohlhabenden, religiös nicht gebundenen Arztfamilie geboren.
Simone studierte Philosophie und fühlte sich dabei von kommunistischen
Gedanken beeindruckt. 1931 wurde sie Lehrerin an einem Gymnasium in
Le Puy im südlichen Frankreich. Sie nahm Verbindung zu den Gewerk-
schaftsleuten dieser Region auf und trat auch öffentlich für sie ein, z. B.
bei Streikaufmärschen. Dafür wurde sie strafversetzt.
Simone handelte stets aus innerer Überzeugung, und sie war darum hart
gegen sich selbst. 1934/35 ließ sie sich vom Schuldienst beurlauben, um
unter fremdem Namen als Hilfsarbeiterin in Pariser Metallbetrieben das
Leben der Arbeiterinnen und Arbeiter am eigenen Leibe kennenzulernen.
Dabei gelangte sie zu veränderten politischen Vorstellungen. Die Würde
jedes einzelnen Menschen wurde ihr immer wichtiger.
Ohne daß sie bewußt nach religiösen Erfahrungen gesucht hätte, wurde
sie bei einem Aufenthalt in der Benediktiner-Abtei in Solesmes 1938 von
einem Offenbarungs-Erlebnis so stark berührt, daß ihre Aufmerksamkeit
für das Leben und für die ganze Welt von nun an vom christlichen Glauben
geprägt waren, besonders vom Kreuz. Sie hat intensive Gespräche mit
befreundeten Priestern geführt. Aber gerade die Tiefe ihres Glaubens, ihr
strenges Denken und ihr unbeugsames Bemühen um Ehrlichkeit vor sich
selbst und anderen haben sie daran gehindert, sich taufen zu lassen und
»offiziell« Mitglied der Kirche zu werden.
Als die deutschen Truppen 1940 Frankreich eroberten, blieb Simone zunächst in Paris, um Flüchtlingen zu helfen. Dann mußte sie als Jüdin selbst
fliehen.
Auf Umwegen gelangte sie im November 1942 nach England und arbeitete
dort im Dienst der französischen Exilregierung. Aus Liebe zu ihren Landsleu-
ten beschränkte sie sich auf die gleichen Lebensmittelrationen, wie sie den
Franzosen unter deutscher Besatzung auf Karten zustanden. Sie starb an
Lungenentzündung und Unterernährung am 17. August 1943 in Ashford/
Kent, vierunddreißigjährig.

Langlois, bei Luclaire. Arbeitssuche kostet Geld. Mehr als 3,50 Francs täglich will ich nicht mehr ausgeben, einschließlich der Telephongespräche. Mit der Metro fahren – ein unerlaubter Luxus! Darf sich denn eine Sklavin wie ich so etwas leisten? Gehöre ich denn noch zu denen, die sich ganz selbstverständlich in öffentliche Verkehrsmittel setzen dürfen?
Schließlich habe ich bei Renault Glück. Morgen darf ich mit der Arbeit anfangen.
Oh, an meinen früheren Arbeitsplätzen habe ich mich jedes Wochenende über mein Sklavinnendasein empört, darüber, daß ich mein Leben verkaufe. Ich will jetzt nicht mehr darüber nachdenken. Ich bin todmüde.

Simone war niemand geworden. Sie war nichts als Hilfsarbeiterin.

Leben in Liebe

Dann löste sie sich aus der Verpuppung. Sie kehrte in das alte Leben als Gymnasiallehrerin zurück. Aber ihre Fabrikzeit hatte genügt, sie zu verändern. Sie hatte so sehr gelitten, daß sie ein anderer Mensch geworden war. – »Diese Berührung mit dem Unglück hatte meine Jugend getötet... Was ich dort durchgemacht habe, hat mich unauslöschlich gezeichnet... Ich habe gelernt, die göttliche Liebe durch das Unglück hindurch zu lieben; und der Gedanke an die Passion Christi fand in mich Eingang.« Das schrieb sie an ihren Freund Pater Perrin.
Im Unglück, meinte sie, ist die Liebe Gottes viel intensiver zu ersehnen und also näher als in Lebenslagen, in denen ein Mensch sich sicher fühlt.
Seit sie Unglück in sich trug, konnte Simone sich anders als früher den Menschen zuwenden, die sie im Unglück sah – als eine benachbarte Schwester nämlich, nicht als eine herablassende Gönnerin.
Sie suchte ein christliches Leben und wollte besonders in den Zeiten des Krieges »der Öffentlichkeit die Möglichkeit eines wahrhaft inkarnierten Christentums vorleben«, wie sie es ausdrückte. Sie meinte damit: Alle Menschen und Dinge der Welt lieben, die Gott liebt, der ihnen ja ihr Dasein gibt.
Alle Menschen und Dinge, nicht nur die sympathischen und die schönen, nicht nur die rührenden und die dankbaren. Sie hat sich in

diese Liebe hineingelebt und dabei immer tiefer nachgedacht und ihre vormaligen eigenen Vorstellungen korrigiert und verfeinert. Wer hat diese Liebe erfahren? – Wer immer in ihrem Umkreis empfänglich dafür sein wollte. Sie hat ihren ganz persönlichen Lebensweg nach dieser neu erkannten Gottesliebe ausgerichtet. Sie hat diese Liebe in ganz weltliche Überlegungen eingebracht. So konnte sie mit einem Fabrikbesitzer voller Verständnis für ihn einen ausführlichen Briefwechsel führen über die Möglichkeiten eines neu zu ordnenden Zusammenlebens von Unternehmern und Arbeitern. Ebenso hat sie einen Gewerkschafter in einem offenen Brief auf die Verantwortung der Arbeitnehmer für ein verständnisvolles Miteinander mit Arbeitgebern aufmerksam gemacht.

War Simone eine Heilige, wie manche ihrer katholischen Freunde meinten? Ein Arbeiterfreund sagte traurig bei der Nachricht von ihrem Tod: »Sie konnte nicht leben. Sie war zu gebildet und aß nichts.«

Sabine Nickel

Zum Nachdenken und Diskutieren

- Was heißt für Simone Weil Solidarität?
- Wo – mit wem – wie lebe ich solidarisch?
- Solidaritätsaktionen bei uns.

Lesevorschläge

S. Weil: Fabriktagebuch und andere Schriften zum Industriesystem, Suhrkamp, Frankfurt 1979
O. Betz, Hg.: Aufmerksamkeit für das Alltägliche – Ausgewählte Texte zu Fragen der Zeit, Kösel, München 1987

Madeleine Barot

Ein Gespräch

Frau Barot, Sie haben ein bewegtes Leben gehabt. Betrachten wir Ihre Arbeit, so ist es in drei große Abschnitte zu gliedern: Zuerst, während des Krieges und in den Jahren danach, haben sie für Flüchtlinge gearbeitet. Dann waren sie zwanzig Jahre in Genf beim Ökumenischen Rat der Kirchen − als erste Direktorin der Frauenabteilung. Und schließlich haben Sie an einer Freien Universität in Paris gelehrt.
Sie sind Trägerin des Bundesverdienstkreuzes − der deutsche Bundespräsident Gustav Heinemann hat es Ihnen verliehen, weil Sie im Krieg deutsches Leben gerettet haben; Hunderte von deutschen Juden verdanken Ihnen ihr Leben.
Ich möchte Sie bitten, uns darüber mehr zu erzählen: Wie sind Sie, eine Französin, behütete Tochter aus einem großbürgerlichen, gebildeten Elternhaus, die in Rom Archäologie und Evangelische Theologie studiert hat, dazu gekommen, für deutsche Flüchtlinge zu arbeiten?

Nun, ich war in Rom vier Jahre sehr zufrieden bei meinen Ausgrabungen und dem Theologiestudium, aber dann kam der Zweite Weltkrieg. Zunächst änderte sich mein Leben kaum. Doch als sich im Mai 1940 Mussolini mit Hitler verbündete, mußten alle Franzosen Italien verlassen.
Damals gab es viele französische Nonnen in Italien, ungefähr 10 000, und weil ich inzwischen in der französischen Botschaft wohnte − als einzige Frau in einer offiziellen Position − wurde ich mit der Rückführung der Nonnen in die Heimat beauftragt. Das hieß, ich mußte alle in ihren Zellen besuchen. Sie lebten in strenger Klausur, also ohne Verbindung nach draußen, und die wenigsten von ihnen wußten, daß seit Monaten Krieg geführt wurde. Was sollten sie nun machen, gehen oder bleiben? Sie waren ziemlich verwirrt. Hätten sie gewußt, daß ich Protestantin war, wäre alles sicher noch schwieriger gewesen. Nun, die meisten sind geblieben, denn Krieg war für sie kein Grund, die Gelübde zu brechen. − Meine erste Berührung mit dem Krieg war also diese Arbeit, eine ziemlich seltsame Arbeit, aber die ganze Situation war ja recht seltsam.

Sie fuhren dann mit dem Diplomatenzug nach Frankreich zurück
und mußten feststellen, daß die Deutschen bereits in den Norden
von Frankreich eindrangen.

Ja, ich konnte weder meine Eltern noch irgendein anderes Familien-
mitglied finden. Aber ich traf Pastor Boegner, den Präsidenten der
protestantischen Kirchen von Frankreich, und er fragte sofort, ob ich
ihm helfen könne. Ich sollte versuchen herauszufinden, wohin es die
protestantischen Familien verschlagen hatte, die nach Süden geflüch-
tet waren. Wir wollten wenigstens den Kindern helfen, denn es hatte
ja niemand mehr ein Zuhause, alle waren irgendwie auf der Straße.
Ich machte mich zu Fuß und per Fahrrad auf den Weg und entdeckte
sehr bald, daß es gar nicht die französischen Flüchtlinge waren, die
am nötigsten Hilfe brauchten, sondern daß die deutschen Flüchtlinge
in viel größeren Schwierigkeiten steckten. Es gab damals in Frankreich Hunderttausende politische Flüchtlinge aus Deutschland, meist
Juden, die seit 1933 politisches Asyl vor dem Hitler-Regime erhalten
hatten. Aber dann brach der Krieg aus, und die Leute sagten: »Was,
Sie sprechen deutsch? Was wollen Sie überhaupt hier? Wir haben die
deutschen Soldaten hier, wir haben Juden hier... wer sagt überhaupt,
daß Sie wirklich Jude sind?« Diese Menschen waren in einer sehr
schwierigen Situation, denn plötzlich wollte niemand mehr mit ihnen zu tun haben. Alle hatten Angst. So beschlossen die Behörden,
die deutschen politischen Flüchtlinge in Lager zu stecken – einerseits, um sie vor der französischen Bevölkerung zu schützen, andererseits aber auch, damit sie ein Dach über dem Kopf und die nötigste
Fürsorge hatten. Als dann die Deutschen Frankreich besetzten, waren
die Juden zunächst froh über den Schutz durch die französischen
Behörden. Sie hatten große Angst vor den Deutschen, denn die fragten
natürlich sehr bald nach ihnen.

Eine schwierige Situation! Was konnte denn Madeleine Barot da
überhaupt noch tun?

Nun, gemeinsam mit einigen anderen christlichen Studentinnen haben wir überlegt, was zu tun sei, und kamen schließlich zu dem
Ergebnis, daß wir versuchen wollten, in die Lager hineinzukommen
und mit den Juden dort zu leben. Da die Lager unter französischer
Verwaltung standen, war das nicht ganz unmöglich. Wir hatten zwar
keine materiellen Dinge, also Geld oder Nahrung, aber wir konnten

den Menschen unsere Freundschaft bringen, unsere Liebe und Solidarität als Christen. Wir waren übrigens nur Frauen, denn die Männer waren ja alle zum Militär eingezogen.

Als wir jeweils zu zweit an den Lagertoren vorsprachen, war die französische Polizei zuerst völlig verwirrt. Aber wir hatten einige Argumente. So wußten wir zum Beispiel, daß in einem Lager einige Mütter mit Neugeborenen waren. Wir boten also unsere Hilfe an, und die Lagerleitung war froh darüber.

Im größten Lager, in Gurs, am Rand der Pyrenäen, waren im Oktober 1940 schon 25 000 Juden, 25 000 deutsche Juden in einem einzigen Lager! In dieses Lager wollte ich hinein, denn ich hatte gehört, daß dort der katholische Priester des Dorfes die Messe las. Ich ging also zum Lager und erklärte den Polizisten, daß ich zwar gegenwärtig noch nicht Pastorin sei, es aber schon bald sein würde. Die Polizisten hatten natürlich keine Ahnung, ob es so etwas wie Pastorinnen überhaupt gab. Ich sagte, daß ich Theologie studiert hätte und nun für die Protestanten im Lager Gottesdienst halten wollte. Einer der Polizisten antwortete, das sei absolut lächerlich, denn im Lager seien ja nur Juden, worauf ich ihn belehrte, daß nicht wenige Juden getauft und damit eben auch manche Protestanten seien. ›Nun gut‹, sagte der Mann dann, ›ich glaube es zwar nicht, aber versuchen Sie es meinetwegen.‹

Also wurde bekannt gegeben, daß am folgenden Sonntag ein evangelischer Gottesdienst im Lager stattfinden würde. Ich war ziemlich aufgeregt und unsicher, denn ich konnte nicht sonderlich gut Deutsch. Ich besorgte mir eine deutsche Bibel und versuchte, einen kleinen deutschen Gottesdienst vorzubereiten, so gut es eben ging. Der Wachmann sagte mir, das einzig verfügbare Gebäude sei am Sonntag das Badehaus, dahin könnten wir gehen, es würde ja ohnehin wohl kaum jemand kommen. Tatsächlich kamen 600 Leute, und es gab beträchtliche Bewegung im Lager. Natürlich waren das keineswegs alles Protestanten. Viele waren gekommen, weil es eine Abwechslung war.

Ich las aus der Bibel, besonders den Psalmen, auch aus dem Neuen Testament, und versuchte, einige bekannte Lieder zu singen. Die Lagerleitung war so beeindruckt, daß gar niemand bemerkte, als ich danach ohne offizielle Erlaubnis einfach im Lager blieb. Später kamen noch andere nach, und wir zogen in eine leerstehende Baracke.

Es gab natürlich eine Menge Schwierigkeiten, aber wir konnten doch auch viel tun. Wir organisierten in unserer Baracke Bibelstunden.

Auf unsere Einladung kamen auch viele Rabbiner, und so hatten wir sehr gute, anregende Diskussionen. Wir veranstalteten auch Konzerte, denn fast das ganze Berliner Opernorchester war in Gurs – alles wunderbare Musiker. Instrumente und auch manches Buch konnten wir über den CVJM beschaffen; die Quäker schickten uns später auch Lebensmittel.

Das klingt ja alles eher schön: Bibelstunden, Konzerte, Bücher! Aber ich kann mir vorstellen, daß das Lagerleben nicht nur daraus bestand. Sicher hat es da auch ganz andere Erfahrungen für Sie gegeben.

Ja, natürlich dürfen Sie nicht glauben, daß das Leben im Lager leicht war. In jeder Baracke mußten achtzig und mehr Menschen leben – kaum Licht, Kälte, keine Bettwäsche, keine Winterkleidung. Die hygienischen Verhältnisse waren schrecklich. Aber schlimmer als diese Dinge war die Angst! Die Deutschen besetzten Frankreich, erst den Norden, später den Süden. Die Vichy-Regierung und die französischen Behörden waren nicht frei in ihrem Handeln. Die Nachrichten von draußen waren schlimm, da war es wichtig, daß wir im Lager blieben, obwohl für uns die Situation auch immer schwieriger wurde. Im Winter 1941/42 starben Tausende, vor allem alte Leute, an Hunger und Kälte.

Hatten Sie eigentlich niemals Angst, daß Sie auch selber krank werden oder zu Tode kommen könnten in diesem Lager? Woher haben Sie Ihre Kraft genommen und auch Ihre Überzeugung, daß Sie dort geblieben sind?

Wir haben das alles als Christen für diese Menschen getan, um ihnen zu zeigen, wir sind bei euch, ihr seid nicht allein. Wir hatten uns entschlossen, das zu tun, und also taten wir es. Wir wußten nicht, wohin uns das führen könnte, aber wir wollten bei den Menschen sein. Eine von uns starb an Typhus, denn das Lagerhospital war nicht besonders gut, auch die Ärzte nicht, und sie wurde nicht schnell genug ins Krankenhaus gebracht, also starb sie.
Neben allen anderen Dingen, die wir taten, hatten wir auch einen Tunnel gegraben, um bei Nacht das Lager verlassen zu können und Medikamente und Nahrung zu besorgen und vor allem auch Nachrichten zu erhalten. Denn wären wir offen hinausgegangen, hätte man uns nicht wieder eingelassen.

Mitte 1942 wurde ganz Frankreich von den Deutschen besetzt, und damit gingen auch alle Lager in deutsche Hand über. Die Juden hatten größte Angst. Vorher, unter französischer Verwaltung, hatten wir zwar nicht genug zu essen, wir froren uns fast zu Tode, und viele waren krank, aber wir fühlten uns wenigstens einigermaßen sicher. Als nun die Deutschen kamen, hatten wir keine Ahnung, wie wir mit ihnen umgehen sollten. Wie die französische Polizei handelte, wußten wir, aber von den Deutschen wußten wir nichts.

Nun, sehr bald nach ihrer Ankunft befahlen die Deutschen, daß alle Juden und alle anderen politischen Flüchtlinge aus dem Lager nach Deutschland zurückgebracht, repatriiert werden sollten. Ich muß hier etwas ergänzen, was wir erst später wußten: Bereits im Januar 1942 hatten die Deutschen bei einer großen Konferenz in Berlin, der ›Wannsee-Konferenz‹, beschlossen, daß die Juden ausgerottet werden sollten. Wir wissen das jetzt, aber damals wußten wir es nicht. Natürlich betraf das auch die Juden, die in Frankreich waren und nun repatriiert werden sollten. Es wurde ihnen zunächst gesagt, daß sie Frankreich verlassen würden, um nach Polen zu gehen, wo ein jüdischer Staat gegründet werden sollte. Manche Juden fanden diese Idee gut, aber es gab doch auch viele, die ganz sicher waren, daß der Transport sie in den Tod führen würde. So waren sie ganz verzweifelt und wollten unter keinen Umständen weggehen.

Wir begannen nun, illegal zu arbeiten, was wir vorher nicht getan hatten. Vorher hatten wir um Erlaubnis gefragt, uns im Lager aufhalten zu dürfen. Jeder wußte, daß wir dort waren. Die französischen Beamten haben sozusagen ein Auge zugedrückt. Unter den Deutschen wußten wir zunächst gar nicht, wie wir uns verhalten sollten. Als wir nun hörten, daß mehr als 200 000 Juden aus Frankreich nach Deutschland zurückgeschickt werden sollten, da beschlossen wir, zu versuchen, möglichst vielen von ihnen aus den Lagern zur Flucht zu verhelfen. Wir versuchten das sehr intensiv und auch erfolgreich, entweder von den Transporten weg oder auch direkt aus dem Lager, zum Beispiel nachts.

Wir haben mehrmals die elektrischen Leitungen durchgeschnitten. Dadurch wurde das ganze Lager stockdunkel. Gleichzeitig waren auch die elektrisch geladenen Zäune wirkungslos, und so konnten viele fliehen. Unsere Aktionen wurden dadurch erleichtert, daß damals die riesigen Lager noch nicht so gut organisiert waren und die Wachmannschaften nicht so schnell herausfinden konnten, wer fehlte. Die Deutschen waren zunächst ziemlich verwirrt, denn sie konn-

ten sich nicht erklären, was passierte, wenn plötzlich alles dunkel
wurde. Aber nach kurzer Zeit haben sie dann natürlich entdeckt, daß
Leute weg waren, daß die Zahl der Eingesperrten sich verringerte und
daß sie irgendwo anders sein mußten. Immerhin konnten innerhalb
kurzer Zeit mehrere hundert Menschen aus dem Lager fliehen. Sie
wurden in Klöstern, bei Pfarrern, in Gemeinden und an vielen anderen
Orten versteckt.

*Solche Aktionen gingen aber weit hinaus über das Zusammenleben
im Lager, wie Sie es ursprünglich vorhatten. Es muß ja wohl auch
sehr schwierig gewesen sein, so viele Flüchtlinge zu verstecken. Waren dazu nicht viele Menschen nötig und vor allem auch ein gewisses
Maß an Organisation?*

Ja, inzwischen waren wir natürlich eine große Gruppe von Studentinnen geworden, die versuchten zu helfen. Und in den Gemeinden
waren Pfadfindergruppen organisiert, die die Flüchtlinge in Empfang
nahmen. Sie alle arbeiteten bei CIMADE mit, das ist die Abkürzung
für ›Comité Inter Mouvement auprès des évacués‹, also Hilfskomitee
für Flüchtlinge. Ursprünglich war CIMADE von den Jugendgruppen
der Protestantischen Kirchen gegründet worden, um unterschiedslos
allen Flüchtlingen zu helfen. Aber wir fanden sehr schnell heraus,
daß die jüdischen Flüchtlinge aus Deutschland unsere Hilfe am nötigsten brauchten. Also konzentrierten wir uns auf ihre Probleme, denn
abgesehen von jeder politischen Einstellung war uns als Christen
klar, daß wir versuchen mußten, die Juden zu retten. Wir benutzten
dabei niemals irgendwelche Waffen, sondern waren völlig gewaltlos.
Kamen junge Männer in Versuchung, Waffen zu haben, konnten sie
nicht länger für CIMADE arbeiten. Es ging ja nicht darum, Deutsche
zu töten, um Juden zu retten, nein, nein, wir haben niemanden getötet, sondern unsere Aufgabe war es, Schutz zu geben.
Aber noch einmal zurück. Wir hatten uns also entschlossen, Juden
zur Flucht zu verhelfen. Aber bereits nach wenigen Wochen war
Südfrankreich voller Juden. Die Deutschen kamen dahinter, daß überall Juden versteckt waren.
Für die einzelnen französischen Familien wurde es nun sehr gefährlich, Juden bei sich zu behalten, obgleich wir für Nahrung und falsche
Papiere sorgten. Wir waren gezwungen, falsche Papiere herzustellen,
damit die Flüchtlinge überhaupt unterwegs sein konnten. Die Unter-
grundarbeit wurde immer schwieriger, denn man konnte weder mit

dem Zug noch mit dem Bus fahren, ja nicht einmal zu Fuß unterwegs sein, ohne dauernd von Deutschen kontrolliert zu werden.

Ich selber war zu dieser Zeit nicht mehr im Lager, sondern in der Zentrale von CIMADE, denn ich hatte die ganze Arbeit zu organisieren. Ich mußte zum Beispiel herausfinden, welche Gruppe von wo aus in welches Kloster gehen könnte und welche Pfadfinder sie dorthin begleiten sollten und so weiter; ich war inzwischen sozusagen der Kopf von CIMADE.

Zu Beginn des Jahres 1943 war uns dann klar, daß die ganze Situation viel zu gefährlich wurde und daß wir die aus den Lagern geflüchteten Juden aus Frankreich hinausbringen mußten – nach Spanien, das nicht im Krieg war, und in die Schweiz. So begannen wir, mit den Flüchtlingen über die Grenzen zu gehen, über die Pyrenäen und über die Alpen. Das war zwar sehr gefährlich, weil diese Grenzen natürlich von den Deutschen bewacht wurden, aber wir waren trotzdem erfolgreich.

Das alles war eine Arbeit, die wir uns bei der Gründung von CIMADE nicht vorgestellt hatten. Von einem Tag zum andern mußten wir weitreichende Entschlüsse fassen. So hatten wir zum Beispiel niemals vorgehabt, falsche Papiere herzustellen. Aber wir waren dazu gezwungen, und schließlich produzierten wir sie in großen Mengen und wurden richtige Experten. Wir begannen mit einem einzelnen falschen Ausweis, und am Ende hatte ich fast jeden Tag eine andere Identität.

Daß Sie einmal ein so gefährliches Leben führen würden – das hätten Sie sich wenige Jahre zuvor in Rom, als sie Studentin der Archäologie und Theologie waren, sicher in ihren kühnsten Träumen nicht vorgestellt! Nun gibt es aber in Frankreich nur eine Minderheit von Protestanten. Wie war denn da diese großartige Arbeit von CIMADE überhaupt möglich? Woher hatten Sie Hilfe?

Ich muß sagen, daß wir wirklich viel Hilfe hatten, besonders von den jungen Leuten, die im Widerstand waren. Sie konnten den Juden am besten bei der Flucht helfen, indem sie sie zum Beispiel in den Bergen versteckten. Aber auch alle protestantischen Kirchen und Gemeinschaften in Frankreich wußten von unserer Arbeit und waren bereit, umfassend zu helfen. Alle waren sich einig, daß es ein großes Verbrechen war, die Juden umzubringen. Sie waren mutig genug und haben auch nicht den Mund gehalten, wenn es darum ging, für die

Juden einzutreten. Dazu kam, daß die protestantische Kirche in
Frankreich eben eine kleine Minderheit ist, wo jeder jeden kennt. So
war es für die Kirchenleitung relativ leicht, allen Pfarrern mitzuteilen,
daß jedem, der von CIMADE kommt, geholfen werden soll. Anders
hätten wir gar nicht arbeiten können. Natürlich stimmte nicht jeder
aus vollem Herzen dem zu, was wir taten, aber es ist doch niemals
einer zur Polizei gegangen, um zu sagen: ›Ich weiß, was diese jungen
Leute tun.‹

Einige von uns wurden zwischendurch verhaftet, kamen aber meist
bald wieder frei. Ein Mädchen starb allerdings später an den Folgen
der Haft, ihre Füße waren erfroren und mußten amputiert werden.
Natürlich hatten wir auch sonst Schwierigkeiten, aber aufs Ganze
gesehen nicht zu viele.

Und dann gab es Kontakte und Hilfe von außerhalb Frankreichs. Wir
waren alle Mitglieder in der Christlichen Studentenbewegung, so war
uns auch unsere internationale Verflechtung bewußt. Ich erhielt sogar
Nachrichten von dem deutschen Widerstands-Pfarrer Martin Nie-
möller. Aus dem Gefängnis ließ er mir sagen: ›Mach weiter so, ich
weiß, was du tust!‹

Der Ökumenische Rat der Kirchen in Genf war damals noch nicht
offiziell gegründet, aber es gab trotzdem schon einen kleinen Mitar-
beiterstab, zu dem der Holländer Visser't Hooft gehörte. Er bemühte
sich sehr, die Kontakte zu uns aufrechtzuerhalten, denn er wußte,
was wir in Frankreich taten, was in Holland vorging, und er war
mehrmals in England gewesen.

Der Genfer Stab des Ökumenischen Rates ist sehr mutig gewesen
bei der Bemühung, Kontakte zu halten und Nachrichten über die
Ereignisse in Deutschland zu verbreiten. Durch seine Hilfe wußte
man auch in Deutschland von CIMADE und davon, was wir taten.
Für deutsche Offiziere, die wir schon von vorher kannten, war es
sehr schwierig, sich uns zu nähern. Es war für sie und für uns gefährlich. Von Zeit zu Zeit konnten wir durch Briefe Verbindung auf-
nehmen. Manche Deutsche versuchten auch von sich aus, mit uns
Kontakte zu bekommen; aber niemand wollte natürlich die Aufmerksamkeit der Gestapo erregen. Ich bin mir aber ganz sicher, daß
wir von einigen Deutschen beschützt wurden, von Offizieren, die
Christen waren, denn es war ja ziemlich offensichtlich, was wir taten.

Wenn ich jetzt so zurückdenke, dann ist mir völlig klar, daß die
Deutschen unsere Aktivitäten hätten verhindern können, wenn sie

das gewollt hätten. Aber überall gab es wohl einige Leute, die nicht einverstanden waren mit dem, was sie tun mußten.
So war CIMADE am Ende des Krieges eine große Organisation. Am Beginn unserer Arbeit hätten wir uns nicht träumen lassen, wieviel praktische Arbeit wir im Widerstand würden leisten müssen. Anfänglich wollten wir nichts anderes, als mit den deutschen Juden leben. Wir wollten ihnen zeigen: Wir als Christen sind nicht damit einverstanden, daß sie ständig verfolgt werden. Aber zuletzt ging es nur noch darum, Leben zu retten.

Das ist Ihnen ja auch bei vielen, vielen Hunderten gelungen. Und sicherlich war das für Sie das Entscheidende bei Ihrer Arbeit für CIMADE. Wenn Sie heute an diese Zeit zurückdenken: Welches ist die wichtigste Erfahrung, die Sie gemacht haben? Gibt es etwas aus diesen Jahren, das Ihr weiteres Leben bestimmt hat?

Ich bin seitdem der festen Überzeugung, daß das Leben sehr kostbar ist, jedes menschliche Leben, kostbarer als alles andere, und daß man alles tun muß, um es zu erhalten und zu schützen. Deshalb bin ich auch ganz stark in der Arbeit für Menschenrechte, gegen Rassismus und Gewalt engagiert und arbeite zum Beispiel mit ›amnesty international‹ und anderen Organisationen dieser Art zusammen.

Interview: Angelika Schmidt-Biesalski

Zum Nachdenken und Diskutieren

• Wie reagiert Madeleine darauf, daß Menschen, die sie persönlich nicht kennt, verfolgt werden? Wie ändern sich ihre Aktionen je nach der Situation?
• Welche Voraussetzungen sind nötig, um so handeln zu können?

Lesevorschläge

W. Simpfendörfer: Ökumenische Spurensuche — Acht Porträts, Stuttgart 1989
A. Freudenberg: Rettet sie doch! Arbeit der CIMADE zwischen 1939 und 1944, Zürich 1969

Madeleine Barot

Geboren 1909

Madeleine Barot stammt aus einer Hugenottenfamilie, der Vater war Professor. Die Eltern, selbst religiös nicht sonderlich interessiert, legten Wert auf eine Erziehung zu kritischem Bewußtsein, das eine eigene Entscheidung in Fragen der Religion ermöglichen sollte. Madeleine studierte Archäologie an der Sorbonne. Sie begegnete der christlichen Studentenbewegung und wuchs immer stärker in die beginnende Ökumenische Bewegung hinein.

Nach einem glänzenden Examen erhielt sie 1935 als erste Protestantin die Stelle einer Bibliothekarin am französischen archäologischen Institut in Rom. Formal Mitglied der französischen Botschaft, fand sie überall offene Türen: zum Vatikan, zu katholischen Würdenträgern, Frauenorganisationen, Frauenorden, aber auch zu den Waldensern und deren Fakultät.

1939 gehörte Madeleine ehrenamtlich zum Vorbereitungsteam der ersten Weltjugendkonferenz des Christlichen Studentenbundes. An einem der zehn Konferenztage präsidierte die junge Frau das Plenum – in den männlich bestimmten Anfängen der Ökumene eine erstaunliche Ausnahme.

Nach Ausbruch des Zweiten Weltkriegs kehrte Madeleine 1940 im Diplomatenzug nach Frankreich zurück. Sie wurde zur Generalsekretärin des CIMADE beruten, des *„Comité Inter Mouvements Auprès Des Evacués"*, der neu entstandenen christlichen Jugendbewegung Frankreichs zur Hilfe für Flüchtlinge. Schlüsselworte von CIMADE waren présence (Anwesenheit) und équipe (Arbeitsteam).

Als 1942 die systematische Deportation aus den französischen Lagern in die KZs einsetzte, schleuste Madeleine mit ihrer Gruppe Hunderte von Juden, vor allem Kinder, in die Schweiz. Sie tat es unter Lebensgefahr, mit gefälschten Papieren, als Monette Bertrand.

Nach dem Krieg begann Madeleine Barots Arbeit in der Zentrale der Ökumene in Genf. Der im Aufbau begriffene Weltrat der Kirchen schien anfangs nur aus Männern zu bestehen.

Frauen traten offiziell kaum in Erscheinung, obwohl Madeleine schon 1947 zur Vorsitzenden der Jugendabteilung des Weltrats der Kirchen gewählt und 1953 zur Direktorin der Frauenabteilung ernannt wurde. Sie formulierte den Namen um in „Kommission für die Zusammenarbeit von Frauen und Männern in Kirche und Gesellschaft".

Madeleines Arbeitsschwerpunkt lag jetzt in der Dritten Welt.

1958 organisierte sie die erste afrikanische Frauenkonsultation. Nicht theologische Themen wurden diskutiert, sondern Alkoholismus, Prostitution, Analphabetismus und Jugendkriminalität.

1959 fuhr Madeleine zur ersten Vollversammlung der „Christlichen Konferenz Ostasiens", ihr Thema: der rapide soziale Wandel.

Madeleine richtete in vielen Ländern Beratungsdienste für Frauen ein, ermutigte immer wieder zur aktiven Teilnahme an der Gestaltung des gesellschaftlichen Lebens. In Europa galt ihr Einsatz besonders der Zulassung der Frauen zum Pfarramt.

Beim Zweiten Vatikanischen Konzil 1962 und 1965 war sie die einzige als Beobachterin zugelassene Frau.

1968 wechselte Madeleine Barot noch einmal das Arbeitsfeld: Sie übernahm die Abteilung für Entwicklungsfragen im Weltrat der Kirchen.

Seit ihrer Pensionierung lebt sie in Paris, setzt sich nachdrücklich gegen die Folter ein in der „action chrétien pour l'abolition de la torture". Madeleine wurde Vizepräsidentin dieser Basisbewegung, einer Art christlichen Zweiges von „amnesty international".

Die Autorinnen dieses Buches

Achtnich, Elisabeth, Flurweg 14, 77784 Oberharmersbach, Jahrgang 1927, arbeitete als Verlagslektorin in Gelnhausen und als Religionslehrerin in Freiburg i. Br., lebt im Ruhestand im Schwarzwald. Freundschaften und Zusammenarbeit mit Frauen, die sich trauen, Alltägliches zu schaffen und zu genießen und Ungewöhnliches zu denken, zu sagen und zu tun, gaben den Anstoß zur Arbeit an diesem Buch. Gern wäre sie mit Josephine Butler befreundet gewesen, einer Frau, die ansteckend hoffnungsvoll gelebt hat.
Herausg. und Beitrag über Josephine Butler, S. 176

Albrecht, Dr. Ruth, Funhofweg 3, 22307 Hamburg, arbeitet als evangelische Pastorin im Krankenhaus. Sie ist in Schleswig-Holstein geboren und aufgewachsen, hat als Theologiestudentin in Erlangen zum ersten Mal etwas über die ägyptischen Wüstenmütter gehört. Weil die Geschichte der Frauen in der frühen Kirche sie besonders interessierte, hat sie ihre Doktorarbeit über sie geschrieben.
Beitrag über die Wüstenmütter, S. 30

Eggers, Mareike, Holeestraße 123, CH-4054 Basel, geboren 1949 in Hamburg, von Beruf Psychologin und Journalistin. Sie ist Mitglied des St. Katharina-Werks in Basel. Diese ökumenische Gemeinschaft ist geprägt von der Spiritualität der Katharina von Siena und ihrem karitativen und politischen Einsatz für Versöhnung, Frieden und Gerechtigkeit. Von daher rührt das Interesse Mareike Eggers an Katharina.
Beitrag über Katharina von Siena, S. 84

Keller, Dr. Marie Luise, Rotenberg 25, 35037 Marburg, arbeitet als Gymnasiallehrerin für Deutsch, Religion, Philosophie, hat Lehraufträge an der Universität für Fachdidaktik Religion und ist nebenbei publizistisch tätig. Privat ist sie, Jahrgang 1930, Familienmensch mit Kindern und Enkeln und engagiert in der Friedensbewegung. An Katharina Zell interessiert sie besonders, daß diese Frau schon in der patriarchalischen Zeit selbst erforschen will, was wahr ist.
Beitrag über Katharina Zell, S. 94

Kerner-Kömpf, Charlotte, Elsässer Straße, 23564 Lübeck, freie Journalistin und Autorin von Jugendbüchern
Beitrag über Maria Sybilla Merian, S. 147

Kirsch, Renate, Am Finkenschlag 10, 42897 Remscheid-Lennep, 1937 in Duisburg geboren, ist verheiratet und hat drei erwachsene Kinder. Sie arbeitet als Religionslehrerin an einem Gymnasium. Da sie begeistert beim Weltgebetstag mitarbeitet, begegnete sie bei der Suche nach dessen deutschen Wurzeln dem Leben und der Arbeit von Toni Nopitsch in Stein, die sie leider nicht mehr persönlich kennenlernen konnte.
Beitrag über Antonie Nopitsch, S. 233

Lange-Graffam, Susanne, Breslauer Straße 15, 38176 Wendeburg-Bortfeld, wurde 1924 in Bottrop geboren, arbeitete als Redakteurin der Mädchenzeitschrift »Jugendruf« und als Spielpädagogin im Burckhardthaus und heiratete den amerikanischen Pastor William Graffam. Mit ihren sieben Kindern lebten und arbeiteten beide in USA, Äthiopien und nun wieder in Deutschland. 1975 bekamen sie das Bundesverdienstkreuz für ihr soziales Engagement nach dem Vorbild von Elizabeth Fry. Zur Zeit komponiert Susanne L.-G. Lieder und Musicals.
Beitrag über Elizabeth Fry, S. 161

Lühe, Irmgard von der, Sedanstraße 24, 31134 Hildesheim, ist in Mecklenburg geboren und aufgewachsen, war 1936–1937 in Heidelberg Schülerin von Elisabeth von Thadden, studierte in Rostock und Freiburg i. Br., schulte, weil ihr Mann Landwirt war, auf ländliche Hauswirtschaft um, ist Mutter von vier erwachsenen Kindern. Sie veröffentlichte in Funk, Zeitschriften und Büchern zahlreiche Beiträge zur Zeitgeschichte und Gedichte, sammelte als Herausgeberin Gedanken und Erzählungen jüdischer Gäste aus aller Welt in Minden.
Beiträge über Bathildis, S. 42, und Elisabeth von Thadden, S. 206

Müller-Hesse, Kordula, Schopenhauer Straße 19, 60316 Frankfurt/M., geboren 1955, arbeitet als Pastoralreferentin und ist im katholischen Frauenreferat tätig. Auf Mechthild von Magdeburg stieß sie im Zusammenhang mit ihrem Interesse an feministischer Theologie, sieht sie als Vorfahrin und Vorbild, die sich mit Theologie beschäftigte, als das Frauen noch viel weniger zugestanden wurde als heute. Sie möchte mithelfen, daß diese Frau und die Beginen nicht vergessen werden.
Beitrag über Mechthild von Magdeburg, S. 75

Nickel, Sabine, Hoffeldstraße 271, 70597 Stuttgart, wurde 1926 in Breslau geboren, studierte Germanistik und Kunstgeschichte, arbeitete als Verlagslektorin und später als Bildungsreferentin im Rahmen der Evangelischen Landeskirche in Württemberg.
Beiträge über Simone Weil, S. 238, und »Ein Blick in den Alltag«, S. 57 und S. 193

Oehlmann-van Nes, Marianne, Sportlaan 400, NL-2566 LS Den Haag, ist 1949 geboren und hat sich anläßlich des großen Frauenfestes, das 1986 in der Frankfurter Alten Oper stattfand, mit Anna Maria van Schuurman befaßt. An ihr fasziniert sie besonders die Beharrlichkeit, mit der sie ihren Willen durchsetzte und sich auf Gebiete vorwagte, die Frauen ihrer Zeit eigentlich verschlossen waren. Etwas von diesem »unglaublich eigensinnigen Geist« fühlt auch Marianne Oehlmann-van Nes in sich.
Beitrag über Anna Maria van Schuurman, S. 144

Petersen-Szemerédy, Dr. Griet, Im Alpengarten 10, 88131 Lindau/Bodensee, wurde 1963 in Nürnberg geboren und arbeitet heute als Vikarin in Lindau.

Während ihres Theologiestudiums entdeckte sie ihre Liebe zur Geschichte der frühen Kirche. Sie ist seitdem fasziniert von dieser Zeit des Aufbruchs. Besonders beeindrucken sie die engagierten Kirchenmütter, die sich schon damals nicht zum Schweigen bringen ließen. Über eine Gruppe von ihnen, zu der auch Melania gehört, nämlich die römischen Asketinnen der Spätantike, schrieb sie ihre Doktorarbeit.
Beiträge über Melania, S. 36, und »Ein Blick in den Alltag«, S. 14

Rimbach, Ursula, Meisenweg 4, 69239 Neckarsteinach.
Beitrag über Edith Stein, S. 213

Schlegel, Birgit, Solgerstraße 15, 90429 Nürnberg, wurde 1963 in Frankfurt/M. geboren, studierte evangelische Theologie in Erlangen und Heidelberg. Zur Zeit schreibt sie an einer Doktorarbeit über Vibia Perpetua und andere Märtyrerinnen aus der Zeit der Alten Kirche.
Beiträge über Perpetua, S. 24, und »Ein Blick in den Alltag«, S. 14

Schmidt-Biesalski, Angelika, Am Schinnergraben 65, 55129 Mainz, geboren 1948, hat Theologie und Publizistik studiert und arbeitet freiberuflich als Journalistin. Für Katharina von Bora interessiert sie sich seit Jahren und denkt, daß die Bedeutung dieser ungewöhnlich »emanzipierten« Frau für die Arbeit Martin Luthers erheblich unterschätzt wird. Madeleine Barot bewundert Angelika Sch.-B. besonders wegen ihres Mutes und ihrer Entschlossenheit. Sie findet, daß wir noch immer viel zu wenig wissen über die Rolle von Frauen im Widerstand.
Beiträge über Katharina von Bora, S. 106, und Madeleine Barot, S. 243

Schöfthaler, Ele, Höllgasse 2, 91126 Schwabach, ist Journalistin und betreibt in Schwabach bei Nürnberg eine Schreibhandlung, in der sie Leuten, die Probleme mit dem Schreiben haben, hilft, Formulare auszufüllen, Briefe zu schreiben, Bewerbungen zu formulieren.
Beiträge über Friederike Fliedner, S. 170, und Gertrud Staewen, S. 224

Stoll, Dr. Brigitta, Zwinglistraße 33, CH-8004 Zürich, geboren 1958 in Bern, Theologiestudium in Bern, Göttingen und Münster, Promotion zur Auslegungsgeschichte der Bergpredigt im Mittelalter. Zur Zeit arbeitet sie als Oberassistentin für Kirchengeschichte an der Universität Zürich und befaßt sich besonders mit der Frömmigkeitsgeschichte der frühen Neuzeit.
Beitrag »Ein Blick in den Alltag«, S. 131

Taege, Jutta, Nibelungenallee 19a, 60318 Frankfurt/M.
Beitrag über Adelheid von Vilich, S. 68

Wettlaufer, Dorothea, Schöne Aussicht 9, 60311 Frankfurt/M., ist Studienrätin für Deutsch und Englisch, 37 Jahre alt und wohnt mit ihrem Lebensgefährten und der gemeinsamen Tochter in Frankfurt. Als Mädchen bekam sie den Roman von Werner Quednau »Die Ärztin Dorothea Christiana« geschenkt. Als Studen-

tin erarbeitete sie sich Kenntnisse zur Geschichte der Frauen; immer wieder tauchte dabei der Name Dorothea Erxleben auf, sie war fasziniert von dem unbestechlichen Verstand und warmherzigen Charakter dieser Frau. Auf einem großen Fest zur Feier von tausend historischen Frauen, der »Dinner-Party« im Juni 1986 in der Alten Oper in Frankfurt am Main, hat Dorothea W. ihre Namensschwester Dorothea Erxleben vor- und dargestellt.
Beitrag über Dorothea Christiana Erxleben, S. 153

Zander, Hans Conrad
Beitrag über Teresa von Avila, S. 117

Bildnachweis

S. 12   aus: Pater Bonifatius, „Mönch von Chevetogne", Styria-Verlag, 1963
S. 14   © Fratelli Alinari, Florenz
S. 15−17   aus: Andre Grabar, „Die Kunst des frühen Christentums", München, 1967
S. 19   © Leonard von Matt, Buochs
S. 20   aus: Andre Grabar, s. S. 15
S. 20 unten © Fratelli Alinari, Florenz
S. 21   aus: Andre Grabar, s. S. 15
S. 22   aus: Andre Grabar, s. S. 15
S. 54   aus: Jakob Schlafke, „Leben und Verehrung der heiligen Adelheid von Vilich, 1000 Jahre Stift Vilich, Bonn 1978
S. 55   © Helmut Nils Loose, Grenoble
S. 56   © Helmut Nils Loose, Grenoble
S. 57   aus: Souchal, „Kunst im Bild", Naturalis-Verlag, München
S. 58   aus: Sally Fox, „Frauenfleiß", Albrecht Knaus-Verlag, Hamburg
S. 59   aus: Marie Luise Göpel, „Frauenalltag durch die Jahrhunderte", Max Hueber-Verlag, Ismaning/München
S. 60   aus: Souchal, s. S. 57
S. 61   aus: E. Ennnen, „Frauen im Mittelalter", C. H. Beck Verlag, München
S. 62/63   aus: Jost Amman, „Frauentrachtenbuch", Insel-Verlag, Frankfurt
S. 64   aus: Marie Luise Göpel, s. S. 59
S. 65   aus: Sally Fox, s. S. 58
S. 66 oben   © British Library, London
S. 66 unten aus: Marie Luise Göpel, s. S. 59
S. 128   © National Museum of Women in The Arts, Washington/Germanisches Nationalmuseum, Nürnberg
S. 132   De vrouw in de prentkunst, Museum Boymans-van Beuningen, Rotterdam
S. 133   aus: Jens-Heiner Bauer, Daniel Nikolaus Chodowiecki, Das druckgraphische Werk, Die Sammlung Wilhelm Burggraf zu Dohna-Schlobitten
S. 133   G. Wildenstein, Chardin, Zürich 1963
S. 134   Ronald Paulsen, The art of Hogarth, London 1975
S. 135   Die gesellsch. Wirklichkeit der Kinder in der bildenden Kunst, EP 32, Berlin 1980
S. 136 oben aus: Eduard Fuchs, „Die Frau in der Karikatur−Sozialgeschichte der Frau, Frankfurt 1979
S. 136 unten Daniel Chodowiecki, Zeichnungen und Druckgraphik, Bürgerliches Leben im 18. Jh. Städtische Galerie, Frankfurt−Ausstellung 1978
S. 137   aus: Ingeborg Weber-Kellermann, „Frauenleben im 19. Jh.", C. H. Beck Verlag, München
S. 137   Kupferstich von Philipp de Bas
S. 138   J. Liss, Das Bordell
S. 139   Hogarth's Drawings, Edited and inftroduces by Michael Ayrton, notes on the Plates by Vernard Denvir, London
S. 140   Julius Oldach (1804−1830), Die Klavierstunde

S. 141   aus: Eduard Fuchs, s. S. 135
S. 142   aus: The live and adventurs of Michael Armstrong, 1940
S. 190 links   © Evangelische Zentralbildkammer, Bielefeld
S. 190 rechts Edith Stein Archiv, Köln
S. 191   Privatbesitz
S. 191   Müttergenesungswerk, Stein
S. 192   aus: J. Garaus, „Simone Weil", Freiburg, 1968
S. 192   World Council of Churches, Genf
S. 197   © Bundesarchiv, Koblenz
S. 198   aus: Marie Luise Göpel, s. S. 59
S. 199   aus: „Die Gartenlaube als Dokument ihrer Zeit, dtv 435
S. 200   aus: „Bilder aus dem Wandervogelleben, Julius Gross, Köln 1986
S. 201   aus: Marie Luise Göpel, s. S. 59
S. 202   aus: Marie Luise Göpel, s. S. 59
S. 203   aus: Marie Luise Göpel, s. S. 59
S. 204   © Landesbildstelle Berlin

Leider war es bei vielen Abbildungen nicht möglich, einen Rechtsinhaber ausfindig zu machen. Für Hinweise sind Herausgeber und Verlag dankbar.

Verlag Ernst Kaufmann

Ein Programm

Die 29 Persönlichkeiten (13 Frauen und 16 Männer), die in diesem Buch vorgestellt werden, haben sich alle auf ihrem Gebiet (Kirche, Kunst, Politik) oder in ihrem privaten Lebensbereich UNBEIRRBAR eingesetzt für Frieden, Menschlichkeit, Gerechtigkeit – gegen Verfolgung, Unterdrückung und Gewalt: Heinrich Albertz, Karl Barth, Hans de Boer, Dietrich Bonhoeffer, Ernesto Cardenal, Hildegard Hamm-Brücher, Gustav Heinemann, Helen Keller, Coretta King, Jochen Klepper, Käthe Kollwitz, Janusz Korczak, Gertrud Kurz, Astrid Lindgren, Winnie Mandela, Helmuth James Graf von Moltke, Philipp Potter, Luise Rinser, Sophie und Hans Scholl, Roger Schutz, Albert Schweitzer, Dorothee Sölle, Mutter Teresa, Liv Ullmann, Raoul Wallenberg, Richard von Weizsäcker.

Über alle Personen gibt es eine kurze Darstellung ihres Lebens und der Ziele und Werte, für die sie gelebt haben und – im tragischsten Fall – bereit waren zu sterben. Wo es möglich war, kommen die Personen selbst mit Tagebuchaufzeichnungen, Briefen oder eigenen Texten zu Wort. So ist jedes Lebensbild eine Komposition aus redaktionellem Text und Selbstzeugnissen – aufgelockert durch Zitate und ergänzt durch 120 Schwarzweißfotos. Diese lockere Mischung erlaubt es den Lesern, je nach Zeit und eigenen Bedürfnissen, auszuwählen und zu vertiefen. Wer sich über das Buch hinaus mit einer der dargestellten Personen weiter beschäftigen möchte, findet dazu Literaturangaben.

Dietrich Steinwede/Renate Schupp
Unbeirrbar
Lebensbilder von Frauen
und Männern des 20. Jahrhunderts
196 Seiten
mit 120 Schwarzweiß-Fotos,
gebunden

Unbeirrbar
Lebensbilder von Frauen und Männern
des 20. Jahrhunderts